CW00933043

GIANLUCA VIALLI

GOALS

98 storie + 1
per affrontare le sfide più difficili

a cura di Pierdomenico Baccalario

© 2018 Mondadori Libri S.p.A., Milano

I edizione novembre 2018
I edizione Oscar Bestsellers novembre 2019

ISBN 978-88-04-71927-4

Questo volume è stato stampato
presso ELCOGRAF S.p.A.
Stabilimento - Cles (TN)
Stampato in Italia. Printed in Italy

Si ringraziano Massimo Prosperi e Marco Menozzi per il prezioso contributo.

La vendita di questo libro sostiene la Fondazione Vialli e Mauro per la ricerca e per lo sport Onlus che raccoglie fondi destinati al finanziamento di progetti di ricerca scientifica per cancro e Sla.
www.fondazionevialliemauro.com

Anno 2023 - Ristampa 5 6 7

Progetto grafico: studio pym, Milano

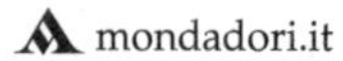

GOALS

Alla mia famiglia
e a Ray

QUOTES
WON'T WORK
UNLESS
YOU DO.

LE CITAZIONI FUNZIONANO SOLO SE TU FUNZIONI.

Per la sua autobiografia scelse come titolo *Io*, e c'è poco da aggiungere. Non è mai stato un simpaticone. Ma, a pensarci bene, far ridere gli altri non è una prerogativa dei vincenti.

Il "Mago", come lo chiamarono i tifosi dell'Inter, la squadra più vincente tra quelle che allenò, aveva conosciuto la povertà, e ne era uscito grazie a due doti: il calcio e le parole. E non necessariamente in quest'ordine. Quando da Casablanca si trasferì a Parigi, iniziò come piazzista e la sua parlantina sciolta gli salvò la vita. «Signora, senta com'è miracoloso questo incenso per disperdere i cattivi odori!» diceva, e per dimostrarlo incendiava sull'uscio della malcapitata una pelle di coniglio. Le parole, una raffica, una dopo l'altra, incontenibili. E il calcio, la sua grande passione. Vittorio Pozzo, lo storico allenatore dell'Italia, lo detestava molto cordialmente, e per lui le iniziali H.H. del suo nome stavano per "*habla habla*", ovvero "parla parla".

Helenio Herrera, da allenatore, seppe usarle come nessuno: per ottenere ingaggi più alti, per farsi comprare giocatori migliori, per insegnare la sua filosofia ai calciatori che allenava. Fece tappezzare lo spogliatoio dell'Inter con frasi brevi e perentorie, simili a quelle che ho raccolto in questo libro. Frasi come: "Nessun ostacolo ti deve ostacolare"; "Classe + preparazione atletica + intelligenza = scudetto", "Giocando individualmente giochi per l'avversario". Faceva ridere, forse, ma in quel modo infilava i concetti nella testa dei suoi giocatori. Sandro Mazzola disse di lui che «allenava prima la testa che le gambe», e in effetti con la sua parlantina riusciva a convincere ogni giocatore di essere fortissimo. Abbracciava tutti prima della partita, sussurrando frasi mirate, calibrate per far sentire chiunque indispensabile, soprattutto i più scarsi. Convinse Mauro Bicicli, un'ala generosa ma modesta, di essere più forte di Garrincha, il fenomeno brasiliano. E Bicicli giocò come se fosse Garrincha.

Habla Habla, però, non era solo parole: era un maniaco della perfezione, un grande studioso. Quando diceva «*taca la bala*», cioè "attacca la palla", stava inventando il pressing. Dava tutto, e si aspettava il più completo rispetto: guai a presentarsi fuori orario, guai a distrarsi. Era un sergente, oltre che un venditore di sogni. Nei suoi quaderni, fra le tante, ha lasciato questa frase: "Pensa veloce, agisci veloce, gioca veloce". È uno degli assiomi del calcio moderno, ma lui l'aveva teorizzato nel 1970.

BE KIND TO YOURSELF.

SII GENTILE CON TE STESSO.

2

«Non mi sono mai preso tanta paura come oggi» dice Decimo Compagnoni, la voce tremante e le gambe molli, dopo aver fatto da copilota a Tazio Nuvolari nel 1931. Decimo, che diventerà il suo meccanico personale, non è il solo a pensarla così, perché il "Mantovano volante" – detto anche il "Nivola" – nella sua carriera cambia decine e decine di navigatori. Non li manda via: semplicemente questi non resistono alla paura, alla sofferenza, all'atteggiamento quasi suicida con cui lui affronta le corse e, soprattutto, le curve. È Tazio l'inventore della "derapata", con il copilota rannicchiato sotto il cruscotto.

Piccolo, minuto e segaligno, dalla pelle olivastra, con gli occhi sottili e lo sguardo fiammeggiante, Nuvolari si mette per la prima volta al volante durante la Prima guerra mondiale. Gli affidano imprudentemente un'ambulanza. Un giorno al suo fianco siede un generale, e lui va fuori strada. «Come ti chiami, soldato?» «Tazio Nuvolari, signore» risponde lui. «Da domani, i feriti li porti a mano. Se vuoi andare forte, puoi correre ugualmente, ma così farai meno danni. Guidare non è il tuo mestiere.» Poi si dice dei generali… Per nulla scoraggiato, Tazio comincia a correre sul serio nel 1920, prima in moto e poi in auto, sempre con lo stesso abbigliamento: maglietta gialla, giubbino di pelle nera, pantaloni azzurri e un nastro tricolore al collo.

I danni, in realtà, li fa soprattutto a se stesso. È un fascio di nervi, sembra non sentire il dolore e, pur di correre, non esita a fare cose che vanno molto oltre il buon senso. Nel 1925, per esempio, l'Alfa Romeo gli propone di provare a Monza il suo nuovo modello P2. «Non strafare, Tazio, non conosciamo ancora il suo comportamento a velocità troppo elevate.» «Qualcuno dovrà pure scoprirlo» è la risposta del "Mantovano volante". Lo scopre, finisce fuori strada e va in ospedale con diverse fratture, e dire che sei giorni dopo dovrebbe correre, in moto, nel gran premio delle nazioni. Incredibilmente, si presenta alla partenza, fra i brusii della folla: è incerottato e bendato come una mummia, avvolto stretto nella posizione che dovrà assumere alla guida della moto. Si fa quindi calare sulla Bianchi, e parte: naturalmente è il più veloce di tutti, ma il bendaggio rende la sua guida molto imprecisa: a metà gara raschia contro un muro con la mano sinistra, si rompe falangina e falangetta e deve percorrere gli ultimi chilometri con un osso insanguinato che spunta fuori dal guanto strappato, come un lampeggiante rosso. Vince la corsa. In auto non è da meno: nel 1934, a Berlino, gareggia nel gran premio di Germania quaranta giorni dopo essersi fratturato una gamba in più punti in uno spaventoso incidente: per farlo si fa modificare la pedaliera e guida solo col sinistro. Arriva quinto. E nel 1946, a Torino, termina la gara con il volante in una mano e una chiave inglese applicata al canotto dello sterzo.

Perché questo sprezzo della vita? Il destino, lontano dalle corse, non gli è amico: perde entrambi i figli in giovane età (uno per miocardite, uno per meningite) e confessa che trovare la morte in gara significherebbe ricongiungersi a loro. Non smette di correre neppure quando la sua salute comincia a peggiorare: a metà degli anni Quaranta gli diagnosticano una grave affezione polmonare. Inguaribile, secondo i medici. Alla diagnosi li saluta un po' di fretta: «Grazie, ora che lo so, devo assolutamente partire per la Francia». Al gran premio di Albi, è regolarmente alla guida della sua Maserati, e vince guidando con la sola mano sinistra; con la destra regge un fazzoletto per tamponare il sangue che gli esce dalla bocca. In una delle sue ultime interviste dice: «La morte è la vera compagna del pilota. In corsa, le ho fatto la corte mille volte, ma non mi ha voluto. Mi sa che mi farà morire nel mio letto». Sarà così. "Il più grande corridore del passato, del presente e del futuro" – parole di Ferdinand Porsche – muore nel 1953 e in venticinquemila lo accompagnano al suo ultimo traguardo. Sulla lapide è scritto: "Correrai ancor più veloce per le vie del cielo".

YOUR LIFE
IS YOUR MESSAGE
TO THE WORLD.
MAKE SURE
IT'S INSPIRING.

LA TUA VITA È IL MESSAGGIO CHE TRASMETTI
AL MONDO. ASSICURATI CHE SIA DI ESEMPIO.

3

Oggi quasi nessuno lo conosce, eppure è lui ad aver firmato per primo l'albo del Pallone d'oro. Un calciatore che giocò fino a cinquant'anni, che si allenava correndo sulla sabbia con scarpe appesantite, che seguiva una dieta rigorosissima, solo verdura con tanto di digiuno il lunedì, che non fumò mai una sigaretta in vita sua, né bevve un bicchiere di vino (tranne un unico sorso di champagne). Uno che, diventato allenatore, guidò una squadra di giocatori di colore in Sudafrica, durante l'Apartheid, quando la legge lo vietava. Una vita che definire un esempio è poco, quella di Stanley Matthews, o, per meglio dire, di Sir Stanley Matthews.

Iniziò a giocare da professionista nel 1932, l'anno in cui il partito nazionalsocialista vinse le elezioni in Germania e finì nel 1965, quello in cui gli americani inviarono le prime truppe in Vietnam, trentatré anni dopo. Il giorno della sua uscita di scena organizzò una grande cena, a cui invitò tutti i più famosi giornalisti inglesi. A ognuno fece trovare, sotto al piatto, gli articoli in cui, negli ultimi quindici anni, era stato annunciato il suo imminente ritiro.

Lo chiamavano il "Mago" (proprio come Herrera, di cui ho appena parlato a pagina 5), per via del suo dribbling fulminante. Attaccante all'inizio della carriera, via via che gli anni passavano, arretrò il raggio d'azione e si specializzò come uomo-assist, facendo correre gli altri. E li mandava in gol. Giocò solo in due squadre:

lo Stoke City, il club della sua città, e il Blackpool, che lo fece diventare il beniamino dei tifosi. Per questo motivo, avendo rifiutato lauti ingaggi dai più forti club d'Inghilterra, vinse solo un titolo: la FA Cup del 1953, in una partita che passò alla storia come la "Finale di Matthews". A venti minuti dalla fine i ragazzi del Bolton erano in vantaggio 3-1 sul Blackpool. Fu allora che Matthews prese la partita in mano e, nel giro di una manciata di minuti, servì tre assist. *Tre.* 4-3 per il Blackpool e, finalmente, per l'unica volta in vita sua, Matthews bevve il suo sorso di champagne.

99%
OF THE BATTLE
IS GETTING
YOURSELF
IN THE RIGHT
STATE OF MIND.

IL 99% DELLA BATTAGLIA CONSISTE NEL
METTERSI NEL GIUSTO STATO D'ANIMO.

Il 24 ottobre del 1989 Jerzy Kukuczka sta salendo la quarta montagna più alta del mondo: il Lhotse, lungo l'ancora inviolata parete Sud. Non si sa come faccia né a cosa stia pensando. È da solo, concentrato. Tranquillo. Anche se ottobre non è esattamente il momento migliore, per andare su. Di solito, quando un alpinista è così temerario da voler affrontare un Ottomila, una delle quattordici montagne più alte della Terra, che si trovano fra Pakistan, India, Cina e Nepal, sostiene la sfida d'estate, con spedizioni bene attrezzate, allenandosi e preparandosi a ogni difficoltà. La montagna non perdona, figuriamoci un Ottomila. Sono pochi gli alpinisti che possono dire di averle conquistate tutte e quattordici, perché poi è di questo che si tratta: sfidare il mondo, la roccia, l'altezza, il freddo, la resistenza, il vento. E sedersi in cima, sgombrare finalmente la mente e concedersi anche solo un pensiero, quell'uno per cento che serve a sentirsi perfetti. Reinhold Messner è stato il primo a scalarle tutte, in vent'anni. Jerzy ha fatto di meglio. O, almeno, ci sta provando.

Era nato nel 1948 a Katowice, in Polonia, ovvero nella nazione più pianeggiante d'Europa. Eppure, lì, negli anni Settanta, si formò una generazione di grandi alpinisti. Si allenò sulle Alpi e poi guardò subito a est, dove il mondo si arriccia per davvero: Nepal, Tibet, Himalaya. Il primo dei "Quattordici fratelli" che scalò fu proprio il Lhotse, nel 1979, salendo per la via normale. L'anno dopo aprì una nuova via per arrivare alla cima della "Dea madre del mondo", il Chomolungma. O, per scriverla all'occidentale, l'Everest. La cima Quindici, come era chiamata a metà dell'Ottocento dal cartografo della corona britannica George Everest, che aveva finito per cederle il nome, non era più difficile del Lhotse. Anzi. Quando si sedette lassù, in testa al mondo, con l'amico alpinista Andrzej Czok, con l'ossigeno che ronzava nelle loro maschere, gli venne in mente una folle idea. Di salire tutti gli altri Ottomila nello stesso modo: per vie nuove. L'anno dopo lo fece con il Makalu, fra Tibet e Nepal, in solitaria. Nel 1983, le due vette del Gasherbrum, I e II. Nel 1984 il Broad Peak. E quando si accorse che non c'erano apparenti vie nuove per il Dhaulagiri e il Cho Oyu, chiamò Andrzej e gli propose di affrontarli, per la prima volta, d'inverno. Lo fecero, uno dopo l'altro, e poiché a quel punto la stagione fredda era finita, e loro erano ancora da quelle parti, conquistarono anche il Nanga Parbat. Da lì al 1987, Jerzy li scalò tutti, per vie nuove o d'inverno, imprese mai tentate da altri. Tutti, tranne uno: gli mancava il primo Ottomila che aveva sfidato, il Lhotse.

E così torniamo al 24 ottobre del 1989, alla parete Sud, a 8200 metri di altezza. Jerzy Kukuczka è appeso e sta salendo, la mente sgombra, la vetta a meno di quattrocento metri, ma in verticale. "Il novantanove per cento dell'impresa è fatta" pensa. Ha freddo, questo sì, ed è colpa del suo equipaggiamento, niente a che vedere con quello tecnico e moderno di certe spedizioni occidentali. La sua corda, per esempio, l'ha comprata per poche rupie al mercato di Katmandu. Perché questa è l'altra grande differenza tra le sue spedizioni e quelle degli altri scalatori occidentali: non va in tv o sulle copertine dei giornali, non girano un film su di lui, non si candida in politica. Lui scala e basta. Il governo polacco sa a malapena che esiste. Sponsor? Qualcuno. Ma il suo nome è difficile da pronunciare. E come lui stesso racconta, deve organizzarsi con un quinto dei fondi dei suoi colleghi. Ma pazienza. L'attrezzatura è importante, il caffè buono anche, ma si può farne a meno. Quello che serve, per arrivare lassù, è la testa. La testa fa tutto. E così, quel giorno, mentre pensa a che cosa penserà una volta che sarà in cima, con l'inverno intorno a lui, nemmeno si accorge che la sua corda da poche rupie si sta spezzando. Il suo corpo viene trovato tremila metri più in basso, sul fondo di un crepaccio. E quell'uno per cento che mancava, così, mancherà per sempre.

I WILL STOP AT NOTHING UNTIL I ACHIEVE MY GOAL.

NON MI FERMERÒ DAVANTI A NIENTE FINCHÉ
NON AVRÒ RAGGIUNTO IL MIO OBIETTIVO.

5

Non glielo disse al re di Svezia, quel giorno, quando ricevette da lui due medaglie d'oro, che finalmente poteva fermarsi. Che il sentiero era arrivato alla sua meta più imprevedibile. Il più grande atleta del mondo si chiamava Wa-Tho-Huk, "Sentiero lucente", poiché si dice che, quando nacque, il sole illuminò il sentiero che conduceva alla sua capanna. Gli altri, gli occidentali, lo conoscevano invece come Jim Thorpe. Era un sangue misto, un mezzo pellerossa per via di entrambe le nonne. Dove nacque? Non lo sa nessuno. Forse a Bellemont, forse da qualche altra parte, in una riserva indiana dell'Oklahoma. Quando? Altro mistero. C'è chi afferma il 28 maggio del 1887, chi l'anno dopo. Che infanzia ebbe? Terribile: morì il fratello gemello, poi la madre, infine il padre. Jim lavorò fin da piccolo, ma riuscì comunque a frequentare la scuola. Poi, nel 1907, assistette a una gara di salto in alto. Chiese di partecipare e, vestito con scarpe e pantaloni da lavoro, vinse, saltando 1,85 metri. L'organizzatore del torneo gli mise una mano sulla spalla e gli domandò: «Come ti chiami?».

«Jim.»

«E che lavoro fai?»

«Tutti quelli che ci sono.»

«Hai un talento per lo sport, ti piacerebbe provare?»

«Certo che sì, signore.»

«E quale sport vorresti provare?»

«Tutti quelli che ci sono, signore.»

E così fece: si mise in luce nell'atletica leggera, nel football americano, nel baseball, nel lacrosse (una sorta di hockey molto popolare in Canada) e nel ballo, che forse non è proprio uno sport, ma è la disciplina grazie alla quale conobbe Iva Miller, sua moglie. Nel 1912 partecipò alla spedizione americana dei Giochi olimpici di Stoccolma, dove gareggiò nel pentathlon e nel decathlon. Nel pentathlon vinse quattro gare su cinque. Nella quinta, il giavellotto, arrivò terzo solo perché lo praticava da meno di un mese. Nel decathlon raggiunse le prime quattro posizioni in tutte e dieci le discipline, e vinse con oltre settecento punti di distacco sul secondo. Fu allora che il re Gustavo di Svezia gli dedicò un premio speciale, elogiandolo con parole che rimasero immortali: «Signor Thorpe, lei è il più grande atleta del mondo!».

E fu lì, in quel momento, che il sentiero dell'inarrestabile Jim s'interruppe. Tornò a casa come eroe nazionale, ma l'anno successivo ciò che non erano riusciti a fare gli avversari fu fatto dai giornali: sostennero che, poiché prima dell'Olimpiade Jim aveva giocato qualche partita come professionista a baseball, non avrebbe dovuto essere ammesso alle gare di Stoccolma. Le medaglie gli furono ritirate, e, anche se non gli mancò mai il supporto dei fan che aveva incantato con la sua bravura, morì dimenticato e praticamente in miseria, nel 1953. Trent'anni dopo, il Comitato olimpico internazionale lo riabilitò e consegnò alla figlia di Jim le due medaglie d'oro che il mezzo pellerossa dal sentiero lucente aveva ricevuto dalle mani, e dal sorriso, del re di Svezia.

SOME
OF LIFE'S BEST
LESSONS ARE
LEARNED
AT THE WORST
TIMES.

LE MIGLIORI LEZIONI DI VITA SI IMPARANO
NEI MOMENTI PEGGIORI.

Ani DiFranco

La Grande guerra era cominciata il 28 luglio 1914 e in pochi mesi aveva già lasciato sul campo un milione di morti. Benedetto xv, appena diventato papa, aveva condannato invano il conflitto che stava mettendo a ferro e fuoco l'Europa e, ancora invano, all'inizio di dicembre aveva lanciato un appello a tutti i governi dei Paesi belligeranti chiedendo di concordare una tregua in occasione del Natale. L'appello era rimasto inascoltato.

E così la guerra, iniziata al motto di "entro Natale tutti a casa", era diventata una snervante guerra di posizione che si consumava nelle trincee, fra fango, parassiti, topi e cadaveri.

Con l'avvicinarsi del Natale, tuttavia, gli alti comandi di tutti gli eserciti coinvolti avevano inviato pacchi dono ai propri soldati impegnati a combattere. Gli inglesi avevano ricevuto una pipa, tabacco, delle sigarette e una fotografia della principessa Mary: la famiglia reale aveva deciso di ringraziare i propri eroi ricordando loro, con quello scatto, quanto fosse bello un letto caldo e pulito rispetto alle coperte ormai piene di buchi che avevano in dotazione. Ai tedeschi, invece, oltre al consueto tabacco, era stato recapitato un piccolo albero di abete ogni dieci soldati.

Da qualche parte vicino a Ypres, sul fronte delle Fiandre, è il 24 dicembre 1914, e nulla lascia presagire quello che sta per accadere. Soltanto poche settimane prima alcuni tedeschi avevano finto di arrendersi al solo scopo di far cadere un drappello di soldati britannici in un'imboscata, nella quale a decine erano stati falciati dalle mitragliatrici. Ma la Vigilia comincia diversamente dagli altri giorni: da una trincea all'altra i soldati iniziano a intonare, ciascuno nella sua lingua, canti natalizi e a scambiarsi, gridando, gli auguri. Alcuni militari tedeschi accendono delle candele e addobbano un albero di Natale. Poi dalla trincea tedesca appare un cartello con scritto: "*We not shoot, you not shoot*". Un soldato tedesco esce dalle trincee e si incammina nella "terra di nessuno" che separa i due eserciti, con le braccia sollevate e disarmato. Altri seguono il suo esempio e, superati sorpresa e timore iniziali, gli inglesi fanno altrettanto. Si incontrano, si guardano. Non sono nemici, sono giovani, hanno gli stessi anni e lo stesso desiderio di essere a casa, ma sono separati dalle decisioni di governanti che nessuno di loro ha mai visto. E allora si stringono le mani, si scambiano piccoli doni: whisky con tabacco, salsicce con cioccolato. E poi, dalla trincea inglese, qualcuno calcia fuori un pallone.

Capitava relativamente spesso di vedere un pallone calciato fuori dalla trincea, e di solito era un brutto presagio, perché era uno dei segnali con cui si dava il via alle cariche. Ma quel giorno, il pallone è solo un pallone. E allora giochiamo: undici contro undici, o magari tredici contro tredici, che importa. Gli elmetti e gli zaini li mettiamo lì e lì, a fare da porte. E, poi, Inghilterra-Germania è sempre un grande classico. Dalle lettere di alcuni soldati (la più autorevole è quella inviata alla moglie dal generale Walter Congreve, uno che era stato decorato con la Victoria Cross, la più alta onorificenza britannica al valor militare), sembra che il risultato di quell'incredibile partita sia stato 3-2 per i tedeschi, con l'ultimo gol molto contestato.

La "tregua di Natale" prosegue anche il giorno successivo. Poi però la notizia arriva ai giornali. Il "Manchester Guardian" del 31 dicembre 1914 titola: "Tregua di Natale al fronte. I nemici giocano a calcio", e gli alti comandi corrono ai ripari: chiunque fraternizzerà di nuovo con il nemico sarà passato per le armi.

E il pallone dei soldati viene ricacciato nel fango della trincea dai potenti seduti alle loro scrivanie.

WHEN LIFE HITS,
LOSERS SAY:
WHY ME?
WINNERS SAY:
TRY ME!

AI COLPI DELLA VITA,
I PERDENTI RISPONDONO: PERCHÉ PROPRIO IO?
I VINCENTI RISPONDONO: METTIMI ALLA PROVA!

Una favola, un incubo, poi di nuovo una favola. Ma la vita di Giacomo "Jack" Sintini è soprattutto quella di chi non ne ha paura. Inizia da predestinato, un bambino che sin da piccolo, nella sua Romagna, vuole diventare un campione dello sport. La prima scelta che fa, ovviamente, è il calcio, ma quando ha circa tredici anni Jack si rende conto di crescere troppo velocemente, così cambia, e prova con il volley. Buona la seconda: anche se l'età è abbastanza tarda per cominciare un nuovo sport, Jack ha una coordinazione naturale non comune, impara in fretta e brucia le tappe. A diciotto anni esordisce in A1. Ravenna, Forlì, poi il trasferimento a Treviso, i primi trofei, le prime partite in nazionale.

Sembra tutto perfetto nella vita di questo ragazzone romagnolo, dall'espressione sempre serena e con gli occhi dal taglio vagamente orientale. Fra il 2002 e il 2010 arrivano i trionfi con Perugia e Macerata, e in azzurro diventa il regista della nazionale del ct Gian Paolo Montali, vincendo da protagonista l'Europeo 2005 in una tiratissima finale in cinque set contro la Russia. Anche nella vita privata le cose vanno a meraviglia, grazie al matrimonio con Alessia e alla nascita della figlia Carolina. Dopo una stagione in Russia, nel 2010, si trasferisce a Forlì, con l'obiettivo di arrivare all'Olimpiade di Londra 2012. Ma nel marzo 2011, quando ha trentadue anni e il campionato ormai è quasi concluso, Jack si ferma.

«Mi ricordo che sono tornato a casa dopo una partita. Sono andato a letto che stavo bene, e mi sono svegliato che stavo malissimo. Avevo un forte dolore alla schiena, sotto alla scapola destra. Un dolore persistente.» Sintini tiene duro, finisce il campionato, si mette a riposo, ma il dolore non va via. Non bastano gli antidolorifici, non basta il cortisone. Convinto che fosse un problema muscolare o tendineo, prova a risolvere la situazione con il nuoto. Ma dopo un iniziale sollievo, proprio mentre si trova in piscina, urta con una mano il bordo vasca e avverte un dolore mai provato, insopportabile, al punto che rischia quasi di affogare. No, non può essere un'infiammazione. Meglio farsi vedere. «Temevo fosse a rischio la mia carriera. Ma non era così: era molto peggio.»

Il responso del 1° giugno è linfoma non Hodgkin a grandi cellule B al sistema linfatico, già arrivato al quarto stadio: aveva due costole sbriciolate e varie lesioni a tutti gli organi. «Quando ho sentito parlare il medico ho pensato che sarei morto.» Durante l'estate scende da novantuno chili a sessantanove, ma nonostante la chemio, le terapie, il suo impegno, il male avanza. I medici provano ad aumentare le dosi dei farmaci, con effetti collaterali devastanti: quando ha la tentazione di mollare, Jack pensa alla figlia: «Non volevo che crescesse pensando che suo padre non aveva voluto lottare». La situazione è disperata e così i dottori giocano l'ultima carta: un autotrapianto di midollo. Funziona. Jack reagisce, migliora, esce dalla clinica, torna a casa, e già si sente un miracolato. Certo, le Olimpiadi sono sfumate per sempre, ma non importa. A poco a poco, ricomincia a muoversi e a giocare con la palla, e a tornare in campo ci fa un pensierino. Poi due. Insomma, riesce a ottenere con grande fatica un certificato di idoneità per giocare di nuovo a pallavolo.

Poi suona il telefono, è il ds del Trentino Volley, la squadra più forte d'Italia. Hanno un problema: il palleggiatore polacco Lukasz Zygadlo se n'è andato, e c'è un posto libero in squadra. Da riserva, però, perché il titolare, anzi il titolarissimo, è il brasiliano Raphael. Ma se vuole annusare il campo, il posto è suo. E così il

14 ottobre 2012, diciotto mesi dopo la sua ultima partita, torna sul terreno di gioco, disputando pochi minuti di un match della Coppa del Mondo per club. Ma in campionato gioca poco: nonostante si impegni tantissimo, è molto lontano da quello che era prima del linfoma.

In questa stagione Trento arriva alla finalissima, contro Piacenza, un osso duro. La serie è al meglio delle cinque partite, ed è un'altalena di emozioni: 1-0, 1-1, 2-1, 2-2. E a questo punto il fortissimo Raphael, colpito da una pallonata, si rompe un dito. Frattura scomposta della falangina del medio: non può giocare l'ultimo match. E allora tocca a lui, Jack, quello che non è titolare da ormai due anni, che pesa quindici chili in meno rispetto a prima della malattia, che nessuno può sapere come reagirà alla pressione. È il 12 maggio 2013. E Jack Sintini gioca tutta la partita (che dura cinque set) e non solo conduce la sua squadra alla vittoria e, quindi, allo scudetto, ma la sua prestazione è così straordinaria che viene eletto Mvp, miglior átleta, della finale. E, come scrive lui stesso nel libro *Forza e coraggio*, si tratta del giorno più bello della sua vita. Altro che Olimpiade.

THERE ARE
TWO TYPES
OF PAIN,
ONE THAT
HURTS YOU
AND ONE THAT
CHANGES YOU.

ESISTONO DUE TIPI DI DOLORE, QUELLO CHE
TI FA SOFFRIRE E QUELLO CHE TI FA CAMBIARE.

Voleva suicidarsi, Maria Beatrice Vio, una giovanissima schermitrice veneziana, quando tornò a casa con tutti gli arti amputati. Sotto al ginocchio, le gambe; e sotto i gomiti, le braccia. Strisciò fino al bordo del letto e provò a buttarsi giù. Fu suo padre Ruggero a fermarla, a guardarla dritto negli occhi e a dirle: «Bebe, buttandoti giù dal letto non ti uccidi, ma ti fai ancora più male e poi vieni da me a rompere le palle. Se vuoi, me lo dici, siamo al secondo piano e ti porto alla finestra. Se ti butti da lì, ci riesci di sicuro. E ora smettila, perché la vita è una figata». È Bebe stessa a raccontarlo, con il sorriso sotto alle cicatrici che la meningite fulminante le ha lasciato sul viso.

Nel 2008, il meningococco era nell'aria dalle parti di Treviso, ma a nessuno venne in mente di vaccinare i ragazzi dell'età di Bebe. E anche questo fa riflettere. Lei aveva nausea, mal di testa, ma la sua non era una malattia normale. Portata d'urgenza a Padova, la situazione degenerò in pochissime ore. Fu decisa l'amputazione. E, una volta ripresasi, lo sconforto per un'esistenza che pareva segnata.

«La cosa più difficile» racconta la mamma di Bebe, che oggi presiede un'associazione che si occupa di spingere i ragazzini con gli arti amputati a fare sport, «è tirarli fuori di casa.» Dare loro la fiducia di rischiare di nuovo, di farsi vedere per quello che sono e quello che hanno dentro. Dare loro un modo per poter dimostrare, di nuovo, coraggio, forza fisica e determinazione. È quello che fece Bebe. La scherma era la sua passione. E doveva continuare a esserlo. Anche se le avevano detto che non poteva più tirare di spada, che non poteva più "sentirla". Lei invece la sentiva eccome, fin nelle ossa del gomito. E così – cocciuta, come tutti i Vio – tornò a tirare, prima in carrozzella, poi in piedi, diventando la prima atleta europea a tirare con un braccio armato.

All'Olimpiade di Londra 2012, Bebe portò la fiaccola italiana. E vide, intorno a sé, gli atleti paralimpici finalmente ritratti per quello che sono: uomini e donne del futuro, i primi cyborg, coloro che, sulla propria pelle e nelle proprie ossa, provano gli innesti, le protesi, la tecnologia. Uomini e donne che sperimentano e testano, ogni giorno, dove può arrivare la forza e dove finisce il dolore. E Bebe era lì, guardava e capiva.

Conquistò i campionati italiani, l'Europeo del 2014, il Mondiale di due anni dopo. E mentre vinceva, cominciarono a venire allo scoperto altri ragazzi come lei: un'atleta senza un braccio chiese di poter partecipare al campionato italiano di taekwondo. Quello "normale". Gli organismi competenti erano impreparati, imbarazzati. Ruggero Vio telefonò: il segretario, il ministro, non importa chi aveva davanti. Fatela gareggiare. Fateli gareggiare tutti. E la ragazzina senza un braccio stese un avversario dopo l'altro fino ad arrivare sul podio.

Il futuro di Bebe arrivò a Rio de Janeiro, dove gareggiò nel fioretto paralimpico. Vinse tutti e cinque gli incontri del girone. Poi sconfisse la polacca Marta Makowska 15-6 nei quarti e la cinese Yao Fang 15-1 in semifinale. 15-1. Non si era mai vista una schermitrice così. La finale fu contro un'altra cinese, la fortissima Jingjing Zhou: 15-7 per Bebe.

Un urlo, un trionfo. E ha ragione lei: è una grandissima figata.

PAIN
MAKES YOU
STRONGER.

IL DOLORE RENDE PIÙ FORTI.

Quando il cosmonauta russo Jurij Gagarin, il primo uomo in orbita attorno alla Terra, muore in un incidente, molti chilometri più in basso, a Prato, Rosella Chechi non sa ancora che avrà presto un bambino. Ma quando, l'11 ottobre dell'anno successivo, viene alla luce un maschietto, lei e il marito non hanno dubbi: avrà un nome da cosmonauta, si chiamerà Jury Chechi.

Rosso di capelli e irrequieto, è un bambino di bassa statura e magrolino. Sembra tutto meno che un futuro sportivo. Però è parecchio vivace, tanto che, dopo un paio di lampadari staccati, divani sfondati e alcune crisi di nervi dei genitori, la signora Rosella decide di mandarlo con la sorella, che frequenta una palestra di ginnastica artistica, quella della Società Ginnastica Etruria di Prato. Jury ben presto si appassiona a questo sport, e nel 1976 si fa iscrivere nella stessa palestra. Ha talento: nel 1977 centra i primi successi a livello juniores, e nel 1984 entra nella nazionale giovanile di ginnastica. È una grande promessa di questo sport e, soprattutto, ha deciso che la pedana e in particolare gli anelli, saranno la sua specialità. Al punto da trasferirsi a Varese, dove formerà un binomio inscindibile con l'allenatore Bruno Franceschetti.

Come l'altro Jurij, il cosmonauta, il suo talento lo proietta presto in orbita: tra il 1989 e il 1992 coglie quattro vittorie consecutive nel campionato italiano e i primi successi internazionali ai Giochi del Mediterraneo, dove nel 1987 a Latakia, conquista quattro medaglie (due d'oro). È bravo in tutte le specialità, ma sono gli anelli il suo grande punto di forza. Sembra nato per volteggiare, senza sforzo apparente, avvinghiato a quei cerchi metallici sospesi da terra e appesi a una fune: il suo fisico, compatto e muscoloso, la sua coordinazione naturale, la forza nelle braccia e la sua naturalezza nei volteggi sono come una sinfonia di movimenti, un concentrato di raffinata eleganza e di esplosiva potenza.

Come d'incanto, il suo talento sboccia tra il 1991 e il 1992: conquista agli anelli il bronzo al Mondiale di Indianapolis e l'oro all'Europeo di Budapest. È considerato da molti il favorito per la gara olimpica, ai Giochi di Barcellona. Ma un mese prima della cerimonia di apertura, in allenamento, esegue l'ennesimo volteggio e atterra preciso. Ma l'impatto con la pedana è come una frustata, e subito dopo, un dolore insostenibile, quasi da svenire: il suo tendine d'Achille ha ceduto. Addio sogni, addio Olimpiade, il principale obiettivo dei ginnasti di tutto il mondo.

Jury piange, come chiunque: quando gli capiterà di nuovo di essere il favorito a un'Olimpiade? Ma non si lascia abbattere dal dolore e dal dispiacere. Anzi, l'infortunio è una sferzata di stimoli per il suo carattere tignoso e irriducibile. Appena il tendine d'Achille si rimette, inizia ad allenarsi di nuovo, più forte di prima, meglio di prima. L'obiettivo non è cambiato, si è solo spostato avanti di quattro anni: anziché Barcellona 1992, i "suoi" Giochi saranno quelli di Atlanta 1996. Nel frattempo, mette in chiaro chi è davvero il "Signore degli anelli": non l'oscuro occhio che domina la Terra di Mezzo di Tolkien, ma il formidabile Jury, Rosso Malpelo. Le uniche similitudini tra l'epopea fantasy e il ginnasta di Prato sono i poteri magici che anche lui sembra avere quando volteggia e che lo rendono invincibile: tra il 1993 e il 1996, conquista per quattro volte consecutive l'oro ai Mondiali, e ad Atlanta arriva, di nuovo, da favorito.

Jury non delude le attese: il suo esercizio nella finale di specialità è un inno alla bellezza nello sport.

Praticamente perfetto. Durante l'esecuzione ha persino il tempo di annuire in direzione del suo allenatore e amico Bruno Franceschetti, forse più in ansia di lui. La presa è ferrea, il volteggio sublime, l'uscita esemplare. La giuria lo premia con un 9,887: un voto altissimo, eppure forse ancora poco, per quanto ha fatto vedere. Ma non importa: quello che conta è l'oro, che Jury si mette al collo; uno dei più belli della storia azzurra alle Olimpiadi. Una medaglia individuale nella ginnastica che l'Italia aspettava da trentadue anni.

Nel 1997 vincerà ancora i Mondiali, il primo a imporsi per cinque anni consecutivi nella stessa specialità. Ma la sfortuna è di nuovo dietro l'angolo. Ancora una volta, è un tendine a tradirlo, e ancora una volta, nell'anno dell'Olimpiade. È il 2000, e il Signore degli anelli si prepara per Sidney, quando subisce un parziale distacco del tendine del bicipite brachiale sinistro. Per uno specialista degli anelli, questo è un infortunio definitivo, perché compromette la forza della presa.

Jury annuncia in televisione il proprio ritiro, e a vedere la sua espressione, tutti ci credono. Ma il destino ha ancora in serbo per lui una piccola favola. Suo padre, Leo, si ammala gravemente. Le cose sembrano volgere al peggio e, per motivarlo a non mollare, Jury fa un patto con lui: «Se tu guarisci, io torno in pedana e vado alle Olimpiadi». Contrariamente a quanto il quadro clinico sembrava indicare, Leo Chechi guarisce e Jury mantiene la promessa: torna ad allenarsi e riesce a qualificarsi per l'Olimpiade di Atene 2004, dove è anche il nostro portabandiera. Nessuno, però, pensa che possa essere competitivo. Invece, nella "sua" gara, gli anelli, è ancora un gigante. È l'ultima recita del Signore degli anelli: meno potente di prima, ma sempre più armonioso, elegante, impeccabile. Malinconico. Vince il bronzo e poi, con un gesto da campione autentico, in diretta tv indica come vincitore morale il bulgaro Jordan Jovčev, secondo, penalizzato dalla giuria a favore del ginnasta di casa, il greco Tampakos. Racconta il telecronista Rai Andrea Fusco: «Nella sua ultima gara, si è posato come una foglia che si arrende sì all'autunno, rivendicando a sé la grazia del volo. È Jury Chechi».

THE PAIN YOU FEEL TODAY WILL BE THE STRENGTH YOU'LL FEEL TOMORROW.

IL DOLORE DI OGGI SARÀ LA FORZA DI DOMANI.

Vinny Pazienza è stato più di un pugile. È stato un uomo indistruttibile, un moderno eroe sportivo, capace di trovare sempre dentro di sé la forza per reagire, la voglia e la determinazione per rialzarsi dopo ogni colpo sotto la cintura, sul ring o nella vita.

Nasce nel 1962 a Cranston, nel Rhode Island, ed è figlio di immigrati italiani. Vinny decide di fare il pugile a quattordici anni, quando vede *Rocky* al cinema. Vuole diventare come lui. Ma ancora non può sapere quanto la sua carriera assomiglierà a quella del personaggio di Stallone.

È uno tosto, si allena duro. Fra i dilettanti vince sempre, così nel 1983 diventa professionista. E anche da professionista vince. Il padre per aiutarlo trasforma, investendo 17.500 dollari (pare prestati dalla nonna), una vecchia stazione dei pompieri in una palestra solo per lui: la Father and Sons Gym. Il 7 giugno 1987 è il giorno del primo match per il titolo Ibf, pesi leggeri, contro Greg Haugen: vince ai punti. La sua boxe è un misto di velocità e generosità.

L'unico problema è che fatica a tenere il peso della categoria, e per restare nei leggeri deve sottoporsi a diete e saune continue, che però lo indeboliscono. Dopo aver perso una serie di incontri "mondiali", decide di cambiare categoria e sale nei medi. È la scelta giusta. Quando torna a combattere nel 1990, Pazienza è più in forma che mai: disputa i match più belli della sua carriera. Nel 1991 vince al dodicesimo round per ko tecnico il titolo mondiale Wba dei medi contro Gilbert Dele e diventa il secondo pugile nella storia ad aver vinto il titolo sia nei leggeri che nei medi.

Ma il destino è dietro l'angolo: appena un mese dopo, mentre è in macchina per le strade del Rhode Island e guida a non più di quaranta all'ora, un furgone prende in pieno la sua auto.

Quando si sveglia in ospedale, i dottori lo informano che si è spezzato due vertebre del collo: probabilmente non camminerà mai più. Lui non fa una piega e in qualche settimana si tira su dal letto. Gli montano addosso una struttura di ferro chiamata "Halo", con quattro viti attaccate alle ossa del cranio per tenere in tensione il collo. I dottori gli raccomandano riposo assoluto. Figuriamoci. «La mia forza è che ai medici non ho mai creduto» racconterà in un'intervista anni dopo. «Non mi è mai passato per la testa che non sarei riuscito a tornare a combattere. Al dottore che mi diceva che non avrei più boxato ho risposto: "Lei si sbaglia. Lei non capisce che tipo di uomo sono, lei non capisce che cosa ho negli occhi: vedo già la gente che mi acclama sul ring".»

Non vuole semplicemente tornare, vuole tornare e *vincere*.

E allora si allena di nascosto, nella cantina di casa, all'insaputa di genitori e amici, con Halo al collo, dodici chili di zavorra.

«Sapevo di non essere finito» racconterà ancora. «Io guardo sempre il lato positivo. Non sono uno che si lamenta quando perde. Vado avanti.»

Halo resta al suo collo per tre mesi. Prima di toglierlo, gli propongono l'anestesia, ma lui la rifiuta. «Il dolore insegna: insegna a resistere.» E lui resiste, ma per il dolore strappa un bracciolo dalla sedia di legno a cui è aggrappato.

Ora è libero di allenarsi in palestra. Ma le sue peripezie non sono finite: gli altri pugili non vogliono combattere con lui, hanno paura di provocargli dei danni permanenti; persino il suo sparring partner non lo affronta con la giusta cattiveria, tanto che Vinny si arrabbia. Ma, lentamente, le cose riprendono a girare: a tredici mesi dall'incidente, nel 1992, sale sul ring, contro tale Luis

Santana. Non c'è match: lui è troppo più veloce dell'avversario e al nono round Pazienza lo butta giù.

Pazienza è tornato. E per uno che secondo i medici non doveva più neanche camminare, già il semplice disputare incontri è un risultato al di là dell'umano. Ma lui non si accontenta: il pubblico lo adora, lui infila vittorie su vittorie e arriva la chance mondiale. Titolo Ibo, contro Dan Sherry: ko all'undicesimo round e la cintura è sua.

Ma manca ancora una cosa per chiudere il cerchio: un grande match. E quando Roberto "Mani di pietra" Durán lo cerca per giocarsi il titolo dei supermedi Ibc, capisce che il momento è arrivato.

Las Vegas, 25 giugno 1994: Pazienza ha trentun anni. Durán quarantatré, ma non è un pugile, è un mito: novantatré incontri vinti, nove persi, sessantaquattro ko. Il loro non è un incontro, è una rissa: entrambi finiscono come maschere di sangue, ma Pazienza vince ai punti. Durán non accetta il verdetto e indica il sopracciglio tagliato dell'avversario: «Guardate la sua faccia, e poi guardate la mia. Io non ho perso». Pazienza racconterà che, nonostante l'età di Durán «prendere un pugno da lui è come sentire una di quelle palle da demolizione contro la faccia». Comunque sia, ci vuole la rivincita, un anno dopo. E Pazienza vince di nuovo. Ma soprattutto, al nono round, realizza il suo vero sogno, quello di diventare Rocky, gridando a Durán: «Non mi fai male, non mi fai male».

È stato ovviamente realizzato un film su di lui. Si intitola *Bleed – Più forte del destino*. Tutto sommato gli è piaciuto. In un'intervista, ha detto che c'è un'unica scena davvero diversa rispetto alla realtà: nel film, hanno fatto passare qualche settimana di troppo dall'incidente all'inizio degli allenamenti con Halo in testa. In realtà non erano trascorse settimane, ma soltanto due giorni. «Ma il cinema non racconta mai la verità...» Ora, da ex pugile, Vinny gira l'America tenendo incontri motivazionali e vendendo dvd. D'altronde, se c'è uno che può insegnare a non mollare, quello è lui.

IF YOU QUIT ONCE IT BECOMES A HABIT. DON'T QUIT.

SE MOLLI UNA VOLTA, DIVENTA UN'ABITUDINE. NON MOLLARE.

Michael Jordan

Quando il Giro d'Italia 1956 prende il via da Milano, Fiorenzo Magni sa che quella potrebbe essere la sua ultima corsa rosa. A dicembre compirà trentasei anni, e nonostante la sua tenacia e la sua classe, è cosciente di essere al tramonto, come del resto lo è Fausto Coppi (di cui parlo a pagina 179), di un anno più vecchio di lui. Una nuova generazione di campioni si è già affacciata alla ribalta: Pasquale Fornara, Gastone Nencini e Charly Gaul, e anche se nell'edizione precedente, proprio con l'aiuto di Coppi, Fiorenzo è riuscito a beffarli e a vincere il Giro (impresa che fa di lui ancora oggi il vincitore più anziano), sa che ripetere l'impresa sarà quasi impossibile. Gli piacerebbe però arrivare fino alla fine, e magari chiudere con un buon piazzamento.

La prima parte del Giro ha un solo, grande protagonista: Alessandro Fantini, uno dei campioni delle nuove leve, che vince due tappe e si tiene la maglia rosa per dieci giorni, dalla quarta tappa, Genova-Salice Terme alla tredicesima, Grosseto-Livorno, prima di perderla nella cronometro Livorno-Lucca. Una frazione che Magni si ricorda molto bene. Il giorno prima, il 29 maggio, quando partono da Grosseto, non è messo male in classifica e, se riesce a tenere duro nella gara contro il tempo, sulle Alpi potrebbe ancora dire la sua. La Grosseto-Livorno, però, è una tappa nervosa, tutta un saliscendi, e forse Magni pensa già troppo alla crono. Fatto sta che nella discesa di Volterra cade e si fa malissimo. Il braccio sinistro è dolorante e, soprattutto, non si muove quasi più. Il medico del Giro lo raggiunge e lo visita. «Guarda che hai una clavicola fratturata. Devi ritirarti.» «Ci penso al traguardo» risponde Magni, e in qualche modo si mette in sella e pedala fino all'arrivo. Il giorno dopo c'è la crono, alla fine del Giro mancano altre nove tappe. Come si fa con una clavicola rotta?

«Non puoi partire» gli sibila il medico. Ma Magni resta impassibile, e quando il dottore se ne va, fa di testa sua: mette della gommapiuma sul manubrio per attutire gli urti – e il dolore – e corre la crono. Il giorno dopo, passa indenne anche la tappa appenninica. Ma quando deve affrontare la cronoscalata si accorge di non riuscire nemmeno a stringere il manubrio per il dolore. Serve qualcosa per allentare la pressione sull'articolazione, e il suo meccanico, Faliero Masi, trova una soluzione: taglia una camera d'aria, la lega al manubrio e gliela fa stringere tra i denti, per non dover forzare le braccia. Ogni tappa, però, è un calvario: nella Modena-Rapallo cade di nuovo e si rompe anche l'omero, svenendo dal dolore. Lo caricano in ambulanza per portarlo in ospedale, ma quando il mezzo si mette in moto, lui si sveglia, e intima al guidatore di fermarsi. «Ma che fai, pazzo?» gli urla il dottore, che non sa più a che santo votarsi. «Non lo vede? Raggiungo il gruppo: Fiorenzo Magni non molla.» Incredibilmente, con una clavicola e un omero fratturati, riprende il plotone e arriva al traguardo. Restano le Alpi, e il 1956 è l'anno di una tappa mitica, quella del Monte Bondone, dove molti corridori, in mezzo alla bufera, finiscono la corsa semicongelati.

In quell'inferno bianco, c'è anche Magni. Sale, con una smorfia in faccia: ha la camera d'aria fra i denti, e la stringe forte, sotto la neve. La stringe per diminuire lo sforzo richiesto alla spalla sinistra, ma anche per sfogare il dolore, e per non imprecare per il freddo, mentre tanti altri ciclisti, molto più giovani di lui, molto più sani di lui, uno dopo l'altro si ritirano. Anche Coppi ha già lasciato il Giro, qualche giorno prima. Ma lui no. Lui non vuole mollare, anzi sa che quel pensiero non lo deve sfiorare nemmeno. Con il manubrio letteralmente tra i denti, arriva in vetta. E con due fratture, una camera d'aria stretta in bocca, dopo aver superato una bufera di neve e a quasi trentasei anni di età, il 10 giugno Fiorenzo Magni completa il suo Giro d'Italia, con un incredibile secondo posto finale, a poco più di 3 minuti dal vincitore Charly Gaul, meritandosi l'immortale soprannome, coniato da Raimondo Vianello e Ugo Tognazzi, di "Fiorenzo il Magnifico".

ONE DAY
ALL YOUR
HARD WORK
WILL PAY OFF.

UN GIORNO TUTTO IL TUO DURO LAVORO
DARÀ I SUOI FRUTTI.

12

Pietro Mennea da Barletta nel 1980 era uno dei migliori sprinter al mondo. Da almeno dieci anni. Di poche parole, schivo al limite della scontrosità, lui correva duro. E basta. Era ormai alla sua terza Olimpiade: quella di Mosca era un'edizione terribile, ammantata di fosco. Nel 1972, a Monaco di Baviera, aveva ottenuto il bronzo, facendosi precedere dal sovietico Valerij Borzov e dallo statunitense Larry Black. Nel 1976, a Montreal, era arrivato quarto. Ma l'anno prima, nel 1979, alle Universiadi di Città del Messico aveva messo a segno il record mondiale dei 200 metri. La sua gara. Un record, quattro numeri – 19′ 72″ – che rimasero imbattuti per diciassette anni.

Quando arrivò a Mosca non era particolarmente in forma: si era qualificato per il rotto della cuffia, correndo batterie lente e prevedibili, ma, soprattutto, l'intera nazionale italiana aveva rischiato di rimanere a casa. L'Urss aveva invaso l'Afghanistan, e gli Usa avevano deciso di boicottare i Giochi, esempio presto seguito da altri Stati. L'Italia aveva deciso di mandare un contingente ristretto di atleti, sotto la bandiera a cinque cerchi del Comitato olimpico internazionale, e solo quelli che non appartenevano alle forze armate. Pietro Mennea, cupo, era partito.

Non era un talento naturale, né era particolarmente bello da veder correre. Non era un lampo come Jesse Owen o Usain Bolt. Correva con la testa, però. E la sua testa arrivava prima di tutti gli altri. E gli diceva cosa fare e come farlo. I 200 metri, dopotutto, sono una gara strana. Quella curva, l'inclinazione del mondo. Il rettilineo finale. Quanti secondi? Venticinque? È lì che serviva la testa. Per non contare il tempo. Per batterlo.

All'Olimpiade di Mosca, quando Mennea si chinò per la partenza, l'aria era secca, metallica. Non guardò gli altri. Ma li sentiva respirare. Don Quarrie, oro a Montreal. Allan Wells, che aveva appena vinto nei 100 metri piani. Poi arrivò lo sparo. Mennea scattò piano. Non era insolito per lui. Il suo corpo cominciava lento. La testa, invece, già mulinava come un turbine, lanciando testardaggine e determinazione lungo i nervi, nei muscoli. Pompava elettricità pura. Velocità e progressione. Mennea affrontò la curva con la perfezione tecnica di un pendolo, in un modo unico, che pochi avevano, e sul rettilineo finale...

Sul rettilineo finale... Wells era davanti. L'aveva bruciato. Si bruciano i libri, i boschi, gli zuccheri. Ma non si bruciano le idee. E Mennea, quel giorno, aveva un'idea sola. Vide la schiena di Wells, in settima, uscì dalla curva. E continuò a vederla.

E poi.

Scatto dopo scatto.

Fino all'ultimo, maledetto piede.

Lo passò.

E vinse per due centesimi di secondo.

LIFE IS 10% WHAT HAPPENS TO ME AND 90% OF HOW I REACT TO IT.

LA VITA È COMPOSTA PER IL 10% DA CIÒ CHE MI SUCCEDE E PER IL 90% DAL MODO IN CUI IO REAGISCO.

Charles Swindoll

Lo vedi quell'immenso cartellone, Alex? Sembra annunciare un blockbuster americano, un'invasione di robot, o lo sbarco di un esercito venuto dal futuro. E invece sei tu. C'è vento, a Londra 2012. Soffia giù dalla ruota panoramica e pettina il Tamigi, controcorrente. È il vento che cambia tutte le cose, quello che conosci bene. È il tuo vento, ormai, da undici anni. Ti ha soffiato nelle orecchie la prima volta il 15 settembre del 2001, quando correvi la tappa europea del campionato cart, al Lausitzring, in Germania. Lausitzring: l'unico circuito da speedway in Europa, per corse che piacevano solo agli americani. E a te, ovviamente. Eri partito ventiduesimo e poi, come spesso facevi, li hai rimontati tutti. A tredici giri dalla fine eri in testa. Tredici, appunto. Sei tranquillo, concentrato, hai trentacinque anni, ormai, e corri con il vento in faccia da ventuno, da quando, ragazzino, battevi Michael Schumacher. Così ti fermi per l'ultimo pit-stop, con la gara in tasca. A cosa pensi? Forse che dovresti cambiare di nuovo? Hai vinto in F3, in Formula 3000, hai guidato la Jordan in F1 proprio al posto di Schumacher. Quel giorno te lo ricordi ancora benissimo, curva dopo curva: era il gran premio di Spagna. Poi hai fatto il collaudatore per la Benetton, guidato la Minardi e sei passato alla Lotus. Lì ti hanno chiamato "Pilota senza paura". Paura di cosa? Di morire? O di non saper vivere? Che anno era? Il 1993. Diciannove anni fa, Alex. Il tempo passa solo per chi non sa come farlo passare. Anni di sorpassi fantastici, il tuo famoso stile aggressivo, i tifosi che ti fischiavano ogni volta che passavi sotto alle tribune. Ma tutti quegli incidenti. Troppi, per la Formula 1. Il posto in Lotus è saltato, e tu sei saltato su un aereo per andare a correre con i cart negli Stati Uniti. Due Mondiali vinti e almeno uno dei più famosi sorpassi della storia dell'automobilismo: Bryan Herta, all'ultimo giro del "Cavatappi" di Laguna Seca. Basta scrivere "sorpasso incredibile" su Google e viene fuori. Il cavatappi. E poi? Poi hai corso di nuovo in F1 con la Williams, e non hai preso nemmeno un punto. E sei tornato ancora ai cart americani. E dai cart americani in Europa, al Lausitzring, a tredici – dico tredici – giri dalla fine. Hai fatto il pit-stop, tutto bene, e sei uscito dai box con la tua Reynard Honda. Hai levato il limitatore di potenza e la macchina ti si è ribellata in mano, è andata in testacoda e ha tagliato la pista in diagonale. Patrick Carpentier ti ha evitato per un soffio. Ma Alex Tagliani no. Ti ha centrato in pieno. Che rumore c'è stato nelle tue orecchie? Ambulanze, soccorsi, la tua macchina tagliata a metà. E anche le tue gambe. Tutte e due, sotto al ginocchio. Quattro giorni di coma. Non sai neppure quante operazioni. E quindi adesso, uomo senza paura? Che ci fai su quel cartellone? Non mi dire che sei di nuovo in gara, di nuovo con il vento in faccia. E invece sì. E questa volta senza il motore: solo tu, e i pedali a braccia della tua bicicletta a mani. È la *handbike* con cui ti sei qualificato all'Olimpiade di Londra. È massacrante solo a vederla, la tua bicicletta, ma per te è stata la risposta. A cosa? All'idea stessa di non sfidare più la velocità.

Ecco come andrà: oro a cronometro e in linea, e argento nella staffetta. E a Rio, quattro anni dopo, oro a cronometro e nella staffetta, e argento nella gara in linea. E così sei soddisfatto, Alex? Certo che no: hai guidato di nuovo un cart e terminato tutti quanti quei maledetti tredici giri che ti mancavano. Sei saltato su un'altra auto e hai vinto anche in Gran Turismo. È il vento, Alex. È sempre così. Quello che ti arriva contro, e quello che soffi fuori tu.

THE WORLD IS CHANGED BY YOUR EXAMPLE, NOT BY WHAT YOU SAY.

IL MONDO CAMBIA SEGUENDO IL TUO ESEMPIO, NON LE TUE PAROLE.

Ho imparato negli anni a diffidare delle persone che sostengono di dire sempre quello che pensano. Molte volte, dopo aver pensato, è meglio fare qualche cosa, invece di parlare. Vale nella vita, ma vale in particolare nello sport, dove nulla si conquista chiacchierando. Se Zlatan Ibrahimović fosse solo quello che dichiara ai giornalisti, nessuno si ricorderebbe di lui. Se un campione fosse soltanto una pettinatura, un modo di esultare, un tatuaggio originale, un matrimonio mediatico, un ottimo Twitter, una catena di alberghi, non sarebbe un campione. La statura di uno sportivo è data esclusivamente dalle imprese che compie: è un'altezza fatta di prestazioni, numeri, impegno. Il resto fa parte del modo di essere. E ce ne sono tanti. Tra quelli silenziosi, che non amano far sì che il mondo partecipi alla loro vita personale, ci sono Josefa Idem e Valentina Vezzali. Le grandi signore della canoa e del fioretto. Josefa Idem ha partecipato a otto Olimpiadi consecutive. Fate pure il conto degli anni, e poi ditemi se si è parlato più di lei e delle sue otto Olimpiadi, o di Gigi Buffon e del suo sesto Mondiale sfumato. Certo, una cosa è la canoa, l'altra il calcio. Però...

Josefa nasce in Germania quando ancora si chiama Germania Ovest, ed è lì che inizia ad andare in canoa. «È solo un hobby» dice, mentre studia Lingue (parla italiano, tedesco, inglese e francese), ma un hobby di un certo livello, dato che partecipa all'Olimpiade di Los

Angeles del 1984 e porta a casa un bronzo per la Germania Ovest. Quattro anni dopo, a Seul, non sale sul podio, e si trasferisce in Italia, per allenarsi con Guglielmo Guarini, che diventerà suo marito. Ai Giochi di Barcellona del 1992 gareggia con il tricolore, ma arriva quarta. Le va meglio il Mondiale, dove conquista il bronzo. Poi nasce suo figlio, Janek, e dopo un paio di mesi, come se nulla fosse, torna in acqua (vorrei vederli, certi miei amici calciatori, se dovessero essere loro a partorire…). C'è da preparare Atlanta '96.

Nel frattempo, Valentina Vezzali è la grande promessa della scherma. Fioretto. Dopo aver vinto tutto il possibile nella categoria Under 20, partecipa ad Atlanta alla sua prima Olimpiade, la stessa in cui Josefa torna a medaglia, con un bronzo nel K1 500 metri. A Valentina, invece, sfugge l'oro individuale per un paio di stoccate: perde contro la romena Laura Badea. Che però poi batte, vendicandosi a suo modo, nella finale a squadre, dove conduce l'Italia alla medaglia d'oro. Da questo momento, e per quasi un decennio, queste due donne vivono successi e soddisfazioni di ogni tipo: Josefa vince tre ori ai Mondiali (che si aggiungono ai due già conquistati agli inizi degli anni Novanta) e otto agli Europei. Valentina sei ori ai Mondiali e cinque agli Europei (senza contare quelli a squadre).

All'Olimpiade successiva, quella di Sidney 2000, si sorridono, poi una imbraccia i remi e l'altra il fioretto. Josefa vince la medaglia d'oro nel K1 500 metri, e finalmente, dopo tante pagaiate, ebbra di felicità, esce dall'acqua per abbracciare suo figlio. «Mamma, sei tutta bagnata!» esclama lui, in mondovisione. È forse la scena più eclatante della sua carriera. Valentina, intanto, in pedana, fa il pieno di ori: individuale e a squadre. E la storia si ripete ad Atene, quattro anni più tardi. Josefa, dopo una seconda maternità, è medaglia d'argento. Valentina vince l'oro nell'individuale, e di più non può fare, perché la competizione a squadre non è prevista in questa edizione.

Basterebbe così, a tutti, ma non a loro. Se invece di parlare, ti alleni, ecco che puoi partecipare ad altre due Olimpiadi: 2008 e 2012. Di nuovo insieme. A Pechino Josefa arriva a 4 millesimi dall'oro, conquistando l'argento; Valentina vince il terzo oro consecutivo nell'individuale, e un bronzo a squadre. A Londra Josefa è quinta; Valentina di nuovo oro a squadre e bronzo nell'individuale, in un podio che, però, è tutto italiano. Josefa compie quarantott'anni e dice «Basta: mi sono divertita così». Valentina fa altrettanto poco prima di Rio, per lasciare il posto a una collega più giovane. Ecco. In tutta questa vita sportiva, le avete mai sentite fare proclami, lamentarsi dei figli, del lavoro, del tempo che passa, della scomodità dei pantaloni a vita alta, delle tasse o della burocrazia? Hanno avuto fortune e sfortune, momenti belli e brutti, ostacoli e incubi, statene certi, come tutti. Ma una li ha allontanati a pagaiate, remando controcorrente ogni volta che era necessario. L'altra li ha infilzati in punta di fioretto, mettendosi in guardia quando si facevano troppo vicini. E intanto, quando qualcuno ha avuto bisogno di loro, hanno sempre risposto: «Ci sono».

NOAH LOOKED
LIKE A FOOL
UNTIL
IT STARTED
TO RAIN.
KEEP BUILDING.

FINCHÉ NON COMINCIÒ A PIOVERE, NOÈ SEMBRAVA
UN FOLLE. CONTINUA A COSTRUIRE.

Fondatore di uno dei team più gloriosi della Formula 1, inventore di straordinarie rivoluzioni tecniche, ma soprattutto capace di vedere il futuro prima degli altri, tutto questo era Colin Chapman, il patron della Lotus. Un personaggio davvero controcorrente, inconfondibile con il suo berretto nero, i baffetti e il sorriso sornione. Era un uomo sfacciato, che odiava gli atteggiamenti conformisti. E la sua costanza nel ridicolizzarli lo rese poco sopportato nel grande circus della Formula 1.

Diventato ingegnere meccanico a soli vent'anni, Chapman compie il suo capolavoro molto più tardi, nell'estate del 1976, quando di anni ne ha quarantotto. Siamo a fine maggio: la Lotus deve effettuare dei test nella galleria del vento per progettare l'auto della stagione successiva. Il "modello di macchina da galleria" utilizzato per le prove preliminari è in gran parte realizzato in legno e compensato, materiali facili da tagliare e sagomare; dotato di *endplates* (piastre di estremità, poste ai lati delle pance della macchina), due fogli piani, abbastanza sottili per essere adattati alle pance direttamente nella galleria del vento. Ma c'è un errore di sagomatura, e le due piastre sono un po' più lunghe del necessario: una volta montate finiscono quasi a contatto con il terreno. A causa di quell'imprecisione, le pance laterali collassano e il modello si rompe. Stupore e disperazione: senza il modello integro, non si possono fare altre prove, la galleria è già pagata, la giornata persa. Un bel danno. Ma Colin Chapman ha uno strano ghigno disegnato in faccia. «Non smontate niente. Devo verificare una cosa» dice ai suoi collaboratori.

Nessuno può saperlo, ma nella sua testa sono appena nate le "minigonne", e la Lotus 78 sarà la prima monoposto a montarle, sfruttando così al massimo l'"effetto suolo". Al di là delle spiegazioni tecniche, è ciò che permette alle Lotus di effettuare le curve a una velocità impensabile per tutte le altre auto di Formula 1. Il risultato però non è dei più brillanti dal punto di vista estetico: per evitare che queste minigonne raschino sull'asfalto, riveste i lati della vettura di una serie di setole fisse che la fanno sembrare una specie di scopettone. La novità, ai primi gran premi, viene accolta con una certa ilarità. Cosa vuol fare, quel pazzo di inglese? Ma i sorrisini diventano presto sconcerto, poi panico sportivo, quando gli altri team si rendono conto che la Lotus fila, per qualche ragione che loro non riescono a capire, molto più veloce delle avversarie.

Chapman si diverte a far circolare tutte le false notizie che gli vengono in mente. Sparge la voce che il segreto della Lotus 78 è la mancanza del differenziale, e per avvalorare la diceria impone ai suoi meccanici di spostare la macchina nei box alzando la parte posteriore con il classico cric con le ruote, proprio per far credere che sia impossibile muoverla in altro modo per la mancanza di differenziale. Per almeno un anno, la Lotus vive di rendita, e rimane comunque un passo avanti a tutte le altre scuderie fino a quando, quattro anni dopo, la federazione mette al bando le minigonne perché ritenute troppo pericolose.

A proposito di pericolo, il 16 dicembre 1982, Colin Chapman muore all'improvviso, a soli cinquantaquattro anni. Infarto. Possibile? Colin ha da poco superato brillantemente un minuzioso check-up per l'assicurazione con i Lloyd's di Londra e il rinnovo della licenza di pilota. E quando due dei suoi vecchi driver, Emerson Fittipaldi e Mario Andretti, chiamano per avere notizie del funerale, dalla famiglia rispondono che è troppo tardi: «È già stato tumulato». In poche ore? Perché tutta quella fretta? E poi: è vero che all'aeroporto di

Norwich non è mai rientrato il suo aereo privato, partito due giorni prima per Parigi? La lapide, quella sì, è al cimitero di East Carleton, a due passi dalla tenuta di famiglia. Ma quindici anni più tardi, la moglie del custode racconterà a una rivista del settore: «Sui registri della parrocchia la data del decesso di Colin Chapman sembra alterata. E una volta la vedova mi disse che il medico che aveva stilato il referto di morte del marito è sparito nel nulla subito dopo. Qui dicono che se n'è andato con lui a spartirsi i soldi».

Quali soldi? La Bbc, nel 1983, prova a far luce sulla scomparsa di Chapman e rende pubblico l'"affare DeLorean". Una decina di anni prima, il governo inglese aveva stanziato cinquantaquattro milioni di sterline a favore dell'imprenditore automobilistico John DeLorean, perché li investisse nello stabilimento di Dunmurry e rilanciasse così quell'area depressa a sud di Belfast. Successivamente, DeLorean aveva firmato un accordo con Chapman per sviluppare le sospensioni di una Gran Turismo all'avanguardia, in acciaio inossidabile, con gli sportelli ad ala di gabbiano. Proprio lei: la mitica DeLorean di *Ritorno al futuro*. Undici mesi prima della morte di Chapman, però, qualcuno aveva scoperto che erano state prodotte solo 8500 macchine e che oltre il quaranta per cento delle sovvenzioni statali era invece finito su un conto di Panama destinato a sovvenzionare la Lotus. Al momento della scomparsa di Colin tutto era ancora secretato, ma i giudici di Belfast erano certi che la condanna per Chapman fosse scontata: dieci anni di carcere per frode.

Da qui, forse, l'idea di sparire per sempre, sotto falso nome e dopo un intervento di plastica facciale per cambiarsi i connotati. E dove? Secondo l'Fbi, in Brasile, luogo in cui sua moglie, la ormai vedova Chapman, che per più di dieci anni si è rifiutata di prendere aerei, improvvisamente si reca nel 1983, restandoci per più di un mese. Un po' pochi, come indizi, ma non per uno come Colin Chapman, delle cui trovate molti hanno detto che erano pazzie. E che, forse, invece ha davvero preso in giro tutti inventandosi anche la propria morte.

A RIVER CUTS THROUGH A ROCK NOT BECAUSE OF ITS POWER, BUT ITS PERSISTENCE.

NON È GRAZIE ALLA SUA FORZA
CHE UN FIUME FORA UNA ROCCIA.
È GRAZIE ALLA SUA TENACIA.

James Watkins

La Cento chilometri del Passatore, alias "Cento chilometri Firenze-Faenza" è più di una corsa su strada. È un piccolo "tour podistico" a cavallo fra Toscana ed Emilia-Romagna, che ogni anno richiama centinaia di appassionati, attirati da un percorso suggestivo e bellissimo che attraversa città, paesi, campagne, che diversamente sarebbe facile (ma anche un peccato!) ignorare. Come la Marradi del poeta Dino Campana, oppure Faenza, con le sue ceramiche. Tutto meraviglioso, certo. Resta il fatto che bisogna correre per cento chilometri, il che non è non esattamente semplice. Infatti, anno dopo anno, il pubblico è curioso di vedere questi coraggiosi ultramaratoneti. Portare a termine la gara è così difficile – e prestigioso – che ci sono concorrenti che barano, o approfittano dei punti più isolati per farsi dare dei passaggi in auto o in motorino lungo scorciatoie improvvisate. L'edizione del 2018, la numero 46, è stata vinta dal reggiano Andrea Zambelli in meno di sette ore (6h 54′ 36″). Ma gli applausi più scroscianti e convinti sono piovuti addosso a un altro concorrente, arrivato al traguardo circa dodici ore dopo.

Si chiama Walter Fagnani. Corre molto più lentamente di Zambelli, ma tutti sperano di correre quanto lui. Perché Walter ha novantaquattro anni. E ha appena completato la sua quarantacinquesima Cento chilometri del Passatore. Esatto: ha mancato solo un'edizione. Fino a pochi anni fa, la faceva interamente di corsa; da cinque anni, alternando tratti di corsa a tratti di camminata. Sempre cento chilometri, tutti gli anni. Un'impresa a dir poco grandiosa.

Nel tempo la sua performance non è passata inosservata: i giornali e le tv si sono più volte interessati a lui, trattandolo come una sorta di fenomeno. Nel 2015, qualche giorno prima della partenza, però alcuni strani signori si sono presentati davanti a casa sua.

«Scusi, è lei il signor Fagnani?»

«Sì, perché?»

«Siamo dell'università di Verona. Se lei ce lo permette, vorremmo monitorarla, durante la corsa, per vedere le reazioni del suo fisico alla fatica. Siamo convinti che il suo patrimonio genetico abbia qualche particolarità che sarebbe utile scoprire.»

La sua risposta è stata meravigliosa: «Basta che non mi rallentate, e per me fate quello che volete».

E così, in quell'edizione, Walter ha percorso i suoi soliti cento chilometri con addosso fasce per l'elettrocardiogramma, rilevatori di pressione e chi più ne ha più ne metta. All'arrivo gli hanno anche raccolto un campione di saliva. Poi i professoroni di Verona hanno letto i dati, compilato tabelle, confrontato grafici e medie e, fra la sorpresa generale, hanno stabilito che Walter Fagnani è una persona del tutto normale. Un uomo con una salute di ferro, che mangia sano, dentro il cui corpo non si nasconde nessun superpotere da eroe dei fumetti: il consumo di ossigeno è nei parametri, la pressione è quella che si riscontra in molte altre persone della sua età, la frequenza cardiaca media sotto sforzo arriva a 108 battiti al minuto. Insomma, a fare la differenza non è il suo corpo, ma la sua testa. E la sua costanza. Da quando era piccolo, Fagnani fa attività fisica ogni giorno, con perseveranza, si alimenta correttamente e, soprattutto, è un ottimista. «A volte» afferma, «un sorriso fa tutta la differenza del mondo.»

Comunque, lui, il fenomeno, rispetto agli studiosi ha una spiegazione in più per il suo talento. «Quei professori là volevano sapere il mio segreto. Bastava che me lo chiedessero e glielo avrei detto. Una camminata e un bicchiere di vino tutti i giorni.»

Se vi sembra facile, provate a farlo, con la sua stessa costanza, per tutto il tempo che l'ha fatto lui.

E poi ci risentiamo tra quarant'anni.

FROM THE BOTTOM
OF MY HEART:
I DON'T GIVE
A DAMM!

DAL PROFONDO DEL CUORE:
NON ME NE FREGA NULLA!

Forse gli scacchi sono uno sport, forse no. Di sicuro, per "Bobby" Fischer, sono stati una guerra. Di strategia, intelligenza, mosse spregiudicate, follia.

Robert James Fischer nacque nel 1943 a Chicago, dove la sua famiglia, di origine ebraica, era stata costretta a trasferirsi dall'Europa. Bobby e la sorella Joan, un giorno del 1949 (quando lui aveva sei anni, trovarono una scacchiera nel retro di un negozio di dolciumi di Brooklyn – dove erano andati ad abitare –, con tanto di istruzioni. Non avendo altro da fare, impararono a giocare, e in tre mesi Bobby diventò così bravo che dovette cercare sfidanti in giro per la città. Hermann Helms, un vecchio "decano" degli scacchisti americani, domandò alla madre del futuro campione, Regina, di iscrivere il figlio al club locale. Alla sua prima partita vera, una multipla con un maestro scozzese (vale a dire una partita in cui un giocatore esperto affronta su diverse scacchiere una serie di giocatori dilettanti), Bobby perse velocemente. E fu, finalmente, contento. Aveva trovato una sfida da vincere.

Sette anni dopo, nel 1956, a tredici anni, era già considerato un giocatore di livello internazionale. Uno che sfruttava la mente imprevedibile di un adolescente. Fu allora che disputò la famosa partita contro il mostro sacro Donald Byrne, in cui sacrificò la regina, il pezzo più importante, solo per poi scatenargli addosso un attacco irresistibile. Nel gennaio del 1958 Fischer vinse, neppure quindicenne, il campionato degli Stati Uniti, sfidando i migliori scacchisti americani senza perdere nemmeno una partita. Ma in piena Guerra fredda, se gli Stati Uniti erano i bianchi, i neri erano i sovietici. Ed era Mosca la città dove si sfidavano i grandi maestri russi. Ottenere un visto per andare a giocare là fu un'impresa che solo una donna bella e intensa come Regina poté pensare di portare a termine. Nel cuore dell'impero nemico, il ragazzino americano disputò alcuni incontri appassionati, ma dalle alte sfere gli impedirono di affrontare il campione del mondo. Bobby diede agli scacchisti sovietici dei "Maiali" e giurò di batterli. Poi mamma e figlio ripiegarono velocemente nella Jugoslavia di Tito, per sfuggire al Kgb. Qui Bobby giocò varie partite, si qualificò per il campionato del mondo ma era ancora troppo giovane e inesperto. Arrivò tra gli ultimi quattro. Gli Stati Uniti, la scuola, in ogni caso, erano ormai un ricordo lontano: il mondo era popolato da trentadue pezzi bianchi e neri e, nella testa di Bobby, i sovietici manovravano una squadra e il resto del mondo l'altra.

A Buenos Aires, nel 1960, incontrò per la prima volta quello che sarebbe diventato il suo "eterno amico e nemico", o, per usare le sue parole, "l'unico nemico di cui mi possa fidare": il sovietico Boris Spasskij. Perse. E quando perse di nuovo ai Campionati mondiali del 1962, accusò i sovietici di aver ordito un complotto contro di lui, di aver pareggiato e perso apposta partite fra di loro pur di non fargli fare i punti necessari a proseguire verso la sfida decisiva. Per protestare, non giocò nessun'altra gara per diciotto mesi, fino a una sfida a squadre, in Jugoslavia, tra Unione Sovietica e resto del mondo. Vinsero i russi, con Bobby, ancora una volta, sconfitto dalle sue stesse bizze: chiedeva sorteggi pubblici, di giocare con un avvocato al fianco, di cambiare gli orologi segnamosse.

Ma dopo quella sfida si rimise in testa di arrivare a disputare il Mondiale. E ci riuscì, attraverso un lungo percorso a ostacoli che lo portò, nel 1972, di fronte all'ultimo avversario. Un giocatore che non era mai riuscito a sconfiggere. Lui: Spasskij, il campione uscente. Il teatro dello scontro fu Reykjavik, in Islanda, alla media di cinque partite, da luglio a settembre. La Guerra fredda, in mano a uno scacchista imbattibile e a una formidabile testa calda di Chicago. Fisher perse le prime due sfide, e, a quel punto, meditò il ritiro: prenotò il volo di ritorno, ma, un attimo prima di lasciare l'albergo, venne raggiunto da una telefonata. Dall'altra parte, il segretario di Stato Henry Kissinger. Che cosa voleva? Che rimanesse lì. Che giocasse. E, per l'onore degli Stati Uniti, che vincesse. Fisher, allora, restò. Fece sua la terza partita. Poi la quarta. E anche l'ultima, diventando così il primo giocatore statunitense a vincere il campionato del mondo di scacchi.

Negli Stati Uniti lo "scontro del secolo" – come fu definito – divenne quasi subito materia di propaganda. Per lui, no. Sparì dalle scene, e tre anni più tardi rinunciò persino a difendere il titolo, contro Anatolij Karpov. Non si fece più vedere per vent'anni – a parte alcune comparsate leggendarie o telefonate a trasmissioni televisive – fino a quando accettò di giocare la rivincita con il suo eterno rivale, nel 1992. Si accordarono per sfidarsi a Budua, in Jugoslavia, che però allora era un Paese sotto embargo dell'Onu. Se Bobby ci fosse andato, gli Stati Uniti gli avrebbero tolto cittadinanza e passaporto. Lui ci sputò sopra, al passaporto, in una famosa conferenza stampa, e divenne cittadino islandese. Vinse anche quell'incontro, e sparì di nuovo nel buio. Apparve di tanto in tanto qua e là, in trafiletti di cronaca, leggende, arresti più o meno falsi, nelle Filippine e in Giappone. Venne sepolto in Islanda, poco distante dalle fumanti cascate di Selfoss.

DON'T DOWNGRADE
YOUR DREAM
JUST TO FIT
YOUR REALITY.
UPGRADE YOUR
CONVICTION
TO MATCH YOUR
DESTINY.

NON RIDIMENSIONARE IL TUO SOGNO
PER ADEGUARLO ALLA REALTÀ. CREDICI DI PIÙ
PER ACCORDARLO AL TUO DESTINO.

Stuart Scott

Siamo negli anni Ottanta, in Algeria, nella città di Constantine. Qui vive una piccola donna, di 156 centimetri di altezza e 52 chili di peso, che ama correre fin da quando aveva dieci anni. Si chiama Hassiba Boulmerka ed è un'atleta promettente, ma non è per nulla amata dalle persone intorno a lei, perché insiste a correre in pantaloncini e canottiera e a volto scoperto. Uno scandalo, in un Paese in cui le donne vengono fortemente discriminate, anche a livello legale. Il codice sarà riformato nel 2005, ma non di molto. Però è con questa realtà che Hassiba deve fare i conti. E poiché è stufa di essere considerata un'offesa all'Islam per il solo fatto di allenarsi e gareggiare con braccia, gambe e capo scoperti, va ad allenarsi sui sentieri pietrosi dell'Atlante, lungo valli assolate dove non incontra nessuno. Ma non sempre è fortunata: a volte incrocia qualche pastore, a volte un viandante, e la scena è ogni volta la stessa: la insultano, le sputano addosso, le tirano pietre, qualcuno cerca persino di rapirla pur di farla fermare. Più volte si limitano a minacciarla: «Farai una brutta fine».

I genitori la pregano di smettere con lo sport, ma Hassiba non ne vuol sapere, perché la corsa è la sua vita, gareggiare in un'Olimpiade il suo sogno, e perché sa che in gioco non ci sono solo i suoi piccoli sogni, ma tutti quelli delle ragazze come lei. E comunque, sui suoi sogni, Hassiba Boulmerka non accetta di negoziare. Non cede, schiva le pietre e gli insulti e continua a correre, fino a quando, nel 1991, viene selezionata per i Mondiali di Tokyo. Una volta fuori, sulla pista, sotto i riflettori e davanti alle telecamere del mondo, l'altro mondo, la sua storia diventa di dominio globale: sono milioni gli occhi che vedono il suo volto scoperto e le sue gambe nude quando sul rettilineo di arrivo dei 1500 metri rimonta, sorpassa e batte la russa Tatyana Samolenko-Dorovskikh, conquistando l'oro.

«Questa vittoria è per tutte le donne algerine, per tutte le donne arabe» dice, commossa, e il suo messaggio arriva forte e chiaro anche agli integralisti, che ne segnano il nome sulla loro personalissima lista nera. Il 1991 non è un buon anno per le libertà d'Algeria: il Fronte islamico di salvezza vince le elezioni e, dopo un periodo di instabilità, il Paese si spacca in una guerra civile. Hassiba viene condannata a morte e deve scappare in Europa, dove continua a correre, guardata a vista da guardie del corpo che la seguono anche in bagno.

Con enormi pressioni del Comitato olimpico, riesce a partecipare all'Olimpiade di Barcellona, nel 1992. Lo sponsor tecnico, la Diadora, le fornisce una divisa personalizzata, con lunghi pantaloncini che coprono buona parte delle gambe. Hassiba accetta di indossarli, ma rifiuta di coprire testa e braccia. Corre, infagottata dai pregiudizi, e vince, vince ancora, l'oro olimpico, il primo della storia dell'Algeria. Ma l'oro è niente: è solo una porta per far uscire di nuovo le sue parole: «Questa vittoria è per chiedere che, attraverso lo sport, la società araba riconosca la donna». Lo dice alzando i pugni, in segno di vittoria e anche di ribellione. «Ormai ho vinto e parlato. Se anche mi ammazzano, è troppo tardi.» E infatti riesce a tornare in Algeria, ma è un ritorno senza onori, tra le macerie di un Paese sconfitto da se stesso, da un padre che per l'eccesso di tensione viene colpito da un infarto.

Non se ne andrà più: «Qui è la mia vita, le mie radici, la mia famiglia e i miei amici. Non posso rinunciare a tutto questo».

SO MUCH OF
OUR HAPPINESS
DEPENDS ON
HOW WE CHOOSE
TO LOOK
AT THE WORLD.

GRAN PARTE DELLA NOSTRA FELICITÀ DIPENDE
DAL MODO IN CUI SCEGLIAMO DI GUARDARE
IL MONDO.

Abhimanyu Mukherjee

Kingston, un giorno del 1987. George Fitch e William Maloney sono due ricchi americani con affari e legami familiari in Giamaica. E poiché hanno un po' di tempo libero, qualcuno consiglia loro di andare a vedere una *sopboax race* che si corre poco lontano. Si tratta di una gara di velocità, spettacolare e un po' pericolosa, in cui dei carrettini più o meno custumizzati, con a bordo un pilota e un frenatore, si lanciano lungo una discesa a gran velocità. Lo spettacolo è garantito, e i due amici, mentre sono lì, in quel caos, cominciano a commentare.

«Vanno forte, eh?»

«Altroché, non capisco come facciano a non rompersi l'osso del collo.»

«Sembra una gara di bob.»

«Vero, ma molto più pericoloso.»

«Questi giamaicani sarebbero fortissimi nel bob. Solo che in Giamaica non ce li hanno, i bob...»

«... Se è per questo nemmeno il ghiaccio!»

E così via, tra una risata e una battuta. Ma, con il passare dei giorni, si fa davvero strada la balzanissima idea di creare una nazionale di bob giamaicano. I primi a cui ne parlano sono i velocisti dell'atletica, poiché la fase di spinta, in cui il bob prende velocità, è una delle più importanti. Ma loro non sembrano troppo entusiasti. Allora si rivolgono all'esercito, che ha molti ex atleti nelle sue file. Come? Con un annuncio. Non risponde nessuno. Da buoni americani, non si arrendono e cambiano tattica: illustrano la loro idea al colonnello Ken Barnes, facendo appello al suo spirito patriottico. Entusiasta, il colonnello trova alcuni "volontari".

Il primo è Devon Harris, un mezzofondista, militare di professione. Poiché nelle prove risulta il migliore di tutti in fase di spinta, viene nominato capitano. Con lui ci sono altri due soldati: Dudley Stokes, capitano dell'aeronautica, e Michael White, soldato. L'unico "civile" è il quarto, Samuel Clayton, un ingegnere ferroviario che, dopo aver letto l'annuncio, ha guardato il video di una gara di bob e si è entusiasmato. Il team è fatto. Mancano ancora le riserve, che cominciano a presentarsi una volta che la voce gira. Tra i nuovi selezionati c'è anche un cantante reggae che non scenderà mai in pista, ma si occuperà di tenere alto il morale. La squadra giamaicana si allena con i carretti e, mentre si getta giù dalle strade di collina, conia anche il suo motto: "*The hottest thing on ice*", ovvero "La cosa più calda mai vista sul ghiaccio".

Mentre gli atleti possono soltanto immaginarsi il ghiaccio, Maloney e Fitch – autoproclamatosi presidente della Jamaican Bobsleigh Federation – riescono a raccogliere i fondi necessari per portare gli otto bobbisti a Lake Placid e in Wyoming e, successivamente, in Austria, con tanto di attrezzatura adeguata. Quando si trova davanti al primo bob vero, la squadra deve scegliere a chi farlo guidare. «Stokes, tu. Hai guidato un aereo, no? Sarà più o meno la stessa cosa.» E poi si spingono giù. Stokes fa del suo meglio, ma tra un bob e un aereo c'è qualche minima differenza, e le cadute si sprecano. Sono più le volte in cui gli otto del team giamaicano arrivano a fine pista rotolando tra mille risate, che quelle in cui riescono a compiere l'intero percorso.

Sono proprio le loro risate, però, unite allo stile sgangherato degli allenamenti, che attirano l'attenzione di Sepp Haidacher, un esperto coach austriaco, che si offre di allenarli fino al ritorno ai Caraibi. E gli otto del bob giamaicano in qualche modo riescono a raggiungere un livello sufficiente per iscriversi (fra lo scetticismo generale) all'Olimpiade invernale di Calgary del 1988, sia nel bob a due sia nel bob a quattro.

In quello a due Stokes guida (con cautela) e White frena (molto): sanno che l'importante è arrivare alla fine, e ci arrivano, al trentesimo posto, ma felici. È però il bob a quattro la specialità per cui si sono allenati di più. Ma Clayton si fa male a pochi giorni dalla gara, e deve essere rimpiazzato. Stokes chiede a suo fratello Chris, che fa lo sprinter e si sta allenando per l'Olimpiade estiva di Seul, se può sostituirlo. E lui, senza alcuna esperienza di bob, accetta. Arriva il gran giorno della gara, e nelle prime due manche fanno un figurone. Rischiano di finire nei primi quindici, ma nella terza, mentre stanno viaggiando a 132 chilometri all'ora, su una curva secca il comandante Dudley Stokes fa rovesciare il bob, che striscia per varie centinaia di metri contro le pareti di ghiaccio, davanti a un pubblico spaventato. Ma i quattro atleti, come in un cartone animato di Willy il Coyote, ne vengono fuori clamorosamente indenni. Si guardano in faccia e sorridono: non si può deludere chi sta lì per godersi lo spettacolo. Così raccolgono quel che resta del bob, lo spingono, lo trascinano e tagliano il traguardo a piedi, dando il cinque al pubblico. «Abbiamo fatto un incidente davvero spettacolare, una cosa che avrebbero potuto fare solo dei giamaicani» dirà Harris ai giornalisti. Ma il loro merito è un altro: ricordano a tutti che anche nello sport vero, quello ai massimi livelli, deve sempre esserci la stessa voglia di ridere insieme agli amici che si aveva quando, da piccoli, si giocava per strada.

IT TAKES
A VILLAGE
TO RAISE
A CHILD.

SERVE UN VILLAGGIO PER ALLEVARE UN BAMBINO.

Proverbio africano

Si chiamerebbe Bikila Abebe, poiché Bikila è il nome proprio e Abebe il cognome, ma in Etiopia i nomi si trascrivono al contrario (li abbiamo probabilmente costretti a farlo noi italiani il secolo scorso), e così tutti, oggi, lo conoscono come Abebe Bikila.

Il primo atleta dell'Africa subsahariana a vincere una medaglia d'oro all'Olimpiade proviene dal piccolo e poverissimo villaggio di Jato. Nasce il 7 agosto del 1932, il giorno in cui a Los Angeles si corre la maratona olimpica, poi si trasferisce a Addis Abeba, la capitale dell'Etiopia. Ha un fisico resistente e forte e, come gli abitanti degli altipiani, magro e slanciato. Diventa poliziotto e guardia del corpo dell'imperatore Hailé Selassié. E di tanto in tanto corre, scalzo, per passione e perché è così che ha imparato a fare, sull'altipiano. I soldi che guadagna li invia tutti al villaggio dove è cresciuto.

A metà degli anni Cinquanta inizia a correre a livello agonistico, allenato da uno svedese di origini finlandesi: Onni Niskanen. Alla vigilia dell'Olimpiade di Roma del 1960, il maratoneta della squadra kenyota, Wami Buratu, si infortuna, e Abebe, riserva del mezzofondo, accetta di sostituirlo. Non ha praticamente esperienza nella maratona, ma non importa. La strana coppia partita dall'Africa, lui nerissimo e l'allenatore quasi albino, si sistema nella capitale. E, poco prima della gara, Abebe scopre di portare un numero di scarpe diverso da quello di Wami Buratu. O forse no: è il numero giusto, ma sono proprio le scarpe a dargli fastidio. Si consulta con Onni e, a un paio d'ore dalla partenza, decide di correre scalzo.

È il 10 settembre 1960. Una maratona epica, che tocca, una dopo l'altra, tutte le vestigia dell'impero romano. La gara di Abebe Bikila è insolita. Onni gli ha detto di prestare attenzione al marocchino Rhadi Ben Abdesselam, secondo lui il più pericoloso dei suoi avversari e, sempre secondo lui, con la pettorina numero 26. «Corri coperto, tienilo d'occhio e fai come lui» sono grossomodo le uniche istruzioni. E così fa: Bikila resta nel gruppo e cerca il suo grande avversario, senza trovarlo. Pensa così che sia scattato in fuga, e decide di seguirlo. Seguirà un fantasma, perché, Bikila non ha nessuno davanti a sé. E mentre i suoi piedi scalzi divorano, chilometro dopo chilometro, il percorso della maratona, il pubblico comincia a tifare per quell'atleta alto e magro, che corre scalzo sui sampietrini romani. Ben Abdesselam non ha la pettorina numero 26, ma la 185, e arriverà secondo. Quando scopre di aver vinto l'oro, Bikila non ci crede. È il primo oro per l'Africa subsahariana e, non appena la notizia si diffonde, Abebe diventa un eroe nazionale.

Quattro anni dopo, all'Olimpiade di Tokyo, non è il favorito, e non solo perché questa volta ha deciso di correre con le scarpe: poche settimane prima della gara è stato operato di appendicite. I pronostici sono tutti per un atleta di casa, il giapponese Kokichi Tsuburaya. Ma poi, quando è il momento di correre, Abebe è lì, nel gruppo, per un po'. E poi, come a Roma, a un certo punto si stacca. E mette tutti dietro. All'entrata dello stadio olimpico è primo, con il giapponese che lo tallona, e Basil Heatley, inglese, terzo. Il pubblico esplode in un boato. Ma Abebe è leggero come una piuma, mentre il giapponese, nonostante il tifo sia tutto per lui, finisce addirittura terzo, dietro al britannico. Tsuburaya non riuscirà ad accettare la sconfitta e morirà suicida. Abebe Bikila, invece, si conferma il simbolo di una nazione e di un intero continente.

Dopo essersi ritirato alla sua terza Olimpiade, subisce un terribile incidente a Addis Abeba, che lo lascia paralizzato dalla vita in giù. Forse aveva bevuto un goccio di troppo, ma si tratta comunque di un atroce scherzo del destino, per l'uomo che correva come nessun altro. Ma Abebe non è tipo da stare fermo: comincia ad allenarsi come arciere, e nel 1970 viene invitato a Londra ad assistere agli International Wheelchair and Amputee Sports World Games, una rassegna sportiva per atleti con disabilità, precursori dei Giochi paralimpici. Invece di stare a guardare, Abebe chiede di partecipare alle gare di tiro con l'arco. Ottiene buoni risultati, ma non quelli che desidera. Il mese successivo vola in Norvegia, dove si è iscritto a una gara di slitte tirate dai cani, in onore del suo primo allenatore. Ci sono sedici concorrenti, lui ha le gambe paralizzate. Ma li batte tutti. Muore pochi anni dopo, a soli quarantun anni. Roma, la "Città eterna", gli ha riservato una targa di fronte al Palatino che dice: "Sulle strade olimpiche di Roma raccontò al mondo il cuore e l'orgoglio della sua terra". Scalzo, sugli altipiani, nelle strade di città o sulla gelida neve, con tutti gli altri dietro di sé.

SMOOTH SEAS NEVER MADE A SKILLED SAILOR.

I MARI CALMI NON HANNO MAI FORMATO UN MARINAIO ESPERTO.

Franklin D. Roosevelt

C'è una tappa del Giro d'Italia passata alla storia per un grappino e un paio di maglioni pesanti. È il 5 giugno del 1988 quando Vincenzo Torriani, il "patron" del Giro d'Italia, si sveglia di cattivo umore. Sta con una sigaretta all'angolo della bocca e guarda in alto, verso la cima del Gavia, la montagna nera, con quei nuvoloni neri, quasi viola, che minacciano neve. Ma non nevica, non ancora. È forse la tappa più bella di quelle che ha organizzato, pensa. Non si può rinunciare a quei quattro chilometri di salita sterrata. Assolutamente no. Il Giro, il ciclismo, hanno bisogno ogni tanto di salite così. Finisce la sigaretta e poi, con il naso che ancora sa di fumo, alle 9.45, decide: si corre.

La maglia rosa è da due giorni "Coppino" Chioccioli. Ha 33″ su Zimmermann, 55″ su Visentini, 1′10″ su Giupponi, 1′18″ su Hampsten. La maglia ciclamino invece è sulle spalle dello scapestrato olandese Johan van der Velde, uno che da giovane ha avuto qualche problema con le anfetamine, ma che ora ha messo la testa a posto (be', più o meno) e vuole continuare a comandare fino in fondo la classifica a punti. È reduce da due tappe in cui ha accumulato minuti su minuti di ritardo in classifica generale. Ed è proprio lui che parte come un pazzo all'altezza di Lagonero, più o meno a metà della scalata, ignorando tutto e tutti. Vuole vincere la tappa. La salita. Lo sterrato. Indossa, come tutti gli altri, una maglia di cotone con le maniche corte. E, all'inizio della scalata, ha anche gettato via l'impermeabile. Dopo due curve, però, inizia a nevicare. Johan accelera, incurante, i muscoli tesi e potenti, e così, nella neve, oltrepassa in solitaria la cima del Gavia. Lassù c'è un mucchio di gente che gli corre incontro: provano a fermarlo, dato che hanno capito che la discesa può rivelarsi peggiore della salita.

Ma quel giorno non c'è niente da fare: van der Velde rifiuta pure la mantellina, si fa spazio tra la folla e imbocca la discesa verso Bormio, su una strada larga forse due metri, bianca di neve e marrone di fango. Si lascia tutte le urla alle spalle, pensando ancora che fossero solo di incoraggiamento. E mentre fila veloce a naso in giù verso il traguardo, inizia a capire che qualcosa non va: i muscoli si irrigidiscono, le mani diventano insensibili, le ginocchia sono a malapena utilizzabili e tutta la sua bici trema come se avesse una gomma bucata. Sta congelando. Frena con i piedi, si ferma e a stento riesce a raggiungere un camper parcheggiato a bordo strada, farfugliando qualcosa. All'interno, trova una famiglia di francesi. Questi lo avvolgono nelle coperte e lo riscaldano con la grappa; poi, gli fanno indossare un paio di maglioni per finire la tappa. Van der Velde riparte. E arriva a Bormio tre quarti d'ora dopo il primo classificato, quando tutti ormai lo danno per disperso, e Andrew Hampsten è già salito sul podio per vestire la maglia rosa strappata a Chioccioli. Ma è lui l'eroe della giornata: l'olandese pazzo con la maglia ciclamino di cotone, con le maniche corte, una maglia che riuscirà a difendere fino a Vittorio Veneto, fino all'ultima tappa di quel Giro. E che, oggi, è appesa nel salotto di casa sua.

I ASKED GOD:
WHY ARE YOU
TAKING ME THROUGH
TROUBLED WATERS?
HE REPLIED:
BECAUSE
YOUR ENEMIES
CAN'T SWIM.

HO CHIESTO A DIO: PERCHÉ MI STAI CONDUCENDO TRA ACQUE TORMENTATE? HA RISPOSTO: PERCHÉ I TUOI NEMICI NON SANNO NUOTARE.

Come in tutte le grandi epopee, durante l'inferno bianco del passo del Gavia nell'incredibile tappa del Giro d'Italia 1988 di cui ho appena parlato, non c'è una sola leggenda, ma tante. Compresa quella del fino a quel momento quasi sconosciuto Andrew Hampsten. Questo ciclista americano la raccontò così, qualche anno dopo: «Le condizioni erano terribili, ma il freddo e la tormenta c'erano per tutti. Insieme al gelo, la causa di molti fallimenti è stata la disorganizzazione. Nel mio caso è stata determinante la strategia di squadra e una serie di misure preventive che si sono rivelate poi decisive». Quando i corridori partirono da Chiesa Valmalenco, infatti, c'era una temperatura gradevole e tutti i direttori sportivi, dovendo preparare una frazione breve e con molta salita, scelsero gli equipaggiamenti estivi, eccetto gli americani della 7 Eleven Honved, la squadra di Andrew. E solo per una semplice telefonata. Hampsten aveva parlato la sera prima con Gianni Motta, vincitore del Giro del 1966, che l'aveva messo in guardia: «Andy, è lassù che si vince il Giro. E sul Gavia c'è sempre molto più freddo che in basso». Hampsten ne parlò con il suo direttore sportivo, Mike Neel, uno che nel ciclismo ne aveva viste tante, che si fece lo scrupolo – unico tra tutti – di fare una telefonata di una banalità assoluta, ma che avrebbe fatto la differenza: chiamò un amico sul traguardo di Bormio. «Steve, ma che tempo fa, lì?» E la risposta fu: «Piove, c'è tanta nebbia che non vedo la casa di fronte, e al bar stamattina hanno detto che in cima al Gavia sta già nevicando». Neel ringraziò e, anziché la solita colazione, fece servire a tutta la squadra una bistecca alta quattro dita, poi obbligò i suoi corridori a cospargersi il corpo, sotto la maglia, con la lanolina. Per non far sospettare anche le altre squadre, però, li fece partire con l'equipaggiamento leggero, e piazzò lungo il tragitto alcuni suoi uomini; in particolare, Jim Ochowicz, general manager del team, che a millecinquecento metri dallo scollinamento del Gavia era pronto a fornire ai ciclisti passamontagna, guanti in goretex, giacca impermeabile e copriscarpe, il tutto appena comprato in un negozio sportivo lì vicino.

«Ero partito» proseguì Andrew «solo con un cappello di lana e un manicotto – ben nascosti – per collo, bocca e naso, ma sapevo che in caso di bisogno avrei ricevuto altro materiale.» E quando la corsa si infiammò sul Gavia – nel senso che iniziò a cadere la neve –, Hampsten si mise in testa al gruppo e dettò il ritmo. Gli uomini di classifica arrancavano, e lui capì che poteva fare il colpaccio. «Mi sono detto: "Ehi Andy, oggi puoi combinare qualcosa di grande".» Spinse sui pedali. A un certo punto vide una figura, là davanti, in maglia ciclamino. Era l'olandese Johan van der Velde, una sagoma che pareva totalmente fuori dal contesto: stava salendo in maniche corte in mezzo alla tormenta. Hampsten non pensò neppure per un attimo di andare a riprenderlo: si mantenne lucido nel delirio collettivo, era consapevole che stava combattendo una battaglia ben diversa e sapeva di non essere solo. C'era tutta la squadra, con lui. Cominciò la discesa. Hampsten si passò una mano tra i capelli per asciugare il sudore e avvertì una goccia che gli tagliò la schiena, come una lama ghiacciata. Non si era reso conto di avere uno strato di neve in testa e sulle spalle. A un certo punto van der Velde sparì nel nulla. E davanti a lui restò soltanto l'olandese Erik Breukink: Hampsten non cercò di raggiungerlo, mantenendosi a distanza. Il distacco tra i due sarebbe rimasto invariato fino all'arrivo, a Bormio. «Avevo capito il mio limite, non mi interessava superarlo. Sarebbe stato stupido buttare via quello che avevamo costruito.» Fu quel giorno che Andrew, grazie alla sua intuizione e alla giusta programmazione di squadra, vinse il Giro d'Italia. Tanto è che, oggi, periodicamente, ripete quel percorso facendo da guida a gruppi di cicloturisti americani.

E anche questo, tutto sommato, è programmazione.

A GOAL WITHOUT A PLAN IS JUST A WISH.

SENZA UN PROGETTO, UN OBIETTIVO È SOLTANTO UN DESIDERIO.

Antoine de Saint-Exupéry

Chi l'ha detto che si deve essere simpatici e comunicativi, per arrivare là dove nessuno è mai riuscito ad arrivare? Alf Ramsey fu un ottimo terzino degli anni Quaranta e Cinquanta, con trentadue partite nella nazionale inglese. Poi, una volta appese le scarpe al chiodo, divenne allenatore. La sua prima squadra fu l'Ipswich Town, appena retrocessa in terza serie. La riportò immediatamente in seconda, e poi, con un lavoro paziente e certosino, pur senza una rosa di livello, in First Division, l'antenata dell'attuale Premier League. E, dato che Alf era Alf, vinse il campionato al primo anno. Era il 1962.

La sua squadra giocava in modo diverso dalle altre, soprattutto dalle altre formazioni inglesi: schierava quel leggendario 4-2-4 con cui il Brasile aveva trionfato alla Coppa del Mondo in Svezia del 1958. Ma non solo: la sua filosofia del lavoro era implacabile. Allenamenti grintosi, grande preparazione fisica e tecnica, e una voglia di vincere che veniva prima di ogni cosa. Il giorno dopo aver vinto il titolo, rispose al presidente dell'Ipswich Town, che intendeva complimentarsi con lui: «Non ora, mi lasci lavorare!».

All'indomani della Coppa del Mondo del 1962, in Cile, gli affidarono la nazionale, in vista del Mondiale casalingo di quattro anni più tardi. Alf si presentò in sala stampa con questa unica frase: «Signori, non ho molto da dirvi, se non anticiparvi che l'Inghilterra vincerà la prossima Coppa del Mondo. E, adesso, lasciatemi lavorare!». Con quell'unico obiettivo in testa, sostituì il vecchio e apparentemente insostituibile – per gli inglesi – schema di gioco WM con il 4-2-4, rinunciò contro l'opinione di tutti a giocatori tecnici, ma anarchici, come Jimmy Greaves, e schierò, invece, elementi tecnicamente meno validi, ma più disciplinati, come Roger Hunt e James Alan Ball. Il suo uomo squadra era Nobby Stiles, un aggressivo mediano del Manchester United. E come andò a finire? Semplice: conquistò il Mondiale del 1966. L'unico finora vinto dalla nazionale inglese.

LEADERSHIP IS A SERVICE BUSINESS AND SERVICE COMES WITH SACRIFICE.

LA LEADERSHIP È UN SERVIZIO, E IL SERVIZIO È ACCOMPAGNATO DAL SACRIFICIO.

Può una squadra di pallavolo diventare così terribile da essere considerata posseduta dal diavolo in persona? Sì, se il diavolo si chiama Hirofumi Daimatsu e fa l'allenatore. Fanatico di questo sport, poco praticato in Giappone, lo giocò lui stesso per un po' di anni, fino a quando non venne assunto dalla Nichibo Kaizuka, un'azienda tessile, per diventare l'allenatore della squadra femminile di volley. A quei tempi in Giappone si giocava in nove contro nove, mentre in tutto il resto del mondo in sei. E le ragazze giapponesi non erano molto competitive perché in media più basse delle altre giocatrici. Guidate dalla leadership carismatica del loro allenatore, però, ormai al servizio della Nichibo, tutti quei difetti vennero trasformati in qualcosa di sorprendente. Hirofumi studiò ogni aspetto del gioco e decise che c'era un solo modo per trasformare le sue ragazze in una squadra imbattibile: fare punti sul servizio; rendere la ricezione insuperabile; e gli attacchi, poi, rapidissimi e imprevedibili. Inutile fare muri: le giocatrici erano troppo basse per riuscirci. Piuttosto, avrebbero battuto come demoni e salvato ogni pallone, per rilanciarlo con schemi d'attacco simili a coreografie di danza. E come potevano imparare a farlo? In un unico modo: con un allenamento durissimo e a tratti implacabile. Crudele. Con lo spirito di sacrificio di tutti, a partire dall'allenatore. Quando ebbe l'autorizzazione a mettere in pratica il suo piano, Hirofumi radunò le sedici migliori giocatrici giapponesi sotto la bandiera della Nichibo Kaizuka, parlò con loro e fece loro capire dove voleva portarle. E quali sarebbero stati i costi. Se gli avessero creduto, avrebbe sofferto e vissuto esclusivamente per la pallavolo. Altrimenti...

Gli credettero, e cominciò l'ossessione: fino a dodici ore al giorno di prove e movimenti con le più sofisticate tecniche di ginnastica, per trasformare i loro corpi – e la loro mente – in macchine d'assalto. Fu lui a inventare, con le sue "streghe", la ricezione acrobatica e la *rolling dive*, il tuffo con capriola che consentiva salvataggi impossibili. Introdusse il servizio "in salto" e "flottante", che sarebbero diventate tecniche di base della pallavolo. Il *demon coach* portò le sue streghe alla finale del Mondiale in Brasile, nel 1960, e alla vittoria di quello disputato due anni dopo, in Urss. All'Olimpiade di Tokyo, nel 1964, le streghe fecero sibilare il pallone come una frusta: oro.

RESPECT IS EARNED.

IL RISPETTO SI GUADAGNA.

Negli Stati Uniti degli anni Trenta l'unica possibilità per un uomo di colore di ottenere una certa fama e il dovuto rispetto era di diventare un musicista o di imporsi nello sport. Jesse Owens scelse la seconda strada. Veloce e potente come una pantera, aveva gambe che sprigionavano energia allo stato puro e gli consentivano di eccellere nel salto in lungo. Si impose ai campionati studenteschi del 1933, l'anno peggiore della Grande Depressione americana e lo stesso in cui Adolf Hitler formò il suo governo. Notato dal suo allenatore, un certo Larry Snyder, che in gioventù era stato un buon ostacolista, iniziò a lavorare duro, in simbiosi con il tecnico, per preparare i Giochi olimpici del 1936. A Berlino. Nel cuore bianco della Germania nazista, dove già soffiavano i venti che portavano le folli parole sulla supremazia della razza ariana. Owens, nero fino al midollo, ci arrivò dopo aver già conseguito sei record del mondo. A Berlino vinse in relativa scioltezza sia i 100 sia i 200 metri. Ma la gara che cambiò la sua vita, e la coscienza di un popolo, fu quella del salto in lungo. Da una parte l'americano di colore, forte di un record – 8,13 metri – che sarebbe rimasto tale fino al 1960. Dall'altra, l'idolo locale, l'eroe wagneriano, il tedesco Luz Long. Se non era il Ragnarok, il giorno della fine del mondo secondo la mitologia del Nord, poco ci mancava.

Al salto decisivo, Luz era in vantaggio. Jesse saltò,

lo superò, ma per gli arbitri il suo salto era nullo. Allora provò di nuovo: secondo nullo. Jesse si spazzolò via la sabbia dalle lunghe gambe color ebano. «Sicuri che fosse nullo?»

Allora Long, il suo avversario, gli sussurrò all'orecchio: «Stacca da più lontano. Tanto vinci lo stesso».

In quel momento, in quel sussurro, in quello scambio di sguardi, nacque un rispetto che sarebbe diventato un'eterna amicizia e che sarebbe durato fino a quando Long non avrebbe perso la vita combattendo la battaglia di Stalingrado.

Jesse prese la terza e ultima rincorsa. Staccò molto lontano dalla linea di salto. Volò, sulla sabbia, e poi impattò.

Non ci fu bisogno di misurare. Il salto era buono. Ed era davanti a tutti gli altri.

Jesse sollevò la mano, salutò il suo avversario, incrociò lo sguardo del Führer, e raccolse la sua grande medaglia d'oro.

I DON'T TRUST SOMEONE WHO IS NICE TO ME BUT RUDE TO THE WAITER, BECAUSE THEY WOULD TREAT ME THE SAME WAY IF I WERE IN THAT POSITION.

NON MI FIDO DI COLORO CHE SONO GENTILI CON ME MA MALEDUCATI CON IL CAMERIERE, PERCHÉ SE RICOPRISSI QUEL RUOLO MI TRATTEREBBERO ALLO STESSO MODO.

Muhammad Ali

Il rumore del motore della Fiat 128 è più cupo, con le marce basse. Ma la salita è quasi finita: da Rivalta Bormida a Morsasco, minuscoli paesini del Basso Piemonte, saranno dieci chilometri, e Orsara Bormida è proprio in mezzo ai due. Chissà quante persone ci vivono, d'inverno, duecento al massimo. Ma d'estate è diverso: arrivano i villeggianti, e, con loro, arrivano i ragazzi. Il paese si anima, e anche il campetto. Quel campetto da calcio che si può vedere direttamente dalla strada: è pieno di buche, spelacchiato, non è proprio un prato da campioni, e in effetti di campioni non ce ne sono. Ma le partite sono accanite e, quando i giocatori hanno tra i dieci e i quattordici anni, come in questo caso, il pallone è un trofeo da contendersi per ore, in allegria, fra contrasti, tiri sbilenchi e spallate. L'auto si ferma, finalmente. Il pilota ha passato da tempo l'età di quei ragazzi, ma giocare gli piace ancora, e se vede una palla rimbalzare non sa resistere.

Ma sì: in fondo non sono neppure le sette. Mariella può anche aspettare un quarto d'ora in più; certo, forse non sarà troppo contenta quando vedrà che suo marito è di nuovo andato a giocare con le scarpe da passeggio. Ma non importa: quei bambini sono così giovani, e dopotutto lui è in ferie, e in ferie uno deve anche essere libero di giocare. Che poi, a giocare libero, è abituato. Così parcheggia e, con un filo di voce, con la massima educazione, come si conviene all'ultimo arrivato che non conosce nessuno e non vuole essere riconosciuto, chiede: «Mi fate giocare qualche minuto con voi?».

La partita si interrompe, i più piccoli non sembrano tanto convinti di voler giocare con quel signore che non hanno mai visto... o forse sì... da qualche parte l'hanno visto. In televisione, forse?

I due o tre più grandi, invece, capiscono subito chi è: «Ma tu sei Scirea?».

È lui, Gaetano Scirea. Nei primi anni Ottanta, è un grandissimo difensore, un campione del mondo e, soprattutto, uno di quei calciatori in grado di far sognare milioni di tifosi senza per questo perdere il contatto con la realtà. Educato e discreto, quando non c'è il campionato, ama salire fino alla casa di campagna di Morsasco, di proprietà della moglie, e la sua miglior vacanza è giocare con i ragazzini delle colline. Lo considerano uno del paese; anche se non c'è nato, del paesano ha tutte le caratteristiche buone: semplice, misurato, tranquillo. Ha smesso di studiare per giocare a calcio e, infatti, la prima cosa che farà, appena terminata la carriera, a trentacinque anni, sarà prendere la maturità, per insegnare al figlio Riccardo il valore dell'istruzione. Si siederà tra i banchi del Regina Margherita di Torino e sceglierà di commentare una frase di Norberto Bobbio, un altro cresciuto su quelle colline, vicino a Morsasco, a Rivalta Bormida: "Cultura significa misura, ponderatezza, circospezione". Consegnerà per ultimo, usando tutte e sei le ore concesse. «Meglio rileggere bene più di una volta» spiegherà, alla fine.

«Ma tu hai vinto lo scudetto?» gli urlano i ragazzini del campetto, mentre gli passano la palla. E lui la ripassa loro.

«Qualcuno, sì!» risponde Gaetano.

«E come è stato?»

Lui si ferma un attimo a pensarci. Guarda le vigne delle colline, punteggiate di castelli, poi i ragazzini. «Ero giovane, avevo appena comprato la macchina...» ricorda. «E la sera che abbiamo vinto sono andato a ballare con tutti gli altri, fino all'alba!»

«Fino all'alba?» gridano i ragazzi. Provano a immaginare una festa lunga tutta la notte.

«E poi?» gli domandano.

Lui stoppa il pallone sotto la suola. Si ricorda bene quella notte, l'unica trascorsa in piedi fino al mattino. Mentre rientrava a casa e pensava di comprare un giornale per leggere qualcosa sullo scudetto che avevano appena vinto, vide gli operai della Fiat, già svegli, che aspettavano la navetta per andare al lavoro. E si vergognò di essere vestito a festa, e di aver sprecato un'intera notte a festeggiare. Così rientrò a casa senza farsi vedere, e senza giornali.

«E poi niente, ragazzi. Poi sono tornato ad allenarmi, perché era quello, il mio lavoro. Avanti, forza! Chi la vince, questa partita?»

E passa la palla, piano, al primo dei suoi compagni di squadra.

DREAM AS IF YOU'LL LIVE FOREVER, LIVE AS IF YOU'LL DIE TODAY.

SOGNA COME SE DOVESSI VIVERE PER SEMPRE, VIVI COME SE DOVESSI MORIRE OGGI STESSO.

James Dean

A Zandvoort aveva concluso il gran premio su tre ruote (una aveva perso un cerchione nell'impatto); a Montreal, sul circuito di casa, sotto una pioggia torrenziale, aveva corso metà gara senza un alettone, con la macchina che a ogni curva sembrava impazzire e uscire di strada. Ma per uno che aveva cominciato la carriera con le gare in motoslitta, cosa vuoi che sia? Gilles Villeneuve è un uomo senza paura. Per questo è diventato un mito. E le sue gare, anziché entrare nelle classifiche dei grandi numeri, sono entrate direttamente nelle pagine delle leggende. A partire da quella del grande record "non ufficiale".

È una bella giornata di primavera del 1981. Non è chiaro se Gilles, nella sua casa di Montecarlo, si sia svegliato in ritardo, o se semplicemente quel giorno si senta in vena di divertirsi un po'. Di certo c'è che, da lì a tre ore, dovrebbe presentarsi a Maranello per andare al lavoro. Maranello è a 461 chilometri di distanza.

Così, saluta la moglie Joanna (di solito il suo saluto è «Faccio presto»), e scende in garage. Accende la sua Ferrari 308. Frizione, acceleratore. Ed è fuori. Guarda l'ora. E schiaccia la tavoletta. Passa Ventimiglia, supera Genova, tempo un'ora è sulla Cisa. Campagne, gallerie, camion, altre macchine, tutto sembra fermo, o forse è solo lui che va a una velocità diversa dal resto del mondo. Ecco Parma, ecco Sassuolo. Arriva a Maranello, imbocca la corsia, vede un posto fra due auto e parcheggia con una sola manovra in testacoda. Scende e guarda l'orologio. Montecarlo-Maranello: 2h 25' e qualche secondo. "*Pas mal*" pensa. E chiede, all'ingegner Forghieri: «La macchina è pronta? Adesso che mi sono scaldato, ho proprio voglia di correre un po'».

BETWEEN STIMULUS AND RESPONSE IS OUR GREATEST POWER: THE FREEDOM TO CHOOSE.

TRA LO STIMOLO E LA REAZIONE SI TROVA IL NOSTRO POTERE PIÙ GRANDE: LA LIBERTÀ DI SCELTA.

Stephen Covey

«Per me la domenica è un giorno sacro, e conta molto più di una medaglia» dice Eric Liddell, quando gli annunciano che la finale della sua gara, i 100 metri, si svolgerà nel giorno del Signore. Per lui, figlio di due missionari protestanti, nato in Cina ma con passaporto scozzese, correre la domenica è proprio una delle cose che non si possono fare. «Non correrò» ripete.

«Sicuro?» gli domanda il suo amico Harold Abrahams, mentre si allontanano insieme dal grande tabellone scritto a penna, con gli orari di tutte le gare.

Se c'è una cosa che Eric ha imparato a fare, è difendere la propria libertà di scelta.

Anche se rinunciare può sembrare una pazzia. Eric e Harold sono due degli atleti britannici ai Giochi olimpici di Parigi del 1924. Sono giovani, preparati, e non solo atleticamente. Hanno entrambi studiato in ottimi college e attribuiscono, in modo diverso ma altrettanto profondo, un "senso religioso" a quello che stanno facendo. Non sono a caccia di gloria. Ed è forse per questo che, anche se ancora non lo sanno, la troveranno entrambi.

Harold ha origini ebraiche, è figlio di un ottimo atleta, e sa di essere bravo sui 100 metri, ma non il più bravo: non ha la stessa velocità né il talento del suo amico. Ha l'allenamento, però. Questo sì: si è accorto, all'Olimpiade di Anversa, quattro anni prima, che gli atleti statunitensi correvano in modo diverso dagli altri. Applicavano alla corsa metodi e movimenti scientifici, professionali. Calcolavano il numero di passi necessari a sprigionare la maggior potenza possibile, una tecnica di frequenza di corsa: quella che, oggi, è alla base della velocità. Harold ha capito, da solo, che non bastava avere il talento per essere veloci: serviva anche correre "bene". Ed è per questo che si è allenato tutti i pomeriggi, dopo il college, e le domeniche, quando gli altri tornavano a far visita ai genitori. O pregavano.

Harold, lui, contava i passi.

Così, quel giorno, a Parigi, i due si siedono nell'erba e decidono.

«Corriamo insieme i 200» propone Eric, controllando i suoi appunti su un foglietto. «E io poi correrò i 400.»

«Devi correre i 100, Eric.»

«Non posso. E non li correrò.» Guarda l'amico. «Corri tu al posto mio.»

«I cento sono la tua gara.»

«Vorrà dire che, questa volta, saranno la *tua*» risponde Eric, tranquillo.

E scelgono.

Nella finale dei 200 metri, però, Harold arriva ultimo ed Eric terzo.

«Forse non è stata una buona idea» dice Harold, la sera.

Ha paura, anzi, è convinto, che, nonostante tutti i suoi allenamenti, tornerà a casa senza medaglie. Prova per l'ultima volta a convincere l'amico a correre i 100 metri.

«È la mia scelta, Harold» risponde l'altro, tranquillo.

E così arriva la domenica. Eric è sugli spalti, e Harold vince la batteria, i quarti e la semifinale. Malgrado questo, non è nemmeno lontanamente tra i favoriti. Il sole picchia forte sulla pista. Tra i cappellini e gli ombrellini del pubblico, Eric gli fa un cenno con il pollice alzato. Ce la farai.

Allora Eric guarda – ma poco – i suoi avversari, quasi tutti americani, quelli che si sono allenati in modo scientifico: il favorito Charley Paddock. E poi Jackson Scholz, in gran forma, Chester Bowman e Loren Murchison. E l'ultimo?

Si sorridono: è un neozelandese mezzo matto, chiamato Arthur Porritt. Un outsider come lui.

Si comincia.
Harold respira profondamente per l'ultima volta.
Bang.
Scattano fuori dai blocchi tutti e sei allineati, compatti, e lo rimangono fino a un quarto di gara. Sono passati solo tre secondi, ma per Harold è come se si stesse correndo da tre anni. Si ricorda ogni singolo pomeriggio dei suoi allenamenti. E capisce anche, forse per la prima volta, che è lì, in finale, in mezzo ai più forti del mondo. E sa che Eric, tra il pubblico, lo sta fissando. Tre secondi. "E guarda qua, Eric, cosa ho imparato a fare." Impercettibilmente, nelle frazioni di secondo che seguono, i passi di Harold Abrahams si staccano da quelli dei suoi avversari. È questione di millimetri, di centimetri, poi di spazi che si fanno ancora più lunghi. Harold non vede più Paddock, accanto a sé. Non vede più Bowman, non vede più Murchison. Le uniche ombre che corrono ancora con lui sono il neozelandese matto e Scholz. E vede – o, meglio, immagina – Eric che si alza in piedi per urlare qualcosa. Sette secondi. E quindi accelera ancora, e i suoi passi si allungano, il suo corpo si muove preciso e regolare, come un'espressione algebrica, come un'alchimia.
E vince.
È il primo europeo a conquistare l'oro sui 100 metri a un'Olimpiade.
Non riesce a crederci. Non era il più veloce. Il più veloce era Eric, il suo amico.
«Che cosa abbiamo fatto?» gli domanda, non appena lo vede.
«Abbiamo scelto bene» gli risponde Eric, felice.
E anche lui vincerà l'oro, qualche giorno dopo, nei 400 metri.
Momenti di gloria.

IN A WORLD YOU CAN BE ANYTHING, BE KIND.

IN UN MONDO IN CUI PUOI ESSERE QUALSIASI COSA, SII GENTILE.

C'è una medaglia olimpica che vale un po' di più di quella d'oro: la medaglia Pierre de Coubertin, e che è stata inventata per premiare un atleta italiano. In pochi lo conoscono, anche perché, quando la vinse, gran parte dei giornalisti del nostro Paese pensarono bene di criticarlo o, tutt'al più, di ignorarlo. Ma è così: la gentilezza non fa notizia. Semplicemente, resta.

Protagonista, Eugenio Monti, detto il "Rosso volante", uno dei volti più importanti per gli sport invernali italiani degli anni Sessanta. Siamo a Innsbruck, in mezzo alle montagne innevate che coronano i Giochi olimpici del 1964.

Monti era un bobbista e arrivò alla rassegna con al collo otto ori mondiali, senza aver però mai vinto quello olimpico. Innsbruck poteva essere l'ultima occasione: era un po' in là con gli anni, forse, ma pur sempre tra i favoriti. Prima della discesa decisiva, notò un po' di movimento nella squadra inglese, composta da Tony Nash e Robert Dixon. «Che succede?» domandò loro. Il bob degli inglesi si era guastato: aveva perso un bullone, quello che teneva insieme l'asse posteriore, e non riuscivano a trovarne uno che avesse lo stesso passo. Negli anni Sessanta gli atleti non potevano contare su un'assistenza attenta ai minimi particolari come quella di oggi, e quel guasto era praticamente irreparabile: i britannici erano a un passo dal ritiro. Dopo aver controllato, Monti si accorse che il bob degli inglesi montava lo stesso tipo di bulloni del suo. Quindi ne prese uno di riserva e lo consegnò agli inglesi. Si strinsero la mano al motto di "vinca il migliore" e vinsero proprio gli inglesi. Monti, insieme al compagno Sergio Siorpaes, si dovette accontentare del bronzo. Ma, soprattutto, a fare le spese del suo gesto di generoso altruismo sportivo, fu l'altro equipaggio italiano, quello formato da Cardini e Bonagura, che finì la gara al secondo posto.

I giornalisti italiani, sempre pronti a correre dietro al furbetto di turno, gli domandarono perché avesse fatto una cosa così stupida, ed Eugenio rispose nel modo più ovvio, ovvero: «Nash non ha vinto per il mio bullone, ha vinto perché è andato più veloce».

«Gli venne naturale: sul momento non si rese neanche conto della portata del suo bel gesto. Lui era così» avrebbe aggiunto il suo compagno Siorpaes, qualche anno dopo.

Per fortuna, la sua gentilezza non passò del tutto inosservata né venne solo criticata. Su segnalazione proprio degli inglesi vincitori dell'oro – ah, il senso sportivo! – il Comitato olimpico internazionale decise di conferire a Monti un riconoscimento speciale, per premiare i suoi saldi princìpi sportivi. E così nacque la medaglia Pierre de Coubertin, che forse non varrà come quella d'oro (che Monti avrebbe vinto, inaspettatamente, a Grenoble 1968, a quarant'anni), ma di sicuro vale in modo diverso, e forse anche di più.

NO ONE CAN WHISTLE A SYMPHONY. IT TAKES THE WHOLE ORCHESTRA TO PLAY IT.

NESSUNO PUÒ FISCHIETTARE UNA SINFONIA. CI VUOLE UN'INTERA ORCHESTRA PER SUONARLA.

Halford Luccock

Si può davvero creare, nello sport, un collettivo in grado di muoversi all'unisono, giocando a memoria, e pensare la stessa cosa, nello stesso momento? E questa ipotetica squadra può davvero arrivare a conquistare un grande trofeo? La risposta l'ha data la Dinamo Kiev di Valeri Lobanovski. Laureato in termoingegneria, colonnello dell'Armata rossa e un lavoro da idraulico, è così che il giovane Lobanovski si mantiene vivo nell'Unione Sovietica del dopo-Stalin. Così, e giocando a pallone. Ala sinistra dotata di un impressionante tiro a giro, termina la carriera a soli ventinove anni per un diverbio con Viktor Maslov, allenatore della Dinamo Kiev. Accusa il tecnico di dare poco spazio alla fantasia e di mettere il collettivo davanti alle individualità: curiosamente, sarà la stessa cosa che farà lui, quando diventerà coach.

È il 1969, quando inizia ad allenare: al Dnipro, squadra sponsorizzata dall'Agenzia spaziale sovietica. In quegli anni in Urss cominciano a diffondersi i primi computer, e Lobanovski pensa subito alle loro incredibili potenzialità; per un ingegnere come lui, la tentazione di applicare il metodo scientifico a un gioco dalle infinite variabili è troppo forte. Così riesce a farsi dare un calcolatore e diventa il primo tecnico a usarlo nel mondo sportivo. Con l'aiuto del professor Zelentsov, dell'Istituto di scienze fisiche, sviluppa un programma capace di analizzare le partite suddividendo il campo in nove quadranti e calcolando i movimenti di ogni giocatore. Così facendo, secondo Lobanovski, sarà possibile capire i flussi di gioco delle due squadre e individuare le zone meno presidiate dagli avversari. I due elaborano anche una tabella per valutare la forma fisica dei vari giocatori, in modo da perfezionare gli allenamenti ed evitare sovraccarichi. Nelle squadre di Lobanovski, la preparazione è durissima e la disciplina quella dell'esercito: chi sgarra finisce fuori rosa, ma chi riesce a sopportare i carichi di lavoro diventa un atleta perfetto. Con questa ricetta, in tre anni il colonnello porta il Dnipro nella prima divisione sovietica, e viene ingaggiato per la panchina della Dinamo Kiev. La società dove aveva giocato e da cui era andato via sbattendo la porta. I risultati sono incredibili: nel 1974 la Dinamo Kiev è la prima squadra sovietica a centrare l'accoppiata campionato-coppa e l'anno seguente diventa la prima ad alzare un trofeo continentale dopo aver battuto gli ungheresi del Ferencváros 3-0 in finale di Coppa delle Coppe. A settembre, l'armata di Lobanovski sconfigge addirittura il Bayern Monaco conquistando la Supercoppa Europea, mentre uno dei suoi giocatori, Oleg Blokhin, si assicura anche il Pallone d'oro.

A Mosca si fregano le mani: finalmente, un tecnico capace di vincere oltre la Cortina di ferro e, per di più, con un gioco basato sul collettivo! Viene immediatamente promosso allenatore della nazionale. Ma nel 1976 l'Urss va male all'Europeo e si ferma al bronzo all'Olimpiade di Montreal: un mezzo fallimento, che spinge Lobanovski a tornare a dedicarsi a tempo pieno alla Dinamo.

Non rinuncia ai suoi metodi, ma li aggiusta e perfeziona. Fino a che, nel 1985-86, a fare le spese del lungo lavoro di Lobanovski, in Coppa delle Coppe, sono, nell'ordine, l'Utrecht, i romeni dell'Universitatea Craiova, il Rapid Vienna e il Dukla Praga. La sua Dinamo è un rullo compressore anche grazie ad allenamenti da film: le ripetute a torso nudo alle prime ore del mattino (a Kiev!). Le corse instancabili nei campi intorno alla città. Le partitelle cinque contro cinque a occhi bendati, per imparare a giocare a memoria. «Le uniche improvvisazioni che tollero sono quelle che mettono in difficoltà gli avversari» spiega, e la Dinamo è la proiezione dei suoi pensieri: pratica, devastante, meccanica.

Lo zenit della sua gestione è la finale di Coppa delle Coppe a Lione contro l'Atletico Madrid. Il calcio computerizzato è elevato alla massima potenza: tutti i giocatori sono in grado di ricoprire più ruoli e disorientare qualunque avversario. È come se sapessero in anticipo dove muoversi e dove passare il pallone. I "Colchoneros", squadra dotata di ottime individualità, sono arrivati all'appuntamento da imbattuti nel torneo, ma dopo soli cinque minuti hanno già capito come andrà a finire: schema perfetto, cross e testa di Zavarov e 1-0 per la Dinamo Kiev. L'Atletico fatica a reagire, e il passivo potrebbe essere ben più pesante già nel primo tempo. Nella ripresa i sovietici dilagano: gli esperti Blokhin e Yevtušenko trafiggono altre due volte il portiere Fillol. Finisce 3-0, e lo stadio è ammutolito d'ammirazione. Secondo "El País", la Dinamo "sembra una squadra venuta dal futuro".

Lobanovski viene di nuovo incaricato di guidare l'Urss, stavolta al Mondiale in Messico del 1986: anche in quest'occasione la sua squadra stupisce per gioco corale, ritmo e concretezza. Chiude il girone davanti alla Francia di Platini, e per molti è tra le favorite per la vittoria finale, ma un arbitraggio scandaloso frena la sua corsa agli ottavi contro il Belgio, in un 3-4 che per molti è la partita più emozionante del torneo. All'Europeo del 1988 sarà invece il meraviglioso destro al volo di van Basten a spezzare i sogni dell'Urss, in finale.

A questo punto è curioso come il calcio di Lobanovski conosca lo stesso declino dell'Unione Sovietica: la Perestrojka fallisce, e con essa il gioco collettivista. L'individualismo si fa strada, e formazioni come la Dinamo Minsk e lo Spartak Mosca lanciano una controffensiva culturale alla filosofia del colonnello. Lobanovski cercherà di adattarsi: proverà esperienze negli Emirati Arabi e in Kuwait, ma solo nel 1997, tornando per l'ultima volta a guidare la Dinamo Kiev, ritroverà la gioia di stare in panchina. In sei anni vincerà cinque campionati e tre coppe di Ucraina. E consegnerà al mondo un campione unico: Andriy Shevchenko.

Morirà nel 2002, a bordo campo, seguendo la sua Dinamo Kiev in trasferta a Zaporozhye. Per sempre fedele a guardia dei suoi soldati.

NO MATTER HOW MUCH WEALTH AND SUCCESS COMES IN YOUR WAY. ALWAYS STAY HUMBLE.

PER QUANTA RICCHEZZA E QUANTO SUCCESSO TU ABBIA OTTENUTO, RESTA SEMPRE UMILE.

31

C'era un grande segreto, nella vita di Roberto Clemente. Nativo di Porto Rico, il primo vero fuoriclasse latinoamericano del baseball statunitense vinse tanto, e sempre con la sua amatissima squadra, i Pittsburgh Pirates. Conquistò due World Series e, per quattro volte, fu il miglior battitore del torneo, nel '61, '64, '65 e '67. Prima che una leggenda della battuta – chiuse la carriera con tremila valide –, era un uomo buono, di quelli che hanno provato la fame, che spese gran parte dei suoi ingaggi per aiutare i poveri del suo Paese e della sua città. E che, non potendo giocare i Mondiali di baseball, perché erano competizioni riservate ai dilettanti – mentre lui era un professionista – decise di far parte dello staff tecnico di Porto Rico, per di più senza prendere un soldo.

Quando il 23 dicembre del 1972, un terribile terremoto devastò Managua, la capitale del Nicaragua, qualcuno gli raccontò che molti degli aiuti destinati alla popolazione finivano nelle tasche di politicanti corrotti. Il cibo e l'acqua venivano sequestrati per essere poi rivenduti sul mercato nero a prezzi esorbitanti. E allora lui pensò di dover fare qualcosa in prima persona. Era un eroe dell'America Latina: nessuno avrebbe avuto il coraggio di rubare a *lui*. Insieme ad alcuni suoi colleghi, raccolse tutto ciò che poté – soldi, cibo e acqua – e decise di andare in Nicaragua. Affittò un aereo e partì il 31 dicembre. Tom Walker, un collega ventitreenne, voleva partire con lui, ma Roberto gli disse: «No, tu devi restare qui, e goderti il Capodanno».

L'aereo non arrivò mai a destinazione: precipitò in mare poco dopo il decollo, e il corpo di Roberto Clemente non venne più ritrovato. Il suo nome fu associato a quello del premio che ogni anno viene assegnato al giocatore di baseball che più si è distinto in azioni benefiche. E i Pittsburgh Pirates ritirarono il suo numero 21. Nel loro nuovo stadio, inoltre, nella zona dell'esterno destro (il suo ruolo) ci sono una statua e un muro alti 21 piedi. Quando il Nicaragua partecipò al Mondiale di baseball del 1978, tutti i suoi giocatori portavano un 21 sul cuore. E il giovane Tom Walker? Si sposò ed ebbe quattro figli. Uno di loro, Neil, avrebbe giocato come seconda base. Dove? Nei Pittsburgh Pirates, ovviamente.

THERE IS NO TALENT HERE, THIS IS HARD WORK. THIS IS AN OBSESSION. TALENT DOES NOT EXIST, WE ARE ALL EQUALS AS HUMANS. YOU COULD BE ANYONE IF YOU PUT IN THE TIME. YOU WILL REACH THE TOP, AND THAT'S THAT. I'M NOT TALENTED, I'M OBSESSED!

NON SI TRATTA DI TALENTO, MA DI DURO LAVORO. DI UN'OSSESSIONE. IL TALENTO NON ESISTE, GLI ESSERI UMANI SONO TUTTI UGUALI. CON IL GIUSTO IMPEGNO, POTRESTI DIVENTARE CHIUNQUE. RAGGIUNGERESTI LA VETTA, PUNTO E BASTA. IO NON HO TALENTO, HO UN'OSSESSIONE!

Conor McGregor

A Losanna, nel parco olimpico, c'è la statua di un corridore con il volto trasfigurato, ansimante, che pare correre nel bosco. È Emil Zátopek, nato apprendista ciabattino e morto minatore in una cava d'uranio. Iniziò a correre negli anni Trenta, sedicenne, a Praga, quando il calzaturificio in cui rifilava le suole organizzò una gara podistica tra i suoi operai, regalando loro un paio di scarpe ciascuno. All'ultimo momento ci fu una defezione, e poiché restarono liberi un paio di scarpini, il proprietario lo mandò a chiamare e gli disse: «Corri tu». Le scarpe erano di due numeri più grandi ed Emil non aveva mai fatto una corsa di fondo in vita sua. Arrivò secondo, e chiunque altro ne sarebbe stato felice. Ma lui no; anzi, ci rimase male. Quindi decise di allenarsi un po'.

Lo faceva di notte, perché iniziava a lavorare all'alba e finiva al tramonto, e non aveva di certo la pausa pranzo. Nel cuore della notte, allora, tra le umide vie di Praga, correva, per tre, quattro ore di fila. Chi lo vedeva, pensava sempre che stesse per morire, perché Zátopek correva con la schiena dura, dritta, la testa reclinata su una spalla, la bocca spalancata per respirare, ansimando forte, tanto che sarebbe stato chiamato la "Locomotiva umana". Perché correva così? Nessuno lo sa, ma lui una volta disse: «Probabilmente non ho abbastanza talento per correre e sorridere al tempo stesso». E così correva, soffrendo, senza fermarsi mai.

Poi arrivò la guerra, e Zátopek dovette arruolarsi. Ma incredibilmente, anche in guerra, con la connivenza di qualche sergente, continuò ad allenarsi: riusciva a trovare tempo per correre quasi ogni giorno, su qualunque superficie, in qualunque condizione. Il suo motto era: "L'allenamento come abitudine" e "Se l'allenamento è difficile, la gara è facile". Emil era un cavallo da corsa con l'attitudine di un mulo. La "sua" gara erano i 10.000 metri. Alla fine della guerra cominciò a fare sul serio: la vinse per quaranta volte consecutive, in tutte le occasioni possibili. E tra una gara e l'altra si allenava con continui cambi di ritmo (praticamente fu lui che mise a punto il metodo dell'*interval training*, tuttora usato dagli atleti di più alto livello).

Campione olimpico a Londra 1948, all'avvicinarsi dell'edizione del 1952, a Helsinki, tutti pensavano che avrebbe vinto facilmente sia i 5000 che i 10.000 metri. Ma gli organizzatori cercarono di impedirglielo: fissarono le finali delle due gare a quarantotto ore di distanza l'una dall'altra, in modo che gli atleti dovessero sceglierne solo una. Emil aveva già trent'anni e non scelse. «Basterà allenarsi di più» disse, e aumentò l'intensità della sua preparazione. Cominciò a correre i 200 metri portando sulle spalle la sua futura moglie, Dana, una giavellottista, e i 5000 nella neve con gli scarponi militari ai piedi. A Helsinki vinse entrambe le gare, stabilendo due record del mondo; nella "sua gara", i 10.000, doppiò tutti gli avversari. Ma non era finita: ricominciò ad allenarsi la mattina successiva, perché, dopo qualche giorno, si sarebbe disputata la maratona. Zátopek non ne aveva mai corsa una in vita sua, e forse non aveva neanche mai pensato di partecipare. Ma la notte dopo aver vinto la medaglia d'oro nei 10.000 aveva sognato il padrone del calzaturificio di Praga che gli diceva: «Corri tu». E così, tra lo stupore e l'incredulità, si presentò alla partenza e si fece assegnare una pettorina.

Per chi non lo sapesse, la maratona è una corsa di quarantadue chilometri, durante la quale è importante bere molto e magari mangiare anche qualcosa. Ma Zátopek, questo, non lo sapeva. Si fece solo indicare il favorito e decise che gli avrebbe corso accanto. "Se ce la fa lui, ce la faccio anche io" pensò. Ma il favorito sembrava correre troppo piano e così, al diciannovesimo chilometro, decise di accelerare al "suo" ritmo, lasciando tutti indietro. Corse fino alla fine senza mangiare né bere, come faceva di notte, a Praga, quando si allenava per quattro ore filate. Nel momento in cui il grande favorito arrivò al traguardo, Emil si era già cambiato e stava mangiando una mela. Aveva stabilito il terzo record del mondo consecutivo.

Una sola cosa non riuscì a battere: la Primavera di Praga, quando, di fronte all'invasione dei carri armati sovietici, si schierò dalla parte dei progressisti, fu degradato e mandato al confino a scavare in una miniera di uranio. Eppure, nemmeno in quei giorni rinunciò a correre, con la testa reclinata sulla spalla e il viso teso in una smorfia: la fatica di allenarsi è un'abitudine che piega il corpo, ma tiene dritto lo spirito. Ed è per questo che, oggi, se vi fermate un po' accanto alla sua statua, e ascoltate bene, potrete sentirla ansimare.

NO ONE CAN MAKE YOU FEEL INFERIOR WITHOUT YOUR CONSENT.

SENZA IL TUO CONSENSO, NESSUNO PUÒ FARTI SENTIRE INFERIORE.

Eleanor Roosevelt

«Temo che suo figlio non farà niente di che nella vita, signora» dice il dottor Wax alla mamma di Michael, con il figlio seduto accanto. «È iperattivo e con forti disturbi dell'attenzione: sindrome da Adhd, capisce?»

La mamma di Michael capisce, ma non del tutto. Suo figlio è troppo veloce? Poco attento? Questo lo sapeva già. È esattamente il motivo per cui è andata a parlare con il dottore. Prende la confezione di Ritalin, uno psicofarmaco, e torna a casa. E mentre Michael corre – iperattivo, come sempre – lungo il vialetto controlla le dosi e le controindicazioni. Tre volte al giorno. E poi? Cosa succederà?

Siamo a Baltimora. Sul campanello della porta c'è scritto "Phelps". In casa vivono quattro persone: Debbie, la madre; Michael, il bambino problematico a cui il dottore ha già letto il futuro; e le sue due sorelle maggiori, Whitney e Hilary. Il padre, invece, se ne è andato senza nemmeno lasciar detto dove. Michael rompe le cose correndo, e a scuola ha pessimi voti. Cosa gli piace? Mangiare e dormire. È tutto quello che sa fare. I compagni lo chiamano "Dottor Spock" perché ha le orecchie a sventola. È un ragazzone dal fisico imponente e per certi versi spaventoso.

Debbie non ha fiducia in quelle pastiglie, e così, quando il mese dopo si rende conto che non è cambiato niente, prova a seguire un altro consiglio, quello delle figlie: mandarlo in piscina, a nuotare. Forse, nell'acqua, avrebbe potuto sfogare tutta la sua energia e voglia di muoversi. "Proviamo anche questa" si dice Debbie. E anche questa, nei primi tempi, non funziona. A Michael non piace tuffarsi e non sopporta immergere la testa. Le sorelle insistono e lo convincono a iniziare con il dorso, dove alla partenza non ti devi tuffare e la testa non va sott'acqua. E questo gli piace. Per la prima volta in vita sua, mentre guarda le luci sul soffitto, Michael non si distrae. E l'energia che possiede gli permette di macinare una vasca dopo l'altra. È Bob Bowman, un tecnico in cerca di un campione, a vederlo nuotare, avanti e indietro, avanti e indietro, come una macchina. Parla con Debbie, prende la bottiglietta di psicofarmaci e li butta nella spazzatura. In cambio, due auricolari.

«Che roba è?» domanda Michael.

«Musica» risponde Bob. «Quello che ti serve è il ritmo.»

Così Michael comincia ad ascoltare Eminem, mentre Bob lo porta alle prime gare. E da quel momento lo "Squalo di Baltimora", quello che per il dottor Wax non avrebbe combinato granché nella vita, vince ventitré medaglie d'oro alle Olimpiadi (tredici individuali e dieci nelle staffette) e ventisei ai Mondiali, diventando il più grande nuotatore di sempre. Nel 2008, ai Giochi olimpici di Pechino, dopo aver appena conquistato l'ottavo oro di quell'edizione (superando il record di sette del baffuto Mark Spitz), quando gli chiedono che cosa gli piace fare, Michael risponde: «Mangiare, dormire e nuotare: è tutto quello che so fare».

TALENT WINS GAMES BUT TEAMWORK AND CHARACTER WIN CHAMPIONSHIPS.

IL TALENTO VINCE LE PARTITE,
MA IL LAVORO DI SQUADRA E IL CARATTERE
VINCONO I CAMPIONATI.

Michael Jordan

Per molte signore per bene, che amano i corredi di casa, Limoges è sinonimo di raffinate porcellane e splendidi piatti. Per quelle che, invece, preferiscono la palla a spicchi arancione e il basket, è associato alla battaglia sportiva tra Italia e Jugoslavia. La stessa a cui pensa Carlo Caglieris, quando, al palasport di Nantes sente squillare la sirena di fine partita. Corre, come impazzito, ad acchiappare il pallone, lo solleva e lo bacia. Sul lato opposto del parquet, tutti i suoi compagni festeggiano lanciando in aria il loro allenatore, Sandro Gamba. È il 4 giugno 1983, e l'Italia ha appena vinto l'Europeo di basket per la prima volta nella sua storia. E ancora non ci crede nessuno. Stanno tutti pensando a Limoges.

Intendiamoci: la nostra nazionale, in quegli anni, sapeva rendere la vita dura a tutti. In squadra c'erano atleti come Dino Meneghin, Roberto Brunamonti, Romeo Sacchetti, Ario Costa, Renato Villalta, Antonello Riva, Pierluigi Marzorati, e tanti altri. Ma molte formazioni avversarie avevano almeno altrettanto talento. I sovietici, per esempio, che il sorteggio aveva fortunatamente spedito nell'altro gruppo, o gli spagnoli. E soprattutto i temibili jugoslavi, che erano considerati una squadra di inarrivabili artisti del basket. Loro sì, purtroppo, erano finiti nel nostro girone.

Ma riavvolgiamo il nastro. Torniamo al 26 maggio, il giorno di apertura dell'Europeo. Partecipano dodici squadre, divise in due gironi all'italiana di sei. Si qualificano le prime due di ogni gruppo. Con l'Italia ci sono, appunto, la Jugoslavia, la Spagna, i padroni di casa della Francia, l'insidiosa Grecia e la Svezia. A parte gli scandinavi, è un girone di ferro, anche perché, basta perdere due volte e si è praticamente fuori. Gli analisti scommettono sugli slavi, con gli spagnoli un gradino dietro; Italia e Grecia, considerate più o meno di pari valore, sono le outsider.

Giochiamo subito contro gli spagnoli. Maluccio, ma abbiamo un grande Meneghin che ci tiene a galla. Gli spagnoli a 32" dalla fine sono avanti di un punto, quando Villalta recupera la palla e serve Marzorati, che tira. La sfera colpisce il ferro del canestro, si impenna e poi cade dentro: vittoria!

Ma la festa non dura molto. Battiamo in sequenza Svezia, Grecia e Francia, ma la Spagna fa il colpaccio e, con un solo punto di scarto e un po' di fortuna, sconfigge la nazionale jugoslava, 91-90. In questo modo, siamo obbligati a giocarci il passaggio del girone contro di loro. A Limoges, il 30 maggio: chi perde va fuori.

Nessuno punta un centesimo su di noi: non solo non battiamo la Jugoslavia da decenni, ma la squadra che ci troviamo davanti è una batteria di talenti. Ci sono due fuoriclasse assoluti, seppur un po' in là con gli anni, Ćosić e Slavnić, c'è un infallibile tiratore come Dražen Dalipagić (che è tuttora, con i suoi settanta punti, l'uomo che ha segnato di più in una sola partita nel nostro campionato), e c'è già, giovanissimo, il "Diavolo di Sebenico", il "Mozart dei canestri", l'immenso Dražen Petrović. Tante stelle, però, non fanno necessariamente una galassia.

Alla fine del primo tempo sono nettamente avanti i nostri avversari, 42-36. Il coach azzurro, Sandro Gamba, allora, fa leva sul senso di squadra, chiede più sacrificio, più difesa. E nel secondo tempo, ecco il miracolo: l'Italia marca stretto, i funamboli balcanici si innervosiscono e gli azzurri si avvicinano. E poi sorpassano. A quel punto gli slavi perdono la testa. Dopo un fallo, l'arbitro chiama a sé per un chiarimento a centrocampo Renato Villalta e Dragan Kićanović. Mentre

Villalta ascolta il direttore di gara, Kićanović, a tradimento, gli rifila un calcio al basso ventre. Si scatena l'inferno: la rissa coinvolge anche le panchine e i due ct, Gamba e Gjergja. Grbović schiaffeggia Meneghin su un orecchio. Meneghin si volta, come se non si fosse fatto nulla, ma è molto, molto minaccioso. Lo insegue, finché il giocatore slavo raggiunge la borsa del massaggiatore, estrae le forbici e le agita impazzito davanti alla faccia del nostro pivot che, invece, cerca di farlo ragionare. Ci vuole un po' per riportare la calma, ma alla fine si riprende a giocare, e l'Italia, uscita più compatta che mai dalla rissa, allunga. E stravince. Gli slavi hanno perso unità, non sono più una squadra, ma tanti giocatori isolati, impauriti e furiosi con se stessi. Perdono di quindici punti.

L'Italia supera il turno, batte l'Olanda in semifinale e, di nuovo, la Spagna in finale. E così si torna all'ultima sirena, a Caglieris, che proprio non riesce a staccare le mani dal pallone, mentre il tabellone dice: Italia 105 Spagna 96. Siamo campioni d'Europa, e lo siamo tutti, una squadra sola.

PRACTICE LIKE YOU'VE NEVER WON, PERFORM LIKE YOU'VE NEVER LOST.

ALLENATI COME SE NON AVESSI MAI VINTO,
GAREGGIA COME SE NON AVESSI MAI PERSO.

35

«La gara viene vinta dal corridore che riesce a soffrire di più, e chi crede che io sia arrivato facilmente alle vittorie, non sa quanta sofferenza mi siano costate.» In carriera, Eddy Merckx ne ha messe insieme 525, di vittorie: cinque Tour de France, cinque Giri d'Italia (e tre volte l'accoppiata fra la corsa rosa e la Grande Boucle), una Vuelta di Spagna, sette Milano-Sanremo (su dieci disputate), due Giri delle Fiandre, tre Freccia Vallone, tre Parigi-Roubaix, cinque Liegi-Bastogne-Liegi, tre Campionati del mondo e un elenco lunghissimo di "classiche minori", piccoli giri e altre corse che non ho modo di elencare qui. Il soprannome "Cannibale" non gli è mai piaciuto, ma è appropriato, perché riassume la sua bulimia da vittoria, il fatto che agli avversari non lasciava mai neppure le briciole. Non era mai sazio, e il modo in cui riusciva a trionfare è riassunto in due parole: dedizione e serietà.

La dedizione era quella che ci metteva ogni giorno in allenamento: Merckx era conosciuto perché pedalava per ore in qualunque condizione atmosferica. Gli allenamenti svolti in preparazione del suo primo Tour de France avrebbero fatto piangere anche il ciclista più appassionato: più di trecento chilometri al giorno, ogni giorno. E dire che, oggi, uno come lui non otterrebbe neppure la licenza sportiva: un cardiologo piemontese, Giancarlo Lavezzaro, lo visitò ad Alba nel '67 e gli riscontrò una miopatia ipertrofica non occlusiva, cioè un cuore a rischio d'infarto. «Allenamento è la parola chiave di tutto: allenamento, allenamento, allenamento. Più corri più la tua mente si abitua alle situazioni di gara e più sei capace di governarle.» All'apice della sua carriera, cambiava fino a cinquanta biciclette in un solo anno, e non era un'epoca in cui nel ciclismo girava il denaro di oggi, e neppure un periodo in cui un minimo danno a una bici comportava un calo significativo di performance. Le cinquanta biciclette di Merckx venivano proprio *consumate*.

E poi la serietà, un requisito che Merckx riassume in un ragionamento semplice, ma inoppugnabile: «So di essere un corridore forte. Se sono al via di una corsa, gli organizzatori, gli altri corridori, il pubblico si aspettano che io possa lottare per la vittoria. Se non lo faccio, non sono serio con loro. È chiaro che in una corsa di tre settimane non si possono vincere tutte le tappe, ma è giusto comunque provare a vincere ogni volta che si può».

Nel 1969, durante il Giro d'Italia, a San Marino, Merckx aveva appena riconquistato la maglia rosa nella tappa partita da Senigallia. Appena finita la premiazione, un tizio gli si avvicinò con fare circospetto. Aveva in mano una borsa ed era un collega. Si chiamava Rudi Altig, era un ciclista tedesco di buon valore, che quell'anno correva per la Salvarani (e avrebbe concluso il Giro al nono posto). «Eddy, mi hanno detto di farti una proposta» esordì. Un attimo di esitazione, poi azzardò: «Sei proprio sicuro che vuoi vincere il Giro? Hai già vinto l'anno scorso, e magari quest'anno potresti anche riposarti. Questa valigia è piena di soldi e mi hanno detto che sono per te».

Lui rifiutò. «Non aprirla nemmeno, la valigia. Non voglio sapere quanti sono né tantomeno chi te l'ha data. Chiunque sia, digli solo che io queste cose non le faccio. Io non corro per i soldi, io corro per vincere.»

Due giorni dopo, al termine della tappa Parma-Savona, venne trovato positivo all'antidoping e squalificato: pianse per tutta la sera e continuò a ripetere che qualcuno doveva avergli messo qualcosa nella borraccia mentre, prima della partenza, era a messa con la squadra al duomo di Parma e tutte le bici erano allineate fuori. Molti giornali sostennero la tesi del complotto. Ad anni di distanza, quando ricorda quell'episodio, ancora Eddy Merckx non si dà pace. E non perché rischiò di scalfire la sua immagine di campione. Ma perché: «Lo sport per me è vincere. E il Giro del 1969, lo avrei vinto io».

WE ARE A PRODUCT OF OUR THOUGHTS.

SIAMO IL PRODOTTO DEI NOSTRI PENSIERI.

Scottie Waves

A cosa stai pensando, Linford? Non pensare a niente. Metti giù le mani, preparati, e poi corri. Nessun pensiero, nessun problema. Non vorrai fare un'altra falsa partenza, vero? Lo sai benissimo che questa sarà la tua ultima Olimpiade. È la finale, quindi stai tranquillo. Hai sbagliato una partenza, può capitare. Non lo rifarai di nuovo. Calmati e ricordarti chi sei. Sei il favorito. Proprio così: il fa-vo-ri-to. Mettitelo dentro a quella testa giamaicana. E ricordati che indossi ancora la maglia inglese. Quindi nessun pensiero, ok? *Keep Calm* e poi... corri. Tutto qui. Sei il più forte. Pensa solo a correre.

Come quando hai iniziato, quanti anni avevi? Diciannove? Con tutti quegli altri ragazzi che filavano come schegge e sapevano fare perfettamente stretching mentre tu, che non avevi mai gareggiato in vita tua, correvi e basta. E come correvi, te lo ricordi? Veloce, sì, non male. Ma sapevi correre più veloce con i pensieri. E pensavi, quanto pensavi! Non hai mai avuto un grande allenatore, uno di quelli che ti cambiano la vita. Solo tu, e quello che pensavi. Più veloce, più veloce. Dovevi solo far entrare i pensieri dentro alle gambe. Farli muovere alla stessa velocità. Allora non eri per niente il favorito, te lo ricordi, Linford?

Chi se lo aspettava che avresti vinto l'oro all'Europeo del 1986, quando avevi già compiuto ventisei anni? Il migliore d'Europa, che ridere, per un giamaicano. Ma tu lo sapevi, vero? In fondo in fondo, lo sapevi di essere il più veloce. E poi l'Olimpiade in Corea, due passi dietro a Ben Johnson. Bronzo. Che diventa argento, quando lo squalificano per doping. E così sei ufficialmente il secondo più veloce del mondo. Nessuno ci pensava. Tranne te. Secondo al mondo. Però ci hai pensato troppo, e al Mondiale del 1991 non sei riuscito nemmeno ad arrivare a una medaglia. Su e giù, su e giù, è così che corri. Altro che avanti.

Se qualcuno pensa che vincerai, perdi. E se pensano che perderai, vinci. Che ridere, Linford. Quando sei sceso in pista per la finale dei 100 metri di Barcellona, nel 1992, stavano già tutti pensando che quel vecchio corridore inglese non sarebbe arrivato nemmeno al traguardo. E tu, invece, a sorpresa, corri come un treno. 9'96". Oro olimpico, e diventi l'uomo più veloce del mondo. Oro all'Europeo, oro all'Olimpiade e, dato che ci sei, a questo punto vinci pure l'oro al Mondiale dell'anno dopo. E arrivi fin qui, giusto? A un'altra finale olimpica. Dove finalmente sei il favorito numero uno, Linford, ci pensi? Non farlo. Devi solo aspettare lo sparo, o quello che è, e poi... Linford? Linford? Che fai? Perché stai già correndo? Non avevano ancora dato il via! È una seconda partenza falsa, troppo veloce, amico mio, hai pensato troppo veloce… E lo sai cosa significa?

SIX RULES OF LIFE: 1) BEFORE YOU PRAY: BELIEVE; 2) BEFORE YOU SPEAK: LISTEN; 3) BEFORE YOU SPEND: EARN; 4) BEFORE YOU WRITE: THINK; 5) BEFORE YOU QUIT: TRY; 6) BEFORE YOU DIE: LIVE.

SEI REGOLE DI VITA: 1) PRIMA DI PREGARE: CREDI; 2) PRIMA DI PARLARE: ASCOLTA; 3) PRIMA DI SPENDERE: GUADAGNA; 4) PRIMA DI SCRIVERE: PENSA; 5) PRIMA DI MOLLARE: PROVA; 6) PRIMA DI MORIRE: VIVI.

Quando atterrate a Belfast, Irlanda del Nord, George Best lo incontrate subito. È il nome che hanno dato all'aeroporto. Non tutti sono contenti, perché, dicono, non è un buon esempio per i ragazzi. Vero e falso al tempo stesso. Pregava, George in casa sua? Assolutamente sì: i suoi genitori erano protestanti e suo padre faceva parte dell'Ordine di Orange, una società segreta che intendeva scacciare i cattolici dall'Irlanda del Nord. Ma, prima di pregare, George credeva tantissimo. Non necessariamente nell'Onnipotente: credeva che un giorno sarebbe diventato un campione di calcio, e così, già a undici anni, marinava la Grosvenor High School per andare al campetto a giocare.

E ascoltava, prima di parlare? Oh, sì. Ascoltò a quindici anni le parole dello scout del Manchester United, che diceva al proprio allenatore, Matt Busby: «Credo di averti trovato un genio». E ascoltò anche i manager dello United proporre a suo padre di trasferirsi tutti in Inghilterra, per un po', fino a che George non avesse compiuto diciassette anni, perché erano irlandesi, no? E per le regole di allora il club poteva tesserare solo inglesi nelle squadre giovanili. Suo padre gli chiese che cosa ne pensasse, e solo allora George rispose: «Si può fare». Poi parlò sul campo di quella società così prestigiosa, e anche così triste perché, solo pochi anni prima, molti suoi giocatori erano morti in un incidente aereo a Monaco di Baviera. Come il Grande Torino a Superga, come il Chapecoense in Colombia.

I Best trovarono una casa e George un lavoretto come fattorino sul canale di Manchester. A diciassette anni scese in campo per qualche minuto, e alla seconda presenza segnò il suo primo gol. Era il 28 dicembre del 1963. E chi lo ammirò in campo aveva già capito che il suo cognome era del tutto azzeccato. L'allenatore dell'altra squadra della città, il City, Joe Mercer, disse una volta che: «Chi giocava con lui, o contro di lui, vedeva un giocatore che non sembrava aver paura di nulla, impossibile da intimidire. Ci provarono tutti, in tutti i modi. Ma Best semplicemente girava al largo, saltava i tackle e si lasciava gli avversari alle spalle come fossero foglie».

George viveva in un'epoca in cui le maglie erano ancora assegnate in base ai ruoli ricoperti in campo, e la sua era inizialmente la numero 7 – quella dell'ala sinistra –, che poi divenne la 11, quando cambiò fascia. Dopo la partita di Coppa dei Campioni 1965-66, giocata in Portogallo contro il Benfica, si ritagliò il soprannome di "Quinto Beatle", per via dei capelli lunghi tagliati a caschetto, come quelli del quartetto di Liverpool. Grazie alla sua doppietta, il Manchester United passò il turno, ma non riuscì a evitare la sconfitta in semifinale.

In Coppa dei Campioni andò meglio due anni dopo. Il Manchester eliminò negli ottavi il Fk Sarajevo, e in occasione della partita di ritorno (vinta 2-1) il corrispondente del "Times" scrisse che George era "al centro di una scacchiera, un giocatore pieno di inventiva, che sprigiona magie". Nei quarti, eliminarono i polacchi del Górnik Zabrze, perdendo fuori casa per 1-0, in uno stadio sotto zero con centomila spettatori. George pensò a lungo a quella sconfitta, perché secondo lui il Manchester aveva giocato una delle sue migliori partite. Ma era la prova che, in trasferta, faceva fatica a vincere. In casa, comunque, sconfissero i polacchi come se niente fosse e in semifinale si trovarono davanti al Real Madrid, che quella coppa l'aveva vinta sei volte. George segnò all'andata con un tiro da fuori che è ricordato come uno dei suoi gol migliori e fornì l'assist del 3-3 al Santiago Bernabéu.

E così arrivarono in finale, di nuovo contro il Benfica. E cosa pensò di fare, Best? Prima della partita si rilassò in modo non convenzionale con una fanciulla di nome Sue. Poi, in campo, aspettò fino ai tempi supplementari, dopo un eterno 1-1, prima di scrivere il suo nome sul tabellone. Lo fece a modo suo: con un dribbling ubriacante, in area, che si concluse con una finta a far sedere il portiere e palla in rete. A quel punto il Benfica crollò, prese altri due gol e il Manchester United poté scrivere il proprio nome nell'albo d'oro della Coppa dei Campioni. La prima squadra inglese a farlo.

Pochi mesi dopo, George conquistò anche il Pallone d'oro e, a ventidue anni, aveva già raggiunto i traguardi più importanti per un calciatore. Ma c'è un ma, come disse lui stesso qualche anno dopo: «Nel 1969 smisi di bere e di andare a donne. Furono i venti minuti più terribili della mia vita». Perché era quello che faceva: beveva e si divertiva. Spendeva tutto quello che guadagnava, montagne di soldi, in donne, alcol e motori. Il resto, aggiungeva scherzando, lo sperperava. E così la sua carriera si appannò, e con lui quella della sua squadra. E più il Manchester perdeva, più Best si distraeva. Al punto di perdere il treno per una partita, a causa di un weekend un tantino troppo di fuoco (successe prima dell'incontro allo Stamford Bridge).

Annunciò il suo ritiro a meno di trent'anni, ma giocò in realtà ancora per una stagione, frustrato, altalenante, geniale. Assente. Fu messo fuori squadra, si rese irrintracciabile per un'intera notte di nightclub, fu arrestato con l'accusa di aver rubato il passaporto e il libretto d'assegni dell'ennesima modella. E così, a soli ventott'anni, il miglior calciatore di tutti i tempi dell'Irlanda del Nord si ritrovò senza squadra. Ma mollò? No. Provò e riprovò a far vincere il talento sulla sregolatezza. O almeno a farli convivere in modo decente. Girovagò per il mondo in cerca di ingaggi: in Sudafrica, nella quarta divisione inglese, in Irlanda, negli Stati Uniti – dove aveva il vantaggio di non essere preceduto dalla sua fama – per un po' giocò anche bene nei Los Angeles Aztecs. Ma non durò. Finì in Scozia con un contratto a gettone, ma mentre i suoi compagni lottavano per non retrocedere, lui pensò bene di ubriacarsi con alcuni giocatori della nazionale francese di rugby, e fu licenziato.

E così via, ancora in giro per il mondo, con il pubblico che accorreva solo per vederlo giocare, perché aveva ancora, nonostante tutto, la magia nei piedi. Fino a trentasei anni. Aveva giocato, viaggiato, vissuto, vinto e perso, litigato, amato, in tutti i modi possibili. Nel 2005 venne ricoverato al Cromwell Hospital per un'infezione ai polmoni. E lì, con il corpo distrutto dall'alcol, finalmente fermo e da solo, pensò per davvero a tutta la sua vita. Dall'inizio alla fine. Pensò alle regole che aveva dribblato, alla coppa che aveva alzato, a quelle che avrebbe potuto alzare. Alle donne e ai suoi compagni di squadra. Agli allenatori e ai giornalisti. Pensò ai ragazzini. E il 20 novembre chiese al tabloid inglese "News of the World" di essere fotografato, brutto, malato, sul letto dell'ospedale. E di pubblicare gli scatti con queste ultime parole: *"Don't die like me"*, "non morite come me". È forse per questo che è bello pensare alla sua vita, a come ci insegna qualcosa sulle tante anime che ci sono dentro di noi, ogni volta che si atterra, o si riparte, in volo da Belfast.

IF YOU ARE
MORE FORTUNATE
THAN OTHER,
BUILD A LONGER
TABLE, NOT A
TALLER FENCE.

SE SEI PIÙ FORTUNATO DEGLI ALTRI,
COSTRUISCI UN TAVOLO PIÙ LUNGO, NON UNA
RECINZIONE PIÙ ALTA.

Quell'asticella è solo appoggiata ai supporti, i ritti, e basta poco, pochissimo, per farla cadere. Sia che ci riesci sia che non ci riesci, dall'altra parte cadrai su un materasso morbido. Anni fa, sulla sabbia. E non era la stessa cosa. Oltre a quella di non buttar giù l'asticella, c'è una seconda regola: bisogna saltare con un piede solo. Dopo lo stacco, si può fare come si preferisce: un tempo si saltava a forbice, una gamba alla volta, oppure con la pancia in basso e il tronco parallelo all'asticella. Se vi sembra strano, vuol dire che non avete visto nessuna gara negli anni Sessanta o nei Settanta, fino a quando, cioè, non cominciò a saltare quell'uccellaccio sgraziato di Richard Douglas Fosbury, "Dick" per gli amici.

Nato a Portland, in Oregon, ovviamente era alto (più di un metro e novanta), magrissimo, con le gambe snelle e muscolose. Un fenicottero, con il naso appena un po' più corto. Iniziò a gareggiare alle scuole superiori, alla Medford High School, ma sebbene amasse il salto in alto e avesse talento, non riusciva a dominare il metodo di salto, e a fatica superava il metro e cinquanta. Decise quindi di provare con la più antiquata tecnica a forbice. E nonostante il suo stile, a detta di molti straordinariamente brutto da vedere e scoordinato, migliorò gradualmente. Al terzo anno di liceo, cominciò a superare l'asticella inarcando la schiena dopo il movimento a forbice delle gambe e, così facendo, si accorse di una cosa. Se, mentre saltava, ruotava il busto in modo da volgere la nuca all'asticella, avrebbe potuto inarcare la schiena, passando prima con la testa, poi con le spalle e, infine, con le gambe dando un colpo di reni. L'unico problema era l'atterraggio, perché sarebbe caduto sulla schiena. E poiché dall'altra parte c'era la sabbia, significava letteralmente rischiare di rompersi l'osso del collo. In effetti Dick si ruppe una vertebra. Però, per una di quelle meravigliose coincidenze dello sport, proprio in quegli anni alcuni college americani cominciarono a usare i materassini di gommapiuma ed ecco che, con quella morbida possibilità, Dick Fosbury poteva usare la sua nuova tecnica di salto. Nacque così il "Fosbury Flop", il salto alla Fosbury, che fu accolto con mille critiche: sgraziato, inutile, poco efficiente. E Fosbury come "il saltatore più pesante al mondo", o "un pesce che salta fuori da una barca".

Lui si limitò a saltare e a insegnare il metodo a tutti quelli che glielo chiedevano. Si qualificò all'Olimpiade di Città del Messico del 1968, quella del famoso pugno chiuso (ne parlo a pagina 298). E, manco a dirlo, con il suo salto da pesce Fosbury vinse l'oro con uno strabiliante record di 2,24 metri. Fu così che il saltatore più criticato e sgraziato degli anni Sessanta, quello un po' matto, finì per insegnare a tutto il mondo qual era il modo migliore, e aggraziato, di saltare l'asticella. Prima di atterrare sul morbido.

FAILURES DEFEAT LOSERS, FAILURES INSPIRE WINNERS.

I FALLIMENTI SCONFIGGONO I PERDENTI,
I FALLIMENTI ISPIRANO I VINCITORI.

Robert Kiyosaki

Ci sono voci difficili da sfatare. E coppe che sembrano maledette. È così che si sentono tutti i tifosi juventini ogni volta che la loro squadra arriva in finale di Champions, dopo averne perse sette; o quelli del Benfica, che non riescono a vincerla dal 1962, per colpa della maledizione di Béla Guttmann, l'allenatore a cui non pagarono il premio partita dopo la conquista della seconda Coppa dei Campioni consecutiva, e che se ne andò dicendo: «Senza di me non vincerete una coppa europea per cent'anni!». Più prosaicamente, la finale di Champions il Bayern Monaco la perse nel 2012, e il 25 maggio dell'anno successivo la giocò di nuovo. A Wembley, a Londra, uno dei templi del calcio. Era una finale speciale: vuoi perché era la decima (fino ad allora quattro vinte e cinque perse), vuoi, soprattutto, perché quella dell'anno prima l'aveva persa in casa, all'Allianz Arena di Monaco di Baviera, contro il Chelsea.

Nel 2012, il Bayern è una vera schiacciasassi: fa fuori Napoli, Manchester City e Real Madrid, mentre il Chelsea arriva in finale dopo un anno molto complicato. Va male in Premier League, tanto che l'allenatore portoghese André Villas-Boas viene bruscamente licenziato. Al suo posto subentra Roberto Di Matteo, un ex giocatore che aggiusta la squadra ed elimina il Barcellona. Insomma, il Bayern è più forte e gioca in casa. Ma i vari Arjen Robben e Franck Ribéry non trovano il gol. Nemmeno il centravanti, Mario Gomez, pare in gran giornata. Tutto fermo fino all'83°, quando segna Thomas Müller e sembra fatta. Ma, dopo esattamente cinque minuti, il Chelsea batte il primo calcio d'angolo della partita. E Didier Drogba segna. Supplementari, rigore per il Bayern, che Robben tira malamente. Si finisce ai rigori. Il Chelsea calcia male il primo, però Olić e Schweinsteiger fanno ancora peggio. La sconfitta è una di quelle che fanno rumore: da piegare le ginocchia, mettere tutto in discussione. Oppure no. L'allenatore del Bayern, Jupp Heynckes è un vecchio volpone della panchina. Ne ha viste tante, e sa che il problema della sua squadra è solo di testa. Quando scende negli spogliatoi, dice: «Siamo i più forti d'Europa. Abbiamo perso la finale per una serie di casi sfortunati che non si possono ripetere». E affida la squadra ad Arjen Robben, il giocatore olandese che ha sbagliato il rigore che avrebbe chiuso la partita ai supplementari.

L'anno successivo il Bayern elimina Arsenal, Juventus e Barcellona e ritorna in finale. A Londra, per gli incroci del destino, trova il Borussia Dortmund, un'altra squadra tedesca, nonché una delle poche a sapere come batterlo. È una gara equilibrata. Il Bayern passa in vantaggio con Mario Mandžukić, ma si fa raggiungere, esattamente come l'anno prima. I supplementari incombono, e con loro la paura di perdere. Ma la sconfitta fa male solo ai perdenti. E infatti all'ultimo momento Ribéry lancia proprio a Robben. L'olandese stoppa il pallone e si ritrova a tu per tu col portiere avversario. Tocco morbido di sinistro a scavalcarlo, e la sconfitta diventa una vittoria.

A HUNGRY STOMACH, EMPTY POCKETS AND BROKEN HEARTS CAN TEACH YOU THE BEST LESSONS IN LIFE.

UNO STOMACO AFFAMATO, LE TASCHE VUOTE E UN CUORE SPEZZATO POSSONO INSEGNARTI LA MIGLIOR LEZIONE DELLA TUA VITA.

Se non conoscete la storia di un italiano impiegato in una ditta di calcestruzzo, che vince la maratona più significativa del secolo grazie a un teologo irlandese mezzo matto, vuol dire che non avete mai sentito parlare di Stefano Baldini. Partiamo dall'inizio, allora: la maratona non è una gara di potenza. È la gara di resistenza per antonomasia: 42 chilometri e 195 metri di fatica, inventata dal filologo francese Michel Bréal per concludere in modo speciale i primi, rinnovati Giochi olimpici di Pierre De Coubertin (di cui parlo a pagina 189). Si voleva ricordare sportivamente il momento conclusivo di una grande guerra del passato, e un gesto, la corsa del leggendario Filippide, che nel 490 a.C. partì dalla piana di Maratona e raggiunse l'Acropoli di Atene, per annunciare alla città la vittoria contro i Persiani (e morì per la fatica poco dopo l'arrivo). L'idea di chiudere l'Olimpiade, il 10 aprile 1896, con quella storica rievocazione (morte del vincitore a parte) è potentissima. Il vincitore, Spiridon Louis, greco, diventa un eroe nazionale e tale rimane per più di un secolo. Oggi, la maratona è considerata la gara olimpica per eccellenza, anche se non fu mai disputata nell'antichità. Ma questo è il potere delle storie. Stefano Baldini ne ha lette e sentite tante, di storie, perché cresce con dieci fratelli, e la passione per la corsa. Quella vera, quei quarantadue chilometri e spiccioli che hanno sulle spalle tutto quel mito. Per correre, però, si deve mangiare, quindi non appena finisce le scuole si trova un lavoro alla Corradini Rubiera, una ditta che produce calcestruzzo. Lavora per cinque giorni alla settimana e nel weekend corre. Vince, anche, e la notizia arriva ben presto in azienda. I capi, appassionati di sport, fondano allora una piccola squadra di atletica leggera, che sponsorizzano, in modo da permettergli di correre qualche giorno in più, senza rinunciare allo stipendio. Gli trovano anche un grande tecnico, Lucio Gigliotti, che aveva allenato un altro grande maratoneta italiano, Gelindo Bordin, medaglia d'oro all'Olimpiade di Seul del 1988. I due si mettono a lavorare insieme e, nel 1998, Stefano vince da perfetto sconosciuto la medaglia d'oro all'Europeo di Budapest. Si imbarca quindi con il contingente italiano per l'Olimpiade di Sydney del 2000, dove non ottiene nessun risultato, e per il Mondiale di atletica di Edmonton dell'anno successivo, dove acchiappa un bronzo. Ha già ventinove anni, quando guarda la cerimonia di chiusura dell'Olimpiade australiana e sente l'annuncio che, nel 2004, la maratona tornerà a casa: ad Atene. Domenica 29 agosto 2004, l'ultimo giorno dei Giochi, Stefano è schierato a Maratona. Invece delle urla dei Greci e dei Persiani, ci sono le musichette elettroniche dei telefonini. Invece del clangore delle spade contro gli scudi di bronzo, i motori delle macchine. Dove volavano i corvi neri messaggeri degli dèi ci sono le strisce bianche degli aerei. Ma è sempre Maratona: dove è iniziata ogni altra corsa.

Viene dato il via, e la massa di atleti si disperde. I più forti staccano subito gli avversari: gli africani, che corrono leggeri come se fossero sopra alla pelle di un tamburo, e gli americani, che corrono con la corrente del fiume di denaro che portano con sé. E Stefano è lì, con quelli bravi, con il passo che segue la corrente più impetuosa. E filano via, verso Atene. Le ore passano, e lui è ancora lì, a soli quindici secondi dal brasiliano Vanderlei de Lima. Ed è a questo punto che interviene il teologo pazzo. Si chiama Neil Horan, è irlandese, e ha cercato inutilmente fama con una serie di "invasioni" di campo in famosi eventi sportivi. La sicurezza greca non se ne è accorta, Horan sbuca dalla folla e placca de Lima, facendogli perdere secondi preziosi. E Stefano che fa? Supera il brasiliano e tira dritto. Quando si volta per guardare indietro, non c'è traccia né di Vanderlei né del teologo irlandese, ma c'è la lunga ombra nera di Mebrahtom Keflezighi, un eritreo che corre per gli Stati Uniti. Stefano ci pensa su. Sa che gli atleti del Corno d'Africa sono i migliori corridori sulla lunga distanza. E gli Stati Uniti hanno i migliori preparatori in circolazione. Quindi smette di pensarci, e guarda avanti. Poco dopo supera le porte dello stadio Panathinaiko. La pista è nera. Le rovine dell'Acropoli sono bagnate dalla luce del sole. Seduti sulle rovine di Olimpia, gli antichi lo guardano incuriositi. E si domandano: «L'uomo che sta vincendo la medaglia d'oro non è greco, vero?».

«No: ma quasi. È un italiano.»

«E quali imprese ha compiuto, in vita sua?»

«Calcestruzzo, soprattutto.»

«E come è arrivato fin qui?»

«Come tutti gli eroi: di corsa.»

A GOOD TEACHER IS LIKE A CANDLE. IT CONSUMES ITSELF TO LIGHT THE WAY FOR OTHERS.

UN BUON INSEGNANTE È COME UNA CANDELA. CONSUMA SE STESSO PER ILLUMINARE LA STRADA AGLI ALTRI.

Anche gli allenatori hanno una classifica, e tra i primi dieci di ogni epoca ce n'è uno forse meno conosciuto di altri: John "Jock" Stein. Uno che, come si dice, legò la sua vita al calcio fino all'ultimo respiro. Letteralmente.

Scozzese, di tempra dura, ma dal cuore tenero, aveva iniziato a giocare giovane e aveva avuto una più che discreta carriera. Poiché era cattolico, la sua destinazione più naturale non poteva che essere il Celtic, la squadra dei cattolici di Glasgow, quella con le meravigliose maglie a strisce orizzontali bianche e verdi. Siamo nel 1951. E il matrimonio con i Celtic è uno di quelli destinati a durare per sempre: quasi trent'anni. Prima come giocatore, poi come allenatore delle giovanili, infine come tecnico della prima squadra. Fu lui a tirare su ragazzi come Billy McNeal, futuro storico capitano della squadra. Jock Stein amava il calcio d'attacco, e il suo Celtic attaccava e attaccava per tutta la partita, a ondate continue. Schierò gente come William Wallace (un nome impegnativo in Scozia, dato che si chiamava così il più famoso ribelle del Paese, quello di *Braveheart*), Steven Chalmers e Jimmy Johnstone che tiravano sempre, da qualunque posizione. In mediana e in difesa spiccarono Bertie Auld e Tommy Gemmel, due con cui non si poteva andare per le lunghe. Quel Celtic vinse un titolo dopo l'altro, campionati e coppe di Scozia. E non solo: quando si affacciò in Europa, nella Coppa dei

Campioni del 1967, arrivò fino a Lisbona per giocarsi la finale contro la Grande Inter di Helenio Herrera (di cui parlo a pagina 5). I milanesi erano favoriti, e infatti andarono in vantaggio dopo soli sette minuti con un rigore di Mazzola. Ma da quel momento in poi il Celtic fu arrembante. Un vero e proprio assedio scozzese, con trentanove tiri verso la porta di Giuliano Sarti, che compì parate incredibili. Ma alla fine Tommy Gemmel e Steven Chalmers riuscirono a superarlo, e il Celtic fu la prima squadra britannica, e in generale non latina, a vincere la Coppa dei Campioni. E Jock Stein il primo allenatore a conquistare il *treble*, quello che oggi tutti chiamano *triplete*, dato che in quel 1967 aveva già vinto, in Scozia, campionato e coppa di lega. A differenza di altri tecnici vincenti, però, Jock Stein non aveva a disposizione una squadra di strapagati fuoriclasse provenienti da tutto il mondo. Era formata da giocatori nati a non più di trenta miglia da Glasgow, e cresciuti nelle giovanili della squadra.

Vero e proprio eroe nazionale, Jock, dopo aver vinto ancora molto e sfiorato una seconda Coppa dei Campioni nel 1970 a San Siro contro il Feyenoord, nel 1978 passò alla guida della nazionale scozzese, che portò al Mondiale del 1982. Uscì in un girone di ferro, contro Russia, Brasile e qualche sospetta decisione arbitrale. Il 10 settembre 1985, però, era ancora sulla panchina della Scozia, a Cardiff, in un match contro il Galles decisivo per qualificarsi al Mondiale di Messico 86. La partita fu tesa, e si mise subito male, ma la Scozia non mollava. A nove minuti dalla fine pareggiò su rigore. Un buon risultato, e finalmente Jock poté calmarsi. Chiuse gli occhi, e si accasciò tra le braccia del suo assistente, Alex Ferguson, "il futuro Sir". Le sue ultime parole furono: «*I'm feeling much better now, doc*», "mi sento molto meglio ora". Morì sul campo, a soli sessantadue anni, nel posto che conosceva meglio di qualunque altro.

A TIGER DOESN'T LOSE SLEEP OVER THE OPINION OF A SHEEP.

UNA TIGRE NON PERDE IL SONNO PENSANDO ALL'OPINIONE DI UNA PECORA.

Shahir Zag

Ci sono match di cui si parla di più quando li si aspetta che quando sono terminati. E match che, invece, continuano a essere raccontati. Uno di questi, uno dei più rumorosi e chiacchierati della storia della boxe si disputa il 30 ottobre del 1974, a Kinshasa, nello Zaire, quello del dittatore Mobutu. È uno scontro tra ricchi e poveri, con un tam tam di chiacchiere più simile alla propaganda per iniziare una guerra, che a un incontro di pugilato. Merito del suo organizzatore, Don King, che delle chiacchiere si servirà per tutta la vita per trasformare i match in macchine da milioni di dollari. Chi si affronta? Da una parte il campione dei pesi massimi, George Foreman; dall'altra parte lo sfidante, il ribelle, il disertore, lo spergiuro: Muhammad Ali (di cui parlo anche a pagina 345).

Nel 1967, Ali rifiutò di prestarsi al servizio militare americano e di andare a combattere in Vietnam, poi si convertì all'Islam. A causa della sua diserzione, andò in prigione, e per tre anni e mezzo restò lontano dal ring. Una volta tornato a combattere, il più forte del mondo perse sia con Joe Frezier (in quello che i giornalisti chiamarono lo "scontro del secolo", l'8 marzo del 1971 al Madison Square Garden di New York), sia con Ken Norton nel 1973. Parlava molto, Ali, di libertà e dei neri sfruttati, e aveva una grande voglia di riscattarsi. La sua tattica fu quella di fare di se stesso il campione dei poveri e di Foreman quello dei ricchi, degli sfruttatori e dei guerrafondai (ci riuscì così bene che in molti, quando videro scendere Foreman dall'aereo, si stupirono che fosse di colore). Tutto perfetto, quindi, perché quell'incontro si svolgesse in Africa, in uno Stato retto da un dittatore. George Foreman, il servo del bianco occidentale, aveva appena vinto il titolo, sconfiggendo proprio Joe Frezier, ed era considerato un autentico rullo compressore. Una volta disse: «Il pugilato è come il jazz, più è bello meno piace alla gente». Quindi, nel dubbio, lui picchiava e basta. Per far capire cosa ne pensasse di Ali e degli africani poveri che lo sostenevano, ebbe la folle idea di presentarsi in Zaire con due cani mastini, gli stessi che – si diceva – re Leopoldo del Belgio aizzasse contro i neri. Quando lo videro, gli africani cominciarono a cantare: «Ali, *Bomaye*!». "Ali, uccidilo!" Ma i più pragmatici bookmaker davano comunque Foreman favorito 3 a 1, perché era più giovane, potente e con la mente sgombra.

L'incontro ebbe luogo alle quattro di mattina, per permettere al pubblico degli Stati Uniti di vederlo. E finalmente, all'alba, si alzò il rombo della giungla. Ali e il suo allenatore, Angelo Dundee, si scambiarono un ultimo sguardo: la loro strategia, l'unica possibile, sarebbe passata alla storia come *rope-a-dope*, e consisteva nell'appoggiarsi in continuazione alle corde, assecondando i colpi di Foreman, apparentemente senza reagire. In realtà, grazie alle corde, Ali assorbiva i colpi, stancava l'avversario e si caricava per il contrattacco. «Scappi come una pecora, scappi come una pecora!» gli gridavano i sostenitori di Foreman, a partire dalla seconda ripresa. Parole. Solo parole, perché negli occhi di Ali bruciavano fiamme di tigre. Arrivò l'ottavo round di quella interminabile danza di morte, e a quel punto il gancio sinistro di Ali rombò con tutta la sua potenza e Foreman andò ko. Il sole salì sopra alla giungla, e la trovò in festa.

OBSTACLES ARE THOSE FRIGHTFUL THINGS YOU SEE WHEN YOU TAKE YOUR EYES OFF YOUR GOALS.

GLI OSTACOLI SONO QUELLE COSE SPAVENTOSE CHE VEDI QUANDO DISTOGLI GLI OCCHI DALLA META.

Henry Ford

Se davvero il calcio è un altro modo di fare la guerra, non c'è battaglia migliore di quella che avvenne il 7 luglio del 1974, all'Olympiastadion di Monaco di Baviera. Per molti, soprattutto per i più vecchi, che avevano ancora nelle orecchie i fischi delle bombe e il rombare dei carri armati, quella partita era una sorta di rivincita della Seconda guerra mondiale, quando il poderoso esercito tedesco aveva spazzato via quello olandese, puntando poi verso Parigi. Sul campo di gioco, quel giorno, le posizioni erano invertite: gli olandesi erano l'armata invincibile, i tedeschi una sparuta resistenza.

Gli Orange, la macchina perfetta del "calcio totale", come era stato chiamato il loro gioco, erano arrivati alla finale incantando il mondo. Avevano pareggiato solo con la Svezia, e vinto tutte le altre partite, compreso un 4-0 all'Argentina e un 2-0 al fortissimo Brasile. Avevano subìto solo un gol, ininfluente, dalla Bulgaria. Correvano con la precisione di un meccanismo a orologeria: gli attaccanti arretravano a marcare, i mediani si inserivano in area a raccogliere i cross delle ali, i terzini si sovrapponevano in attacco. Tutti movimenti che oggi paiono scontati, ma che furono inventati proprio da quell'Olanda. Ed erano innescati da un metronomo, un Johan Cruijff in grandissima forma.

La Germania Ovest, dal canto suo, era arrivata in finale quasi per caso, e aveva lo spogliatoio spaccato: da una parte Franz Beckenbauer, che giocava nel Bayern

Monaco; dall'altra la stella del Borussia Mönchengladbach (appena passato al Real Madrid), Günter Netzer, un fuoriclasse dal fluente capello biondo, il piede enorme (superava il cinquanta) e i muscoli delicati. La finale la giocò Beckenbauer.

L'inizio dell'incontro fu incredibile. L'Olanda batté il calcio d'inizio e, dopo una serie interminabile di passaggi corti, Cruijff partì in progressione, si infilò tra i difensori e venne steso in area. Rigore. Il primo mai fischiato in una finale del Mondiale. Joahn Neeskens lo realizzò: 1-0. Fu a quel punto che la Germania toccò la palla per la prima volta. Sembrava che la vendetta calcistica fosse già servita su un piatto d'argento, ma a quel punto gli olandesi invece di limitarsi a sconfiggere l'avversario, lo vollero umiliare. E invece di chiudere la partita, come sembrava potessero fare da un momento all'altro, fecero accademia. E così la Germania si compattò, serrò i ranghi ed entrò in area. L'inglese Jack Taylor fischiò il secondo rigore della partita, nonché il secondo della storia delle finali mondiali, e Paul Breitner pareggiò. La squadra olandese era incredula, e improvvisamente le sembrò di avere davanti non undici avversari, ma undici ostacoli insormontabili. E infatti il micidiale Gerd Müller, poco prima dello scadere del primo tempo, realizzò il 2-1 per la Germania.

E il Mondiale, che tutti avevano già visto in tasca agli "Arancioni", andò alla Germania.

GIVE ME SIX HOURS TO CHOP DOWN A TREE AND I WILL SPEND THE FIRST FOUR SHARPENING THE AXE.

DATEMI SEI ORE PER ABBATTERE UN ALBERO E IO UTILIZZERÒ LE PRIME QUATTRO PER AFFILARE L'ASCIA.

Abraham Lincoln

Nell'autunno del 1976 il calcio italiano era vittima dei soliti problemi italiani. Al Mondiale di due anni prima, ci sentivamo i più bravi di tutti, ed eravamo stati sbattuti fuori malamente. Avevamo la squadra intasata di "vecchietti" e senatori, e un nuovo commissario tecnico, Fulvio Bernardini, che voleva portare in Italia il "calcio totale" olandese. Si era messo a setacciare tutti i campionati italiani in cerca di giocatori, ma, troppo concentrato sugli schemi, aveva fallito le qualificazioni all'Europeo. La federazione, allora, mandò in panchina, prima in affiancamento e poi come solo uomo al comando, un signore molto più posato, Enzo Bearzot, un gran fumatore di pipa, riflessivo, che per il suo passato di alpino si era meritato il soprannome di "Vecio", il "Vecchio".

Bearzot non era per nulla attratto dalle rivoluzioni: eravamo la nazionale italiana, no? E allora perché non potevamo giocare "all'italiana?". Quando sorteggiarono i gironi per le qualificazioni al Mondiale di Argentina 1978, si scatenò un altro tipico comportamento nazionale: il disfattismo. "Non andremo nemmeno al Mondiale!", "Siamo nel girone con l'Inghilterra, e si qualifica solo la prima!", "Non abbiamo la minima possibilità!". I nostri giocatori erano già stati impacchettati in fogli rosa e sepolti in undici metri di prato inglese. Ma non dal Vecio, che affilava lo sguardo: è vero, eravamo nello stesso girone dell'Inghilterra – se allora fosse già esistito il ranking Fifa, loro sarebbero stati più o meno al sesto posto e noi al quarantacinquesimo –, ma nel girone c'erano anche due squadre debolissime, poco più che dilettanti: il Lussemburgo e la Finlandia.

Bearzot si caricò volentieri l'ascia da battaglia sulla spalla, scelse i suoi giocatori e poi... sparì. Tutti lo cercavano negli stadi italiani, pensando che dovesse studiare i nostri giocatori migliori; invece lui volava all'estero, a studiare gli avversari. Le critiche montarono a neve: nessuno riusciva a capire perché lo facesse. Aveva di certo senso andare di tanto in tanto in Inghilterra a vedere i giocatori più pericolosi, ma perché tutti quei voli verso campetti lussemburghesi e finnici? Eppure, era a guardare misteriosi semidilettanti finlandesi che Bearzot passava gran parte delle sue ore e spendeva i suoi rimborsi da commissario tecnico.

Poi fu la volta del campo: l'Italia, come sempre motivatissima nei match impossibili, riuscì a battere l'Inghilterra a Roma per 2-0, ma al ritorno a Wembley fu sconfitta con lo stesso punteggio. Gli inglesi vinsero per due volte con i finlandesi: 4-1 a Helsinki e un misero 2-1 in patria. E a quel punto il nostro commissario tecnico calò l'ascia: gli azzurri batterono gli scandinavi prima per 3-0, poi, soprattutto, per 6-1 in casa. Fu in quel momento che, all'improvviso, tutti capirono quello che Bearzot aveva pensato nel momento in cui erano stati composti i gironi. Che a parità di risultati nei confronti diretti tra Inghilterra e Italia, si sarebbe qualificato al Mondiale chi fosse riuscito a battere le altre due squadre con una migliore differenza reti. E, quella, grazie allo sguardo lungo di Bearzot, ce l'avevamo noi. Nell'ultimo incontro, ci sarebbe bastato un 1-0 contro il Lussemburgo per volare in Argentina. E poiché finì 3-0 e la matematica non è un'opinione, a casa rimase proprio la squadra – ben più forte della nostra, ma anche più supponente – inglese.

I NEVER LOSE. I EITHER WIN OR LEARN.

<u>NON PERDO MAI. O VINCO O IMPARO.</u>

Nelson Mandela

John Elway è bravo, molto bravo. Uno dei migliori quarterback di sempre. Uno che sa vincere e sa perdere. Soprattutto perdere. A trentasette anni suonati non ha mai vinto un Super Bowl. E per il giocatore considerato il migliore, non va troppo bene. Strana carriera, la sua. Fin da ragazzo, al college, è bravo sia a baseball sia con la palla ovale. Fa un provino con i New York Yankees, ma la cosa non va in porto. Invece, comincia a giocare come quarterback.

Quando sta per firmare con i Baltimore Colts, una squadra difficile, con un manager molto autoritario, chiamato Frank Kush, Elway per poco non ci ripensa: meglio il baseball. Proprio all'ultimo, però, si accorda con i Denver Broncos, dove farà il quarterback per tutta la sua vita sportiva.

Ogni anno, che i Broncos vincano o meno, lui migliora un po': era già bravissimo a lanciare, ma con il tempo le sue medie di yard lanciate e passaggi non intercettati migliorano, e in più, giocando, impara anche a correre da solo e andare a fare touchdown. Con lui in campo i Broncos diventano uno spettacolo, e le partite imprevedibili e frizzanti. Con Elway in cabina di regia la squadra di Denver si gioca tre Super Bowl in cinque anni. Nell'86, Elway è a dir poco fenomenale e fa correre 98 yard alla sua squadra, ma i Broncos perdono comunque contro i New York Giant. L'anno dopo con i Washington Redskins. E nell'89 con i San Francisco 49ers.

Lui osserva, studia gli errori, parla ai compagni, che vengono e che vanno.

Inizia a giocare meno bene dal punto di vista fisico, perché intanto l'età avanza, ma sempre meglio con la testa. E, nel 1997, con una squadra tutta nuova, arriva ancora una volta al Super Bowl, contro i favoritissimi Green Bay Packers. A un certo punto della partita, con la difesa schierata, John prende letteralmente il volo: fa un balzo con giravolta in aria, l'"Elicottero", con cui scavalca tutti. E i Green Bay capiscono che quella sera non ce n'è per nessuno: con quel quarterback volante che li fa correre come soldatini, il Super Bowl sarà di Denver. E anche quello successivo, contro gli Atlanta Falcons, con un vecchietto di trentotto anni che corre, corre, e corre ancora, la palla stretta al petto, ridendo come un pazzo, fino al touchdown decisivo. Il più vecchio giocatore ad averlo mai fatto in una finale. E il primo ad aver imparato come.

IT IS HARD TO TRUST THE MESSAGE IF YOU DON'T TRUST THE MESSENGER.

È DIFFICILE FIDARSI DEL MESSAGGIO SE NON CI SI FIDA DEL MESSAGGERO.

C'è un arbitro famoso per aver fatto testamento poco prima di una partita. È un gigante belga di nome John "Jean" Langenus. Siamo nel 1930, in Uruguay, dove si giocò il primo Mondiale di calcio della storia. A scegliere quello Stato fu il signor Rimet, l'inventore del torneo, per una serie di buone ragioni. La prima: la nazionale dell'Uruguay aveva vinto le ultime due edizioni dei Giochi olimpici, nel 1924 a Parigi e nel 1928 ad Amsterdam. E la seconda e più importante: l'Uruguay degli anni Trenta era una nazione ricchissima, che aveva offerto di pagare la trasferta a tutte le squadre del torneo. Ma non servì comunque a convincere le grandi nazionali europee a partecipare, spaventate dal lungo viaggio e dal dover chiedere permessi di lavoro troppo lunghi (le selezioni, allora, erano composte perlopiù di dilettanti). Ci andarono solo la Francia (con i giocatori scelti personalmente da Rimet), la Romania, la Jugoslavia e, per l'appunto, il Belgio, con cui viaggiava il nostro bravissimo arbitro.

Langenus era alto un metro e novanta, un uomo autorevole ma non autoritario. Diresse tre partite, benissimo, e quando si dovette decidere l'arbitro della finale, tra Uruguay e Argentina, Rimet lo chiese a lui. Ma Jean non ne voleva sapere: Argentina e Uruguay avevano una rivalità feroce, i loro tifosi erano violenti. E c'erano già state minacce di morte a molti giocatori. In pratica, più che a una finale sportiva, per quella partita ci si stava preparando a una vera e propria guerra. Langenus era intelligente, e ci teneva alla pelle. Rifiutò. Ma Rimet insistette. E, pur di averlo, accettò tutte le sue richieste, anche le più incredibili: l'arbitro volle far testamento, un vitalizio per la sua famiglia, che fece firmare da Rimet nel suo ufficio, poi domandò che ci fosse un manipolo di poliziotti pronti a scortarlo, al fischio finale, fino a un mezzo sicuro in attesa appena fuori dallo stadio e, poi, da lì, sopra una nave che partisse la sera stessa. Mentre i due firmavano gli ultimi accordi, fuori dall'ufficio di Rimet aspettava il sarto, che attendeva di consegnare all'arbitro il completo nuovo per la finale, confezionato appositamente per lui: camicia bianca, pantaloni alla zuava, calzini e giacca neri, cravattino dello stesso colore. A quel punto, però, Jean protestò. «Il cravattino nero no!» disse. Tutto vestito di nero pareva già pronto per la bara. Il sarto guardò Rimet, che stava vigorosamente annuendo dietro alle spalle di Langenus, e rispose che gli avrebbe consegnato un nuovo cravattino a righe l'indomani. E così fu.

Langenus arrivò soltanto poco prima della partita allo stadio, che era già stipato da ore di migliaia di persone. E vibrava di tensione. «Sono l'arbitro» disse, presentandosi ai poliziotti. E quelli gli risposero: «Come no! Sei il tredicesimo, che lo dice!». E lo condussero in una cella nei sotterranei dell'impianto, insieme a dodici uomini vestiti come lui. Chi lo sapeva, chi era l'arbitro della partita? E chi poteva riconoscerlo? Solo due persone: Rimet, che però era seduto in tribuna e fissava nervoso l'orologio. E il sarto, con il suo farfallino nuovo, che infatti entrò in cella e, riconoscendolo, disse: «È lui!».

Per chi proprio vuole saperlo, la cravatta a righe e l'arbitro in prigione insieme a dodici finti direttori di gara non fu la cosa più incredibile di quella finale: le due squadre portarono sul campo due palloni diversi, e si rifiutarono di giocare con quello dei rivali. Langenus si sistemò il cravattino a cui doveva la libertà e decise: un tempo per pallone. Andò che nel primo tempo gli argentini, giocando con il proprio pallone, chiusero in vantaggio per 2-1. Nella ripresa, però, dopo il cambio della sfera, l'Uruguay rimontò e vinse 4-2.

Al fischio finale, Langenus mise in atto il suo piano di fuga: corse via in mezzo alla folla impazzita, saltò sopra un sidecar fino al porto, salì sul piroscafo in partenza, si chiuse in cabina e... aspettò! Perché, proprio quella sera, dal mare salì una fitta nebbia e la nave non riuscì a partire, riempiendosi, a poco a poco, di decine di tifosi argentini, delusi e furenti! (Ma anche in quell'occasione il belga vestito di nero se la cavò, tanto da arbitrare nei due successivi Mondiali.)

LUCK IS WHAT HAPPENS WHEN PREPARATION MEETS OPPORTUNITY.

LA FORTUNA È CIÒ CHE ACCADE QUANDO LA PREPARAZIONE INCONTRA UN'OPPORTUNITÀ.

Seneca

C'è un modo di dire, in Australia, che fa così: *"Doing a Bradbury"* ovvero "fare un Bradbury", che significa ottenere un successo insperato e sorprendente. Un successo per cui ci si era preparati, si era lavorato duro, ma che, a un certo punto, sembrava irraggiungibile. È quanto successe al pattinatore di velocità Steven Bradbury, all'Olimpiade di Salt Lake City, nel 2002. Bradbury non era un "mister nessuno", come in molti lo ricordano oggi. Nel 1994, a Lillehammer, in Norvegia, vinse una medaglia di bronzo nei 5000 metri staffetta. A ventun anni era considerato un talento emergente, con una bella carriera davanti. Ma pochi mesi dopo, in una gara di Coppa del Mondo, a Montreal, si recise l'arteria femorale dopo una terribile caduta, a causa della lama del pattino di un avversario, l'italiano Mirko Vuillermin. La ferita venne chiusa da oltre cento punti di sutura, e lui per poco non morì dissanguato. Sembrava un pattinatore finito.

Invece, nel 2002, c'è. Vince bene la prima batteria, dimostrando di essere abbastanza in forma. Ai quarti, però, arriva terzo, dietro lo statunitense Apolo Ohno e il canadese Marc Gagnon. Dovrebbe essere eliminato, ma, all'ultimo momento, Gagnon viene squalificato, e Steven ripescato per la semifinale. Si parte. Cinque pattinatori. Via. Bradbury pattina veloce, ma non come gli avversari. Però, a uno a uno, cadono Kim Dong-Sung, Mathieu Turcotte e Li Jaijun. Bradbury, invece, pattina e rimane su. L'ultimo avversario, Satoru Terao, viene squalificato. E così Steven si ritrova primo e partecipa, a sorpresa, alla finale per l'oro. Gli avversari sono di nuovo Turcotte, Ohno, Jaijun e il super favorito coreano, Ahn Hyun-Soo. Alla partenza, i pronostici sono del tutto rispettati. Steven Bradbury è in coda, staccato dagli altri. Niente da dire. Se non che, all'ultimo giro, proprio all'ultima curva, Jaijun prova a sorpassare Ohno, ma scivola e colpisce l'avversario. E Ohno, cadendo a sua volta, trascina giù anche Ahn e Turcotte. C'è solo un pattinatore ancora in piedi, ed è lui, Steven Bradbury, che termina il tracciato e vince l'oro, nello stupore generale.

Dopo la gara dirà: «Non ho vinto perché ero il più veloce, e non ci ho messo un minuto in mezzo a vincere, come dice il cronometro. Ci ho messo dieci anni di calvario».

A JOURNEY OF A THOUSAND MILES BEGINS WITH A SINGLE STEP.

UN VIAGGIO DI MIGLIAIA DI CHILOMETRI COMINCIA DA UN SINGOLO PASSO.

Lao Tzu

A guardarlo oggi Roger Federer sembra il più classico dei predestinati. Nessun tennista ha vinto quanto lui: venti tornei dello slam, e chissà che non ne conquisti un altro mentre sto scrivendo queste righe. Ha trionfato otto volte a Wimbledon, la competizione più prestigiosa del mondo. Eppure, all'inizio, nonostante il talento, non riusciva a vincere. Gli serviva compiere il primo passo: la prima vittoria in un torneo. Magari importante. Magari no. Ma una vittoria.

Roger esordì nel circuito professionistico dell'Atp nel 1998, perdendo il primo incontro contro l'argentino Lucas Ker. Chi seguì i suoi primi match vide un tennista fuori dal comune, che amava giocare "di volo" e attaccare a rete. Un ragazzo dal dritto letale, elegante, tecnico, con un gioco vario che spezzava, finalmente, quello dei giocatori di potenza, che stavano con i piedi piantati sulla linea di fondo. Gli "arrotini", come li chiamano gli addetti ai lavori. Però, Roger vinceva qua e là, e non arrivava mai in fondo ai tornei. Tutto fumo? Debole di carattere? Un attimo: gli serviva, solo, il famoso primo passo.

Tre anni più tardi, dopo essere stato eliminato in malo modo nell'Australian Open, si iscrisse al torneo singolare del Milan Indoor, non certo uno dei tornei più blasonati del circuito. Senza la pressione degli slam. Vinse il primo turno col tedesco Rainer Schüttler (6-3 6-4), ma già alla fine del primo set dell'incontro successivo, con Cyril Saulnier, il classico francese combattivo, era sotto: 2-6. Federer si sedette sulla sua poltroncina, si guardò le mani, bilanciò la racchetta e si disse qualcosa come: "Allora, Roger, che vogliamo fare? Vogliamo iniziare sul serio, oppure continuiamo così? E se vogliamo iniziare a fare sul serio, cos'è che dobbiamo fare?". Un passo sul campo, ovviamente. E girare la partita. Vinse il secondo e il terzo set 4-6 3-6, e proseguì contro Goran Ivanišević (6-4 6-4) e contro Evgenij Kafel'nikov, testa di serie numero due del torneo (6-2 6-7 6-3). In finale si trovò davanti un altro francese, Julien Boutter, che in quel torneo non aveva perso nemmeno un set. Roger vinse 6-4 6-7 6-4; e, dopo Milano, non si fermò più.

RESPECT IS FOR THOSE WHO DESERVE IT. NOT THOSE WHO DEMAND IT.

IL RISPETTO È PER CHI LO MERITA.
NON PER CHI LO ESIGE.

Uno stimato chirurgo d'Inghilterra ha una foto appesa nel suo studio. Ritrae un giocatore di una squadra inglese di pallacanestro, e la cosa bizzarra è che quel medico non segue la pallacanestro, e chi gli ha mandato lo scatto non è un parente, tantomeno un amico. È un velocista chiamato Derek Redmond, uno dei più cocciuti atleti di questa grande isola di persone determinate.

Alla fine degli anni Ottanta, Derek è probabilmente il miglior quattrocentometrista del suo Paese, e i 400 metri sono una di quelle discipline tremende: non è velocità, poiché sul giro di pista non si riesce a mantenere lo sprint veloce, ma non è neppure mezzofondo, poiché bisogna comunque spingere sempre al massimo. Insomma, è una gara per veri duri. E Derek lo è: gareggia con l'amico-rivale Roger Black, con cui costituisce una staffetta affiatata, e fino a che i muscoli tengono vince anche un paio di ori, ai Giochi del Commonwealth e all'Europeo di Stoccarda. Ma non senza mille difficoltà: è potente, ma fragile, e si fa male ben otto volte. Una volta si rompe pure il tendine d'Achille, l'infortunio più doloroso per i corridori. Salta così l'Olimpiade di Seul, ma riesce a rimettersi in forma per quella successiva, a Barcellona, nel 1992.

Arriva alla semifinale, e gli statunitensi sono, come al solito, tra i favoriti. Derek sa bene cosa ha passato per arrivare lì. Respira, ascolta il cuore, e parte bene. Ma a metà gara si blocca: il bicipite femorale destro si strappa come una corda di violino. Una fiammata. Derek rimane per un istante senza fiato, in mezzo alla pista, e nessuno si accorge di lui. Gli americani corrono verso il traguardo. E Derek... in fiamme... fermo... no, non fermo. Comincia a saltellare sulla gamba sana, la sinistra. Saltella su un piede solo, pur di finire la gara. Il pubblico, ora, lo guarda. E dagli spalti si alza una persona, che gli corre incontro: è suo padre. Derek si appoggia a lui, stringe i denti, saltella ancora e, insieme al padre, supera la linea del traguardo. Solo allora Derek accetta di fermarsi, ma non di arrendersi. Gli occhi di tutto il mondo sono su di lui, e se la memoria collettiva ha già dimenticato i nomi dei vincitori di quella gara, non ha dimenticato quelli dei signori Redmond mentre passavano la linea di fine gara.

E il chirurgo? Dopo le prime operazioni dice a Derek che «la sua carriera è finita ed è l'ora di trovarsi un lavoro vero». Solo che non ha capito di che pasta è fatto lui. E così, due anni e mezzo, e sette operazioni, più tardi, Derek decide di mandargli quella cartolina: c'è lui, con la maglietta della squadra di basket dei Britain's Birmingham Bullets, e una bella dedica. Per tutti quelli che non hanno rispetto.

HARD WORK BEATS TALENT WHEN TALENT DOESN'T WORK HARD.

IL DURO LAVORO HA LA MEGLIO SUL TALENTO QUANDO IL TALENTO NON LAVORA DURO.

Tim Notke

C'è un momento, nella storia del calcio, dove il talento diventa tragedia, e un intero Paese, il Brasile, sprofonda dal divertimento talentuoso a un baratro senza luce, sentendosi per la prima volta in balia della tristezza. E tutto per una semplice partita di calcio. È quella che si gioca il 16 luglio del 1950, a Rio de Janeiro, passata alla storia come il Maracanazo. La prima finale di Coppa del Mondo dopo gli orrori della Seconda guerra mondiale.

Con l'Europa ancora devastata dal conflitto, la Fifa accettò la proposta del Brasile, che fin dal 1942 si era proposto come Paese organizzatore. Il piano dei sudamericani era perfetto: organizzare la manifestazione e vincerla, dato che, secondo loro – e non a torto – erano i più forti e talentuosi giocatori del pianeta. I vari Ademir, Zizinho, Chico e Augusto erano famosi come gli dèi dell'Olimpo, i loro nomi sussurrati con un senso di meraviglia, i loro colpi raccontati ai tavolini dei bar, sulla spiaggia, sui gradini delle scale prima di tornare a casa. La fase conclusiva della Coppa del Mondo di quell'anno, però, anziché con eliminazioni dirette, prevedeva un minigirone all'italiana, dove le migliori quattro si sarebbero affrontate tra loro. Nell'idea di Jules Rimet, il geniale francese che aveva inventato la Coppa del Mondo, quella formula avrebbe aumentato lo spettacolo. Mai una previsione si era rivelata così azzeccata: peccato che non avesse immaginato quale tipo di spettacolo.

Nel girone finale, stellare, il Brasile disintegrò prima la Svezia e poi la Spagna: 7-1 e 6-1. L'altra squadra favorita, l'Uruguay, pareggiò invece 2-2 con gli iberici e vinse 3-2 in rimonta con gli scandinavi. Quindi all'ultima giornata si giocò la sfida decisiva: Uruguay-Brasile, con i verdeoro a cui bastava un pareggio.

I giocatori del Brasile scesero in campo vestiti di bianco. Gli avversari con la consueta camicetta azzurra. La formazione uruguaiana era composta da giocatori arcigni, tattici, che nel darsi la carica prima del calcio d'inizio si augurarono di perdere con onore. Tutti, tranne uno: Obdulio Jacinto Varela, il capitano, la *garra charrúa* fatta uomo. Lui, nel salutare tutti i compagni, disse: «*Los de afuera son de palo!*», quelli fuori non esistono, riferendosi agli oltre duecentomila tifosi brasiliani seduti nell'immenso catino del Maracanã. E, al sorteggio iniziale, consigliò all'arbitro di non tirare nemmeno la monetina per palla o campo.

«Tanto vinciamo noi.»

Il primo tempo finì 0-0, ma già al 47° Friaça portò avanti il Brasile. Varela protestò per un inesistente fuorigioco, solo per caricare i suoi compagni. «Non è un gol regolare» ruggì. «Ci stanno rubando la partita.» Poi prese la palla, la pulì con la maglietta azzurra e ripeté: «Non bisogna mollare. Non adesso». E gli altri lo ascoltarono: l'Uruguay attaccò ogni pallone, corse come una cosa sola e, prima, pareggiò con Schiaffino e poi, come se un lampo avesse bruciato l'intera foresta amazzonica, segnò il gol del vantaggio: Ghiggia. Due a uno.

Lo stadio ammutolì. Non ci credeva nessuno, compresi i giocatori del Brasile, a cui sembrava di poter riacciuffare gli avversari a ogni momento. Bastava un pareggio. Un gol. Un semplice gol degli dèi del calcio. Al 90° ci fu un calcio d'angolo per il Brasile. Palla alta, in mezzo, e nella mischia il difensore uruguaiano Gambetta afferrò la palla con le mani. Rigore? No! Gambetta fu l'unico a sentire il triplice fischio finale. Secondo Mondiale per l'Uruguay, e tragedia nazionale per la selezione che, da quel momento in poi, non sarebbe mai più scesa in campo con la maglietta bianca, ma soltanto con quella verdeoro che indossa ancora oggi.

IF IT IS IMPORTANT TO YOU, YOU WILL FIND A WAY. IF NOT, YOU'LL FIND AN EXCUSE.

SE PER TE È IMPORTANTE, TROVERAI UN MODO PER FARLO. SE NON LO È, TROVERAI UNA SCUSA.

Ryan Blair

La squadra italiana di ciclismo del Tour de France del 1949 è una meraviglia. Agli ordini del ct Alfredo Binda ci sono due grandi campioni: Gino Bartali e Fausto Coppi. Bartali ha conquistato il Tour l'anno prima e vincere due volte di seguito è difficilissimo; Coppi, invece, ha trionfato al Giro d'Italia il mese prima, e nessuno è mai riuscito a conquistare Giro e Tour nello stesso anno. Non c'è un vero capitano, e la cosa a Coppi non piace tanto: alla partenza è imbronciato, introverso.

Il Tour non inizia bene. Nelle prime tappe, il caldo torrido, la corsa condotta ad alta velocità, le fughe e le controfughe promosse da corridori di secondo piano, ansiosi di farsi vedere, mettono la squadra italiana in seria difficoltà. Alla fine della quarta tappa, la Boulogne-Rouen, in maglia gialla c'è Jacques Marinelli, un francese alto un metro e un tappo, ma molto combattivo. Tanto che il giorno dopo, il 4 luglio, nella Rouen-Saint-Malo, attacca e va in fuga. Coppi gli sta dietro. Fa un caldo maledetto e la polvere si attacca anche alle ascelle. A un certo punto, Marinelli ha sete, vede uno spettatore che gli offre una borraccia e scatta per afferrarla, ma Fausto ha pensato di fare la stessa cosa. Le ruote si toccano, i due cadono. Qualche escoriazione, nulla più, ma le bici sono incastrate. Con un po' di fatica, le liberano: quella di Marinelli è intatta, e il francese riparte; quella di Coppi è rotta, inservibile, e sull'auto italiana c'è solo una bici di scorta, quella di Mariolino Ricci, che è bassettino. Coppi prova ad alzare il sellino, ma niente. Isterico, rifiuta la bici, si siede su una pietra miliare, piange. Qualcuno gli fa notare che, al posto suo, Bartali avrebbe pedalato anche su una bicicletta da donna: mossa sbagliata, Fausto è sempre più disperato. Quando, con gli altri italiani, arriva anche la bici di scorta, pedala svogliato e arriva al traguardo con quasi 37′ di ritardo. Non si può vincere il Tour se alla quinta tappa sei già indietro di 37′. E, soprattutto, se non hai voglia di farlo. L'allenatore prova a convincerlo a restare in gara, ma lui pensa solo a tornarsene a casa, a Tortona. Ormai la corsa è persa.

«E poi anche lei, Binda, una volta si è ritirato dal Tour» aggiunge.

«Sì, e me ne sono pentito tutta la vita.»

La cosa finirebbe lì, se non fosse per Biagio. Biagio Cavanna è di Novi. Da giovane faceva il pistard, uno specialista del ciclismo su pista, ma una malattia lo ha fatto diventare cieco. Volendo rimanere nel suo sport, era diventato massaggiatore. I suoi occhi non vedevano, ma le sue mani erano quasi magiche: per i corridori, lui era l'"Orbo veggente".

«Fausto» gli dice quella sera, massaggiandolo. «Non mollare.»

«A cosa serve proseguire?»

«Serve a capire quanto il Tour è importante per te. Ascolta: domani c'è una tappa facile, il 6 c'è riposo e il 7 una cronometro di novantadue chilometri. Cerca di vincerla, ti togli una soddisfazione e poi, se vuoi, torniamo a casa insieme.»

L'idea è buona, molto buona. E appena Coppi stravince la cronometro, anziché tornarsene a casa con Cavanna decide di restare. Guadagna altri minuti sui Pirenei e poi, insieme a Bartali fa il vuoto nella Cannes-Briançon; lascia la vittoria (e la maglia gialla) a Bartali, nel giorno dei suoi trentacinque anni. Sul colle dell'Izoard Bartali tentenna, ma Coppi no. Ormai è imprendibile. Sul traguardo di Aosta va a 5′ su Bartali, e con la crono di Nancy i minuti di vantaggio diventano 7. Il 24 luglio è il giorno dell'ultima tappa, e a Parigi Fausto Coppi ha un mazzo di gladioli in mano: vince la corsa con 10′55″ su Bartali, 25′13″ su Marinelli, 34′28″ su Robic. Erano partiti in centoventi, sono arrivati in cinquantacinque. Vincerà anche la classifica scalatori, e l'Italia la classifica a squadre.

Cavanna e Coppi si ritrovano sul lettino, quella sera, per l'ultimo massaggio del Tour; piangono tutti e due, e non dicono niente. Solo alla fine, Cavanna si lascia scappare: «*T'oi vist?*». "Hai visto?": il massimo della confidenza permessa, tra due amici piemontesi.

DREAMS AND DEDICATION ARE A POWERFUL COMBINATION.

<u>SOGNI E DEDIZIONE SONO UNA COMBINAZIONE POTENTE.</u>

William Longgood

Sara ha dodici anni ed è una ragazzina lunga e sottile. A Verona frequenta il Centro comunale artistico, dove mostra doti non comuni per il ritmo e per la danza: sogna di diventare una étoile, una grande ballerina, e sembra possederne le doti. Prova all'Arena, ma viene scartata: è troppo alta, svetterebbe eccessivamente sulle altre ballerine. Sara ci rimane molto male, e i suoi genitori decidono di portarla al campetto di atletica della piccola società sportiva di cui sono soci. Solo per divertimento. Per farle provare un po' di tutto: Sara lancia, corre, salta. Soprattutto, salta. In alto. «Ha fatto 1,25» dicono ai genitori. «Ed è buono?» «È molto più che buono.» Ma niente illusioni, specialmente dopo quello che è successo con la danza. Passano gli anni. E quando ne ha diciannove Sara Simeoni viene selezionata per la sua prima Olimpiade: Monaco 1972. Si piazza sesta, a tre centimetri dalla medaglia di bronzo. Torna a casa con uno strano formicolio in testa.

A Verona non ci sono molti posti dove allenarsi seriamente nel salto in alto. C'è lo stadio Bentegodi, certo, ma per poter usare la pista e la pedana, Sara deve aspettare che l'Hellas Verona finisca gli allenamenti, e così le giornate passano, e spesso le tocca saltare al buio, nell'impianto deserto, stando attenta a dove mette i piedi. Notte dopo notte, i sogni si fanno più corposi. L'asticella, bianca alla luce della luna, si solleva centimetro dopo centimetro, fino a quell'altezza impossibile: i due metri che una sola donna al mondo, la tedesca orientale Rosemarie Ackermann, è riuscita a superare. Eppure, Sara continua a correre, arcuarsi e saltare. Correre, arcuarsi e saltare.

Il 4 agosto del 1978, Sara Simeoni è in pedana a Brescia per un meeting internazionale Italia-Polonia; fa caldissimo, non c'è la tv a riprendere, e mancano venti giorni all'Europeo di Praga. Però c'è molta gente allo stadio. Dovrebbe essere una specie di esibizione, solo una sgambata, per non rischiare infortuni. Sara prende la rincorsa, arcua la schiena e supera al primo tentativo 1,98. È il record italiano. "Santo cielo" pensa. Ma non per il record italiano. Lo pensa perché sa, ha sentito, è sicura, di essere passata molto al di sopra di quell'asticella. Molto. E allora prova ad afferrare il suo sogno.

«Mettimi 2,01» dice al giudice di gara. Poi si sposta per fare la sua rincorsa arcuata, la falcata che si allarga, lo stacco, la schiena che si inarca... e quando cade sul materasso, l'asticella è ancora lì: record del mondo, la Ackermann è battuta. Sara non ci crede. Nessuno ci crede: infatti, non appena viene comunicata la notizia, i tedeschi si rifiutano di accettare il salto. Ci sono i polacchi a testimoniare, è vero, ma fra tedeschi dell'Est e polacchi non c'è esattamente una grande simpatia. E tra tedeschi e italiani, poi, in termini di fiducia, nemmeno a parlarne. Infine non ci sono immagini. «Per noi è un record fantasma, non esiste» insistono.

Passano i giorni, e il 31 agosto, all'Europeo di Praga, ci sono tutte le televisioni del mondo. E ora vediamola, questa italiana che dice di saltare così bene. E mentre scende in pista... "Sapete una cosa?" sembra pensare lei. "No. Non potete saperlo. Non avete corso e saltato per anni, da soli, al buio, come ho fatto io. È la luce, che volete? E luce sia, allora." Sara corre, stacca, si inarca, e si ripete: 2,01, medaglia d'oro, e tanti saluti a Berlino Est. E volete sapere come finisce questa storia? Nel 2008, un appassionato di una piccola televisione di Brescia rinviene negli archivi una vecchia Vhs, con le riprese del suo primo record. Quello che aveva sempre sognato di fare e a cui nessuno voleva credere.

A SINGLE SENTENCE SPOKEN AT THE RIGHT TIME COULD CHANGE SOMEONE'S LIFE FOREVER.

UNA SOLA FRASE PRONUNCIATA AL MOMENTO GIUSTO PUÒ CAMBIARE PER SEMPRE LA VITA DI UN UOMO.

Se l'India ha la cultura del cricket, il Brasile quella del calcio e gli Stati Uniti quella del basket, la Nuova Zelanda ha di sicuro quella del rugby. Dove "cultura" significa un complesso mix di storia e un rapporto tra sport, territorio e persone, che, in qualche modo, ne incarna lo spirito. La nazionale di rugby neozelandese è conosciuta in tutto il mondo come "All Blacks", un nome che deriva quasi sicuramente dalle sue divise completamente nere, fatta eccezione per la felce argentata sul petto. Ma esiste una storia, mai accertata e poco conosciuta, che racconta un'altra possibile origine del nome.

Bisogna andare parecchio indietro nel tempo. Nel 1905, la Nuova Zelanda organizzò la sua prima trasferta in Gran Bretagna. All'epoca, in Europa, li si conosceva poco, questi signori degli antipodi, benché giocassero a rugby da più di trent'anni, e quando sbarcarono vennero chiamati, con quel *sense of humour* che spesso nasconde un certo disprezzo, i "Coloniali".

I Coloniali però durante il loro tour giocarono trentatré partite e ne persero solo una, con il Galles, per colpa di una meta ingiustamente non convalidata. Non ci sono immagini, di quegli incontri, ma cifre abbastanza certe parlano di 868 punti complessivamente realizzati e di appena quarantasette subiti.

Durante uno di questi match, contro l'Hartlepool Club (vinta 63-0), un giornalista del "Daily Mail" rimase molto colpito dal gioco incredibilmente innovativo dei neozelandesi e scrisse nel suo articolo che si trattava di una squadra di "All Backs", ovvero di "tutti trequarti". Il trequarti, nel rugby, è un ruolo occupato da giocatori abili in fase difensiva, ma anche nello spezzare le difese avversarie. I centri sono trequarti. Lo stupore del giornalista stava proprio nel fatto che la nazionale neozelandese pareva interamente composta da giocatori molto duttili e abili sia in attacco sia in difesa. Nel momento di mandare in stampa giornale, però, si pensò a un refuso e "Backs" divenne "Blacks", in assonanza con le maglie nere della squadra. Il giornalista del "Daily Mail" non confermò né smentì la storia e anche questo, un certo distacco da ciò che si dice, dopotutto fa parte della cultura inglese, di questa imprevedibile isola dove sono state inventate le regole di buona parte degli sport dell'epoca moderna.

SOMEONE IS SITTING IN THE SHADE TODAY BECAUSE SOMEONE PLANTED A TREE A LONG TIME AGO.

CI SI PUÒ SEDERE ALL'OMBRA PERCHÉ QUALCUNO TANTO TEMPO FA HA PIANTATO UN ALBERO.

Warren Buffett

Pierre de Frédy, barone de Coubertin, crebbe in tempi complicati. Da bambino – era nato nel 1863 – vide crollare il Secondo impero di Francia e assistette alla grande rivincita della Prussia. Era il 1871 e l'orgoglio transalpino macerava nell'ombra dei platani secolari con cui il primo Napoleone aveva fatto abbellire i grandi viali dell'impero. Frequentò una scuola eccellente, e si formò, con qualche dubbio, in storia e in pedagogia, due materie che raramente venivano accostate in una sola persona: di storia, niente da dire, ma di pedagogia, ovvero dell'arte di insegnare ai ragazzi, di tirarli su ed elevarli a uomini, era uno dei primi a saper dire la sua.

Viaggiò molto, e volentieri, sfruttando così nel modo migliore i privilegi della sua famiglia. Dopo aver visitato e studiato le strutture accademiche della Gran Bretagna e degli Stati Uniti, i loro campus e college, la loro azzimata e millimetrica preparazione al rispetto e alle regole, Pierre maturò la convinzione che l'educazione francese avesse almeno una grande pecca. Si convinse, cioè, che la sconfitta subita a opera dei prussiani fosse stata causata dalla migliore preparazione fisica degli avversari. E per argomentare questo suo profondo convincimento portò come prova proprio i college e le università angloamericani, dove si praticava sport, molto sport, e gli studenti erano in salute e vigorosi. Insomma, intuì che era qualcosa più di una semplice filosofia di vita quella contenuta nella massima latina *"mens sana in corpore sano"*.

Sfruttando le leve del suo lignaggio e le sue naturali conoscenze, il barone de Coubertin si batté quindi perché a scuola si facessero molte più ore di atletica e ginnastica. E nel frattempo il destino, il caso, o quella strana forza che di tanto in tanto collega tra loro gli estremi e i nemici, fece ritrovare, nel corso di una spedizione archeologica dell'appena formato impero tedesco – che comprendeva anche i prussiani! – le vestigia di Olimpia, la città sacra dove, nell'antichità, si disputavano le gare degli atleti, quelle competizioni per le quali veniva sospesa qualsiasi guerra in corso: i corpi nudi cosparsi di oli profumati, gli scudi di bronzo che riflettevano la luce di mille fiaccole. E se nel mondo antico i Greci riuscivano a mettere la politica in secondo piano, per godersi le gare di atletica, perché non farlo di nuovo? Perché non riportare in vita, dalla storia polverosa, lo spirito del popolo che aveva inventato l'idea stessa di civiltà?

Il barone de Coubertin studiò per bene la sua intuizione e, per farla conoscere e comprendere a quel mondo derelitto che lo circondava, organizzò un congresso internazionale alla Sorbona di Parigi, la più prestigiosa università di Francia. E lì parlò delle Olimpiadi – rapito lui e rapito il pubblico – facendo balenare in quella stanza accademica la sua idea di riportare in vita i Giochi. Quando smise di parlare, capì immediatamente di avercela fatta. In quello stesso congresso venne fondato il Comitato olimpico internazionale e si decise di organizzare i primi Giochi olimpici dell'era moderna, ad Atene. Il suo sogno si realizzò due anni più tardi, nel 1896. E, almeno per quell'anno, le rivalità tra Francia, Inghilterra, Italia e Germania poterono spostarsi sulle piste d'atletica, appese alle sorti dei primi 285 atleti dilettanti delle Olimpiadi moderne.

WHEN EVERYTHING SEEMS TO BE GOING AGAINST YOU, REMEMBER THAT THE AIRPLANE TAKES OFF AGAINST THE WIND, NOT WITH IT.

QUANDO TUTTO SEMBRA ESSERE CONTRO DI TE, RICORDA CHE L'AEREO DECOLLA CONTROVENTO.

Henry Ford

Nel 1980 tirava un vento micidiale. La Guerra fredda era al suo culmine e, ovunque, si respirava il gelo della tensione tra le due grandi superpotenze: Urss e Usa. A febbraio, a Lake Placid, negli Stati Uniti, si svolse l'Olimpiade invernale. Le regole prevedevano, allora, che potessero iscriversi soltanto squadre di dilettanti, e fu così che la squadra di hockey su ghiaccio statunitense si presentò: ragazzi e studenti dell'università. Dall'altra parte della Cortina di ferro, invece, le regole venivano aggirate con quello che veniva chiamato "dilettantismo di Stato". Sul ghiaccio scendevano mostri sacri del dischetto che rispondevano ai nomi di Charlamov, Makarov, Mal'cev e Michajlov. Una squadra che, dal 1956, aveva vinto cinque volte su sei ai Giochi olimpici in quella disciplina.

Fermo sulla pista di atterraggio, Herb Brooks, l'allenatore statunitense, sentiva il vento sulla faccia, e guardava, dritto, le luci di segnalazione che lampeggiavano. Accese. Spente. Accese. Spente. Accese. Annuì. Si parte.

Nel girone eliminatorio gli Stati Uniti esordirono contro la Svezia, considerata la grande rivale dell'Urss, con un buon 2-2. Quindi batterono la fortissima Cecoslovacchia per 7-3, e bastò loro non commettere errori con Norvegia, Romania e Germania Ovest per qualificarsi al girone per le medaglie, immediatamente alle spalle della Svezia. Dell'altro gruppo, passò il turno la Finlandia e, ovviamente, l'Urss. Iniziò l'ultima fase, tra le quattro squadre migliori.

E il vento contro Herb Brooks si alzò più forte che mai: la prima partita fu tra Stati Uniti e Unione Sovietica. "Bene" pensò l'allenatore, con le mani sui comandi. "Se la Cortina di ferro deve scricchiolare, inizierà a farlo a stasera."

I sovietici scesero in campo come giganti pronti a invadere un regno. Le lame dei pattini affilate come coltelli. Andarono in vantaggio per tre volte consecutive, ma Brooks non mollò i comandi, e gli americani pareggiarono sempre. E poi, di colpo, accese il motore e fece staccare da terra la propria squadra: il capitano Mike Eruzione si infilò tra i giganti e segnò. 4-3. A quel punto, il vento muggì, si infuriò, e tutto prese a traballare. Gli americani si chiusero in difesa, per resistere alla peggior turbolenza della loro vita. Un assedio, da combattere con le mazze alte, scambi veloci, via il dischetto e di nuovo dietro, così, davanti a milioni di spettatori che non riuscivano a credere ai propri occhi.

Vinsero 4-3. E, dato che ormai erano in volo, vinsero pure la partita successiva, 4-2, contro la Finlandia. Oro.

E anche se la Guerra fredda continuò ancora per nove anni, quel giorno, i dilettanti delle università, Neal Broten, Mark Pavelich e tutti gli altri, fecero vedere al mondo come si vince controvento.

YOU ARE WHAT YOU DO, NOT WHAT YOU SAY!

SEI QUEL CHE FAI, NON QUEL CHE DICI!

Carl Gustav Jung

Atene, 18 maggio 1994. Finale di Champions League. Si affrontarono il Barcellona, allenato da Johan Cruijff, e il Milan, guidato da Fabio Capello. Era stata una bella coppa, senza troppe sorprese, per la verità: il Milan aveva eliminato in autunno gli svizzeri dell'Arau e il Copenaghen. Poi, nel girone, aveva messo in fila Porto, Werder Brema e Anderlecht, otto punti in sei gare, ma senza brillare. Poteva contare su una difesa d'acciaio: due sole reti subite. Il Barcellona, al contrario, aveva eliminato prima Dinamo Kiev e Austria Vienna; poi, nel girone, aveva superato Monaco, Galatasaray e Spartak Mosca. Entrambe poi vinsero le semifinali per 3-0, rispettivamente contro Monaco e Porto.

Quando scesero in campo, una di fronte all'altra, il Barcellona aveva segnato ventisei reti complessive, grazie a un trio d'attacco stellare: il bulgaro Hristo Stoičkov, Txiki Begiristain e il bomber brasiliano Romario. Ma anche in difesa aveva altri fuoriclasse assoluti: Koeman – capace di calciare punizioni impressionanti –, Nadal, Amor, Bakero e Josep "Pep" Guardiola, che già allora disegnava il campo con le sue geometrie. Era una formazione così completa da essere chiamata il "Dream Team" del calcio, come la formidabile squadra di basket Usa all'Olimpiade di Barcellona del 1992 (di cui parlo a pagina 328).

Il Milan era forte, certo, con giocatori dal dribbling facile come Savićević, Boban, Donadoni; mentre la retroguardia era guidata da Paolo Maldini, uno dei migliori al mondo in quel ruolo, ma, a sentire tutti i commentatori, qualunque fortino difensivo avesse cercato di costruire, i tre attaccanti o le cannonate di Koeman lo avrebbero facilmente abbattuto. Anche perché sarebbe stato un fortino sbrecciato in partenza, dato che i due centrali Franco Baresi e "Billy" Costacurta erano entrambi indisponibili. Capello, quindi, accentrò Maldini e lo fece affiancare da Filippo Galli, con Panucci a sostituirlo sulla fascia sinistra.

Cruijff non aveva dubbi, prima della gara. Disse: «Noi abbiamo preso Romario, loro Desailly». E Desailly era un difensore francese, che però Capello con notevole intuizione faceva giocare in mezzo al campo, creando una diga difficilmente superabile. Uno che, quella notte, ad Atene, mostrò qual è la differenza tra parlare e fare. Al 22° Massaro realizzò il vantaggio su assist di Savićević, al termine di una grande azione dello slavo. Raddoppiò nel finale di tempo, servito da Donadoni, ancora una volta dopo una serpentina esaltante. Nella ripresa, il Barcellona si sbilanciò in avanti, con tutte le parole dei predestinati che ronzavano loro in testa. Erano i più forti, i più forti. A parole. E due minuti dopo Savićević segnò un gol bellissimo, con un morbido pallonetto da fuori area. Ma non era finita. Per l'umiliazione definitiva serviva lui, il difensore francese: Desailly.

Quattro a zero, e come nel titolo di un famoso film... tutti a casa!

THE PESSIMIST COMPLAINS ABOUT THE WIND. THE OPTIMIST EXPECTS IT TO CHANGE. THE LEADER ADJUSTS THE SAILS.

IL PESSIMISTA SI LAMENTA DEL VENTO. L'OTTIMISTA ASPETTA CHE CAMBI. IL LEADER ADATTA LE VELE.

John Maxwell

LeBron James non sapeva chi era suo padre. Ma sua madre, Gloria, invece, la conosceva bene. E non la dimenticò mai. Trascorse tutta la sua infanzia ad Akron, nell'Ohio, non certo un paradiso. Ma per lui andava benissimo. Lì l'avevano voluto. E, da lì, avrebbe cambiato ogni cosa. James giocava a basket e, fin da ragazzino, palleggiando sul cemento duro, tra le erbacce, aveva un sogno: il titolo Nba. In Ohio, c'erano anche i Cleveland Cavaliers. Non certo un dream team, ma per lui andavano benissimo: l'avevano scelto al draft del 2003, e con loro iniziò a giocare come guardia.

Era bravo, eccome, con una tecnica colossale, tipo Michael Jordan. Da guardia divenne ala piccola, poi anche ala grande. Dovunque lo posizionassi, una volta che gli passavi la palla, l'avevi messa in cassaforte. James era un *"1-through-5"*, un giocatore capace di interpretare tutti e cinque i ruoli di una squadra. Ma nonostante lui potesse essere un'intera squadra, l'intera squadra non era lui: i Cavs non vincevano. Non ancora. Riuscì a trascinarli alle Finals nella stagione 2006-07, giocando come un mago nella finale di Eastern Conference contro i Detroit Pistons: nella fondamentale gara 5, segnò gli ultimi venticinque punti della sua squadra. Ma alle Finals vinsero i San Antonio Spurs. 4-0.

James non si lamentò della sconfitta, non era un pessimista. Anzi, tutto il contrario. Ma c'era qualcosa che gli mancava. E non era la vittoria. Gli mancava la capacità di rendere concreta la barca dei sogni in cui era cresciuto. Voleva *imparare* a vincere. Così, dopo tre stagioni concluse ai playoff, nel 2010, lasciò i Cavs per i Miami Heat. I suoi fan vissero il trasferimento come un tradimento. "Avevi giurato che ci avresti portato alla vittoria! Ti avevamo creduto" gli ricordarono, mentre lui si allontanava. La barca dei "Cavalieri" sbandò pericolosamente, mentre James, a Miami, imparava a navigare nelle acque più alte della Nba: diventò letale nella media punti, e un difensore quasi imbattibile. Giocò le Finals per quattro anni consecutivi. Due le vinse e due le perse (con Dallas e San Antonio). Ma, di nuovo, non era questione di chi vinceva e di chi perdeva. Era questione di averlo imparato. A quel punto, quando si sentì pronto, tornò a Cleveland. Scelse il numero 23. Trascinò subito i Cavs alle Finals, insieme a Kyrie Irving. Contro, trovarono i Golden State Warriors. I Cavs erano avanti 2-1 nella serie, poi Kyrie si infortunò e la squadra, indebolita, perse 4-2.

Ma LeBron James era ancora più determinato.

«Di nuovo» disse.

E, di nuovo, furono Finals.

E, di nuovo, contro Golden State.

I sogni sono tutti cerchi che si chiudono, sono strade che tornano, fino a quando non sistemi la rotta.

Dall'altra parte, per Golden State giocava Stephen Curry. La serie fu uno spettacolo, aperta ed equilibrata e si trascinò fino a gara 7. LeBron giocava ai limiti delle sue possibilità. Che erano i limiti dell'intera disciplina. A due minuti dalla fine dell'ultimo incontro, eseguì una stoppata (su Andre Iguodale) che sarebbe passata alla storia come "The Block".

Vinsero i Cavs. E il loro comandante, finalmente, a trentadue anni suonati, si poté sentire come un bambino di otto, là, sulla strada. E scoppiò a piangere.

READING
IS TO THE
MIND WHAT
EXERCISE IS
TO THE BODY
AND PLAY IS
TO THE SOUL.

LA LETTURA È PER LA MENTE CIÒ CHE
L'ESERCIZIO È PER IL CORPO E IL GIOCO
È PER L'ANIMA.

Joseph Addison

Il 24 agosto del 2008 un'intera nazione si fermò. Erano le ore 9.45 di mattina, e tutti, ma proprio tutti gli islandesi si misero davanti al televisore, per assistere alla finale del torneo di pallamano dei Giochi olimpici di Pechino. L'Islanda è una piccola isola sperduta tra i mari, trecentomila abitanti e un unico bosco, che è considerato sacro. Sulle creste delle sue montagne, da dove si allargano ghiacciai che scintillano d'azzurro, si costruiscono piccole piramidi di pietre, in onore degli elfi e delle creature invisibili. E c'è da credere che ci fossero anche loro, quel giorno, a tifare davanti agli schermi, i cui prezzi, negli ultimi giorni, erano schizzati alle stelle. Giù i libri, non c'era nulla da imparare. Giù gli attrezzi e le scarpine da corsa, non c'era più tempo per allenarsi. Tutto ciò che bisognava fare era giocare. E, giocando, nutrire l'anima di un'intera nazione.

Ólafur Grímsson, il premier, e la first lady, Dorrit Moussaieff, erano in Cina a seguire la competizione. La sera della semifinale, a cena con il presidente Hu Jintao, avevano detto che, in caso di sconfitta, avrebbero dovuto lasciare anzitempo il ristorante per correre a consolare i loro "ragazzi". La first lady era stata persino vista aiutare il fisioterapista della squadra a curare Logi Geirsson, uno dei giocatori migliori, in vista della partita. La loro era una vecchia passione: erano ormai quasi vent'anni che la squadra islandese giocava bene e otteneva risultati importanti. Ai Giochi del 1992 di Barcellona, aveva sfiorato il bronzo, battuta dalla Francia nella finale di consolazione. E proprio la Francia, imbattuta, avrebbe sfidato l'Islanda per l'oro a Pechino.

Il cammino dei "Vichinghi", fino a lì, era stato duro e in salita. Avevano vinto, a sorpresa, con la Russia nella prima gara, e poi, forse proprio per la sorpresa, si erano fatti sconfiggere dalla Corea del Sud, e avevano pareggiato con l'Egitto.

«Giocate e basta» avevano detto loro il premier e la first lady. «Lasciate che la vostra anima, quella dei ghiacci e dei vulcani, quella delle creature invisibili e delle pietraie, scenda in campo con voi. Fate giocare tutta l'Islanda.»

E loro avevano giocato: avevano battuto la Germania qualificandosi come terzi del girone, e poi, nei quarti, la Polonia (32-30); infine, la semifinale che il premier e sua moglie temevano tanto, con la Spagna.

Anima!

E l'anima tagliente dell'Islanda aveva battuto quella latina della Spagna 36-30.

E quindi eccoli lì, tutti seduti a guardare la finale. "Giocate, non importa vincere o perdere. Noi siamo già dove vogliamo essere" sembravano dire i sostenitori della squadra.

Fu una grande partita, ma la Francia vinse 28-23. Ma non importò: i giocatori vennero comunque accolti a Reykjavik come eroi, perché, giocando, avevano unito un'intera nazione.

Di lì a pochi mesi in Islanda ci fu una grande crisi economica, e in molti persero letteralmente ogni cosa. Ma non quello che avevano guadagnato durante quei giorni, con quelle partite.

"Abbiamo ancora l'argento dei nostri ragazzi" dissero in molti. "Ora siamo a terra, ma, vedrete, che tra quattro anni vinceremo l'oro."

IT'S THE REPETITION OF AFFIRMATIONS THAT LEADS TO BELIEF AND ONCE THAT BELIEF BECOMES A DEEP CONVICTION, THINGS BEGIN TO HAPPEN.

È LA RIPETIZIONE DELLE AFFERMAZIONI CHE PORTA ALLA PERSUASIONE, E QUANDO LA PERSUASIONE DIVENTA UNA PROFONDA CONVINZIONE LE COSE INIZIANO AD ACCADERE.

Muhammad Ali

Di sicuro, oggi, prima di vendere un giocatore, i manager della squadra di baseball dei Red Sox di Boston ci penseranno due volte. Soprattutto dopo quello che successe nel secolo scorso, quando la squadra si attirò contro le voci di essere stata maledetta. E più le voci si sommavano, più la maledizione diventava vera. Tutto cominciò tra la fine degli anni Dieci e l'inizio dei Venti, quando i Sox erano una delle squadre più forti. Avevano un lanciatore formidabile, Babe Ruth, detto il "Bambinetto" per via della sua faccia angelica, uno che aveva già vinto tre World Series e stabilito una serie di record che a elencarli qui non basterebbero tutte le pagine di questo libro. Insomma, una leggenda.

Ma, nel 1918, quella leggenda fu venduta ai New York Yankees, che a quei tempi erano una squadra di seconda categoria, lontana anni luce dal diventare il nome più conosciuto del baseball americano. Babe Ruth non la prese bene: sapeva che il presidente dei Sox era un impresario di Broadway e che la vendita dei giocatori della squadra, più che a scelte tecniche era dovuta alla necessità di finanziare i suoi spettacoli, ma tant'è: decise di vendicarsi. E qui iniziarono le voci. Si mormorò che il Bambinetto, mentre lasciava lo spogliatoio e il suo armadietto, augurò ai Sox di non vincere mai più una World Series. E cosa accadde? Che qualcuno lo raccontò, che il racconto si diffuse e che quando l'anno successivo i Sox non conquistarono il trofeo, qualcuno cominciò anche a crederci. E a forza di crederci, le cose continuarono a succedere: non solo gli Yankees cominciarono a vincere e i Red Sox a non vincere più, ma la cosa andò avanti per due, tre, cinque anni. Poi per dieci, venti, trenta.

E il Bambinetto? Non smentì e non confermò mai la sua maledizione. Nemmeno quando i Sox persero il titolo per un banale errore contro i St. Louis Cardinals, nel 1946. Babe morì due anni più tardi, ma ancora nel 1972, in una partita decisiva contro i Detroit Tiger, i Sox persero in modo incredibile, con un loro giocatore che scivolò sul cuscino di terza base. Il 1975 sembrò la volta buona per sfatare la maledizione, ma i Red Sox si fecero rimontare, dopo essere stati avanti 3-0 in gara 7. Nel 1986, contro i New York Mets, furono di nuovo a un soffio dalla vittoria, ma quel soffio spinse da un'altra parte, e la maledizione continuò. Era solo una voce, doveva esserlo, ma la voce diventò un chiodo fisso, un macigno che li bloccò per quasi ottant'anni. Bisognò aspettare il 2004, per vedere i Sox tornare a vincere, ottantasei anni dopo il saluto al vetriolo di Bambinetto Ruth.

IT TAKES FAILURE TO EVER REALLY KNOW WHAT SUCCESS IS.

<u>È NECESSARIO FALLIRE PER CAPIRE DAVVERO CHE COS'È IL SUCCESSO.</u>

Nel poker Texas Hold'em, c'è una partenza bella e insidiosa, che può sbancare il tavolo, ma anche farti perdere tutto, quella con un asso e un re. *Ace and king.* È una combinazione che nel giro del poker ha due nomi diversi: se pensi che sia un'apertura vincente la chiami "*Big slick*"; se pensi il contrario la chiami "Anna Kurnikova", come la tennista. Perché? Perché sono due carte bellissime, perché *Ace and King* hanno le sue stesse iniziali, A e K, ma soprattutto perché, come è accaduto a lei nel corso della sua carriera, farai una gran partita e non vincerai niente.

Che Anna fosse straordinariamente bella è un dato di fatto. Alta, slanciata, fisico mozzafiato, lunghi capelli biondi, che stringeva a treccia prima di scendere in campo. È stata per qualche anno il nome legato allo sport più cercato in rete, e in tutte le classifiche di bellezza che vi vengono in mente. Senza aggiungere altro, avrebbe potuto fare tranquillamente una carriera stratosferica da modella. Ma quello che aggiunse Anna fu un grande talento tennistico, che mostrò fin dal suo esordio, a poco meno di quindici anni.

Nata quando ancora la Russia si chiamava Unione Sovietica, cominciò a palleggiare con la racchetta da piccola, anche se il tennis non era uno sport popolare nel suo Paese. Era troppo occidentale, forse, quello sport in bianco degli storici nemici della Guerra fredda, gli inglesi, una disciplina fuori dai radar delle attività sportive olimpiche, per vincere le quali il partito era invece disposto a elargire finanziamenti. Due anni dopo la caduta del Muro di Berlino e lo sgretolamento del gigante sovietico, Anna si trasferì negli Stati Uniti con tutta la famiglia, a Miami, e si iscrisse alla Nick Bollettieri Tennis Academy, la scuola dove si erano formati Monica Seles, Pete Sampras, Andre Agassi e Martina Hingis.

Quando esordisce è considerata l'astro nascente del tennis professionistico. Ha già vinto i titoli di campionessa del mondo e d'Europa Under 18. Nel 1996, a soli quindici anni, ottiene un primo buon piazzamento agli Us Open, dove viene fermata al quarto turno da Steffi Graf. Ha un gioco per niente banale. È veloce, scattante, rapidissima ad andare a rete. Ha un buon rovescio a due mani e alcuni colpi formidabili. Ma anche la tendenza a fare errori banali, disattenzioni, doppi falli, tutti dettagli che, sommati tra loro, si riveleranno il suo vero punto debole. L'anno successivo, viene sconfitta dalla numero uno del mondo Martina Hingis in semifinale a Wimbledon. Nel 1998, entra per la prima volta nella Top 20 del ranking Wta e, al culmine della fama, accetta anche di sfilare come modella.

Ma non è quel che vuole, essere ricordata per la bellezza. Vuole far parlare la sua forza, il suo talento. E poiché giocando da sola il successo non arriva, ha un'idea. Decisiva. Inizia a fare coppia con la sua grande nemica, Martina Hingis. E improvvisamente, con lei al suo fianco, le delusioni e le sconfitte patite negli slam in singolare si trasformano in vittorie. La coppia vince due Australian Open, nel 1999 e nel 2002, e Anna dimostra di essere una delle migliori giocatrici di doppio del mondo, proprio per il suo gioco a rete e la sua altezza. Si ritira a soli ventisei anni, per una serie di infortuni alla schiena. E con la consapevolezza di aver insegnato a molti cosa significa vincere senza puntare su una carta sola.

FALLING
DOWN IS AN
ACCIDENT,
STAYING
DOWN IS A
CHOICE.

CADERE È UN INCIDENTE, RESTARE A TERRA
È UNA SCELTA.

Il viso è scavato, lo sguardo circospetto; qualche ruga gli solca le guance, ma non sono quelle a conferirgli il suo sguardo particolare. L'espressione di Loris Stecca è quella di uno che nella vita ne ha prese tante. E non solo sul ring. Ma ha sempre saputo rialzarsi, tirare dritto per la propria strada. Come in molti altri casi, anche lui è pugile in una famiglia di pugili: il fratello Maurizio, di tre anni più giovane, diventerà campione olimpico dei pesi piuma nel 1984.

Per Loris il ring è un punto di partenza, ma anche di arrivo, uno spazio dove sentirsi a casa, una stanza in più con le corde al posto delle pareti. Ci si trova talmente bene che la sua carriera comincia alla grande: da dilettante disputa sessanta incontri, ne vince cinquantasette e ne perde solo tre. È mingherlino, combatte nei pesi piuma, ma è dotato di un intuito non comune. Continua a vincere anche una volta diventato professionista: nel 1981, a ventun anni, è campione italiano, poi nel 1983 si prende anche il titolo europeo. Quando passa nei pesi supergallo, il campione del mondo Leo Cruz gli concede quasi subito un match per il titolo, pensando forse che un avversario poco esperto della categoria gli garantisse una difesa facile. Invece, quell'italiano misconosciuto lo riempie di cazzotti, e sul ring di Milano, il 22 febbraio 1984, gli soffia la cintura.

A ventiquattro anni, Loris Stecca è il più giovane italiano di sempre a conquistare un titolo mondiale:

roba forte, roba da anni Ottanta. Riempie le pagine dei giornali, va in televisione, finisce sotto i riflettori: ospitate, soldi, popolarità. Un nuovo status sociale che sposta in alto l'asticella dei suoi desideri e lo convince di non poter fare a meno di cose che prima neppure sapeva esistessero. Solo che il titolo, una volta conquistato, bisogna anche difenderlo. E qui entra in scena Victor Callejas, un pugile portoricano, di quelli cattivi. Quando Loris accetta l'incontro, non sa che a Porto Rico, il 26 maggio 1984, lo attende l'inferno. Lo fanno allenare in una cella, mentre, fuori dalla prigione, i poliziotti cercano di tenere a bada decine di tifosi portoricani che lo minacciano di morte. In carcere, in compenso, c'è un caldo appiccicoso che taglia le gambe. La sera dell'incontro, quando sale sul ring, il pubblico lo ricopre di sputi; e, poco dopo esserci salito, finisce al tappeto.

Loris non lo sa, ma la fortuna gli ha appena voltato le spalle. Ottiene la rivincita, a Rimini, nel novembre 1985, ma gli va tutto male: al primo pugno, Callejas gli frattura la mascella. Stecca resta stoicamente sul quadrato, resiste in modo pazzesco al dolore e addirittura, grazie alla sua tecnica superiore, sembra in grado di riprendersi il titolo. Ma un black-out interrompe l'incontro, e quando le luci si riaccendono il dolore lo ha ormai consumato: perde di nuovo. Subito dopo si ritira. E quando torna a combattere, nel 1988, e sta per ottenere un'altra chance mondiale, una macchina lo prende in pieno mentre attraversa la strada. Sulle strisce. È il 31 gennaio 1989 e per Loris, con un ginocchio in frantumi unito ad altre fratture, la carriera è finita. Cinquantacinque vittorie, due pareggi e due sconfitte. Due sconfitte per il titolo, però.

E che fa, adesso, un ex pugile? Ha messo via parecchi soldi, ma finiscono presto, fra investimenti sbagliati e qualche spesa di troppo. E allora nel 2008, a quarantott'anni, prova a combattere ancora. In Italia a quell'età non si può più fare a pugni, ma ottiene una licenza in Croazia, e sta per tentare l'assalto al Mondiale Wbo, a San Marino, quando all'ultimo momento anche la federazione sanmarinese gli nega il permesso. Allora qualcosa gli scatta nella testa. Chissà cosa. Guida sull'A14 e si ferma su un viadotto. Scende dall'auto, arriva sul ciglio della strada e urla che vuole farla finita. Resta lì, per ore, poi la polizia lo convince a cambiare idea. Loris torna in macchina e per diversi anni di lui non si sente più parlare.

Lavora sui pescherecci, poi apre una palestra con una socia, Roberta. Lei ci mette i soldi, lui la reputazione. Ma il delicato equilibrio si rompe presto, i due litigano spesso. E nella testa di Loris qualcosa scatta di nuovo: la sera del 27 dicembre 2013, la pugnala. Roberta si salva, ma Loris viene arrestato, processato per tentato omicidio e condannato: otto anni e mezzo, confermati in tutti e tre i gradi di giudizio. Tre ko pesantissimi.

Ha toccato il fondo: come sportivo e come uomo. Può scegliere di restarci, dare la colpa al mondo e alla sfortuna, oppure mettersi i guantoni della dignità e ricominciare da zero, come un ragazzino appena entrato in palestra. Sceglie i guantoni, ovviamente. Quando potrebbe ottenere gli arresti domiciliari, li rifiuta: «Voglio restare in carcere, è giusto così. E poi a casa non so cosa fare». Non rifiuta, invece, i progetti di reinserimento, e dopo altro tempo in prigione ottiene la semilibertà. «Sulla spiaggia di Rimini, vicino allo stabilimento balneare Alta Marea, c'è un'area sportiva. Se il proprietario fosse d'accordo potrei insegnare la boxe in riva al mare. In fondo, tutto è iniziato dalla boxe, e con la boxe deve finire.» E così Loris Stecca ora è istruttore di pugilato per ragazzi. Insegna come colpire e come schivare i pugni degli avversari. I colpi bassi della vita, invece, non sempre si possono schivare. Ma quando arrivano, occorre saper dire: "È stata colpa mia", e poi provare a rialzarsi. Questo è tutto ciò che un uomo, un campione, deve fare.

I DON'T PLAY AGAINST A PARTICULAR TEAM. I PLAY AGAINST THE IDEA OF LOSING.

NON GIOCO CONTRO UNA SQUADRA IN PARTICOLARE. MI BATTO CONTRO L'IDEA DI PERDERE.

Éric Cantona

Con la sua aria vissuta, il sorriso sempre mezzo accennato e due occhi scuri che guardano il prossimo con condiscendenza, Éric Cantona dà l'idea di non prendere mai nulla sul serio. Soprattutto i calciatori: basta vederlo parlare con un piatto di spaghetti in testa per capire cosa ne pensa dell'ultimo taglio di capelli di Neymar. Con il suo famoso colletto della maglia alzato, Cantona è stato un attaccante tecnico e tenace, discretamente veloce, un buon goleador, e una terrificante macchina da assist. Ma, come ha detto il suo più grande allenatore, Sir Alex Ferguson, «con un carattere che gli ha impedito di diventare il più forte giocatore del mondo».

La parte positiva del suo temperamento era lo spirito napoleonico, da vero leader: un giocatore che non ha mai accettato di perdere e capace di trascinare alla vittoria i suoi compagni, caricandoseli sulle spalle quando serviva, e aggredendo gli avversari a muso duro (questo, in realtà, accadeva anche quando non serviva). Aveva un carisma strabordante, come ha raccontato il suo compagno al Manchester United Andy Cole: «Una volta siamo andati tutti alla prima di un film. Ci era stato detto di presentarci in cravatta nera, ma Éric si è presentato in completo giallo limone e scarpe da ginnastica, con il nostro manager che gli ha detto: "Ma stai benissimo!"».

Il lato brutto del suo temperamento era che gli capitava di litigare con arbitri, avversari, compagni e allenatori. E di essere cacciato dal campo, anche per molto tempo. Tutto è cominciato con i tre mesi di squalifica rimediati nel 1987, a ventun anni, nell'Auxerre, per un tackle ai limiti del kung-fu su Michel Der Zakarian del Nantes (squalifica che è stata poi ridotta quando l'Auxerre ha minacciato di opporsi alla convocazione in nazionale). All'Olympique Marsiglia, il club per cui tifava da ragazzo, ha colpito un arbitro con il pallone ed è stato squalificato dalla federazione francese. Così, su consiglio di Michel Platini, è emigrato in Inghilterra, al Leeds. E ha scoperto di adorare quel tipo di calcio più maschio, semplice, duro, ma leale. Come si sentiva lui.

La sua tecnica elegante spiccava in un campionato dove non c'erano molti altri giocatori di classe e, al secondo anno, ha trascinato il Leeds a vincere il titolo. Ma è stato il Manchester United a consacrarlo in modo definitivo. I Red Devils erano allenati dal "non ancora Sir" Alex Ferguson, l'impassibile scozzese discepolo del grande Jock Stein (ne parlo a pagina 148). Era il 1992, l'anno della grande scissione del calcio inglese, quello in cui ventidue squadre della First Division si sono separate in blocco dalla Football League per fondare la Premier League. Éric ha debuttato con la nuova maglia il 6 dicembre, in una squadra che aveva il problema del gol, con la coppia d'attacco Mark Hughes e Brian McClair che faticava a trovare la porta. All'arrivo di Cantona, McClair è stato spostato a centrocampo. E con lui in campo i "Diavoli rossi" si sono rivitalizzati. Assist, gol, e il Manchester che si è aggiudicato il primo titolo dopo venticinque anni.

L'anno dopo si è ripetuto ed è stato decisivo anche in FA Cup, nonostante diversi turni di squalifica. Il suo carisma fuori dal campo, la sua battuta cinica sempre pronta, l'accento, l'ascendente sui compagni e, soprattutto, quello che sapeva fare con la palla tra i piedi incantava tutta l'Inghilterra. Ma il 25 gennaio del 1995, durante una trasferta contro il Crystal Palace, i nervi gli hanno giocato l'ennesimo scherzo: Cantona ha deciso di colpire un tifoso avversario a bordo campo con uno spettacolare calcio volante. Sono stati entrambi processati: il tifoso per ingiurie e lui per aggressione, beccandosi una lunga squalifica e una condanna a centoventi giorni di lavori socialmente utili. La sua conferenza stampa è stata in puro stile Cantona: «Quando i gabbiani inseguono il peschereccio, è perché pensano che le sardine saranno gettate in mare. Grazie mille». E i gabbiani, manco a dirlo, erano i giornalisti.

Nei nove mesi che Éric ha passato lontano dai campi il Manchester United ha perso il titolo, conquistato dai Blackburn Rovers di Alan Shearer. Quando è tornato, il primo ottobre della stagione successiva, era pronto per far vincere ai "Diavoli" altre due Premier League consecutive, dimostrando di essere uno di quei pochi giocatori al mondo in grado di cambiare da solo il destino di una squadra.

Poi, nel 1997, si è ritirato dal calcio, concedendosi un po' di passerella nel mondo del cinema. Ha recitato al fianco di Cate Blanchett in *Elizabeth* e in una meravigliosa commedia di Ken Loach, *Il mio amico Eric*, che racconta la storia di un impiegato delle poste in piena crisi di mezz'età che riesce a risollevarsi perché, grazie alla sua fede nel Manchester United, ha un amico immaginario identico a Cantona. E come dimenticarlo nello spot televisivo in cui difende la Terra da una squadra di demoni, che disintegra con un pallone e la memorabile battuta: «*Au revoir!*»? Nemmeno nella finzione, ha accettato di perdere.

A WINNER IS JUST A LOSER WHO TRIED ONE MORE TIME.

UN VINCENTE È SOLTANTO UN PERDENTE CHE CI HA PROVATO UNA VOLTA IN PIÙ.

George Moore

Ciascuno di noi, nel profondo del cuore, nella parte più nascosta della sua personalità, è in grado di trovare piccole felicità. A volte basta un oggetto, un colore, un profumo, un luogo. Per Joop Zoetemelk, un olandese dagli occhi celesti, con il naso affilato e l'aria sorniona, l'oggetto era una maglia, il colore il giallo, il profumo quello dell'asfalto caldo d'estate, e il luogo, certamente, la Francia. Il suo sogno sono Parigi, gli Champs-Élysées e gli applausi della folla che lo acclama vincitore del Tour.

Quando si affaccia sulla scena del ciclismo professionistico, il buon Joop non è un tipo qualsiasi: è uno dei giovani più forti della sua generazione. In Olanda, dove nelle categorie giovanili ha fatto man bassa di qualunque trofeo, lo chiamano il "nuovo Binda", e Alfredo Binda, il signore delle montagne, è considerato il più grande ciclista di sempre. Non ha particolari punti deboli, è solido, franco di carattere e sembra destinato a grandi cose.

Nel 1970, al suo primo Tour, arriva secondo, ma solo perché davanti a lui c'è Eddy Merckx, uno che agli avversari non lascia niente, nemmeno le briciole che cadono dal tavolo (e di cui parlo a pagina 126). Tutti pensano che sia solo questione di tempo prima di vedere Joop sfilare in giallo a Parigi, anche perché ha le gambe magre e nervose da scalatore, una pedalata rotonda e la testa del ragionatore. E invece... ogni volta gli succede qualcosa di imprevisto. Nel 1971 è di nuovo secondo, nel 1972 e 1973 si piazza nei primi cinque.

Nel 1974 comincia alla grande: vince la Parigi-Nizza, la Setmana catalana e il Giro di Romandia. Sembra proprio il suo anno. Ma a maggio, durante il Gran Prix du Midi-Libre, cade per colpa di una macchina parcheggiata male. Arriva moribondo all'ospedale, con una frattura cranica, ma Joop ha la scorza dura, e si riprende quasi miracolosamente. Torna a pedalare, ma non è più lo stesso. Le cure che sta seguendo gli fanno diminuire i globuli rossi, e in salita arranca. Ci vuole un anno perché le cose vadano a posto, e intanto le ruote girano, e il ciclismo va avanti. Arrivano nuovi, grandi corridori: il diabolico belga Lucien van Impe, che vince il Tour nel 1976, e poi il nuovo re, Bernard Hinault. E Joop? Finisce ancora secondo, nel 1976, nel 1978 e nel 1979.

Ormai è il primo dei perdenti. Il più grande di tutti. E gli anni passano. Nel 1980, ne ha ormai trentaquattro e, anche se non ha nessuna voglia di mollare, non sono molti quelli che gli danno credito. Per carità: sul podio, magari, ci potrebbe anche salire, e sai come? Secondo, dicono, ridendo. Per la vittoria c'è Hinault, che va fortissimo, e ha appena vinto il Giro. E così si torna in strada, a pedalare. Hinault controlla bene, e già è sua la corsa. Joop è subito dietro. E c'è anche il belga Rudy Pevenage, un giovane dai capelli rossi a cui però piacciono di più le donne – e in questo è ricambiato – che vincere il Tour. Dopo la crono di Laplume i giochi sembrano fatti: Hinault ha un tale vantaggio in classifica che a Parigi già cominciano a preparargli il trionfo. Ma c'è un "ma". Nessuno lo sa, ma Hinault sui Pirenei accusa una fortissima tendinite, e nella tappa che parte da Pau e arriva a Bagnères-de-Luchon, scende dalla bicicletta e si ritira. E così Joop si trova improvvisamente davanti a tutti. Indossa la maglia gialla e se la porta cucita addosso fino al viale alberato di Parigi. E tra il profumo dell'asfalto caldo e il battito ritmato degli applausi del pubblico, l'eterno secondo è finalmente diventato primo.

IF YOU WANT TO MAKE EVERYONE HAPPY, DON'T BE A LEADER. SELL ICE-CREAM.

SE VUOI FAR FELICI TUTTI, NON DIVENTARE UN LEADER. VENDI GELATI.

Steve Jobs

Siamo verso la fine degli anni Venti. Nella società civile inglese le donne sono riuscite a farsi riconoscere molti dei loro diritti. Le "suffragette" del secolo appena trascorso, per ottenere il diritto al voto hanno lottato, manifestato, sono state arrestate e minacciate, ed Emily Davison era morta travolta da un cavallo durante una manifestazione al derby di galoppo di Epson. In qualche modo è stato dallo sport – dall'averlo macchiato e dall'averne scoperto il sangue – che il movimento aveva ottenuto la sua legittimazione. Ma poi proprio lo sport, rispetto alla società civile, era rimasto indietro. Bisogna infatti aspettare fino al 1928 e all'Olimpiade di Amsterdam per vedere le prime donne scendere in pista. Il fondatore del Comitato olimpico, l'altrimenti illuminato De Coubertin (ne parlo a pagina 189), non ne voleva sapere. Le donne, si diceva, sono esseri gentili, dolci, destinate al salotto e alla casa. Si diceva, forse. Ma di certo "Babe" Didrikson non ascoltava.

Il vero nome di Babe è Mildred Elle Didrikson, e la sua è una famiglia di norvegesi emigrati negli Stati Uniti. Sesta di sette figli. Testarda fin dai primi mesi di vita e capace di imparare qualsiasi cosa in pochissime ore. Da giovanissima è una sarta eccellente, cosa che le permetterà di cucire e rammendare gran parte delle sue divise. E suona l'armonica a bocca, come i ragazzacci del quartiere. E, con i ragazzacci, gioca a baseball e basket per strada. Poi, notata da uno scout, si iscrive in una vera squadra di softball, il baseball per donne. Iniziano a chiamarla "Babe", bimba, quando fa cinque fuoricampo in una sola partita di softball. Come Babe Ruth, il campione dei New York Yankees (ne parlo a pagina 204). Ma lei non è per niente una bambina: è forte, atletica, i lineamenti del volto pronunciati, spigolosi. Mentre gioca a softball si dedica anche alla pallacanestro, nella squadra del Beaumont, in Texas, alternando i due sport. E poiché oltre allo sport, bisogna portare a casa da mangiare, lavora in una grande società d'assicurazioni di Dallas, ed entra quasi subito nella loro squadra di basket, i Golden Cyclones.

A vent'anni, comincia a praticare anche l'atletica leggera: al primo torneo a cui si iscrive, nel 1932, vince otto delle dieci gare in programma, conquistando, da sola, anche il premio per le squadre. E dal Texas va a Los Angeles, dove quell'anno si svolge l'Olimpiade. Vince due ori e un argento. Trionfa negli 80 metri: nelle qualificazioni eguaglia il record del mondo, e in finale lo supera. E nel giavellotto: stabilisce il record olimpico. L'argento lo vince nel salto in alto.

Dato che ora le Olimpiadi sono terminate, Babe prova con il golf. Diventa la giocatrice numero uno al mondo, dominando il circuito femminile fino agli anni Cinquanta. È qui, finalmente, che ottiene la sua grande soddisfazione: gioca, e vince, contro atleti uomini. E a questo punto, dal softball, passa al baseball. Sposa un lottatore di origine greca, George Zaharias, ma le voci sussurrano che il suo grande amore sia la compagna di golf, Betty Dodd. Quando scopre di avere un cancro, nel 1953, lo dichiara alla stampa, e la notizia è di quelle che di nuovo fanno discutere: questi sono anni in cui non si parla in pubblico della propria salute. Ma una brutta malattia non è una scusa sufficiente per smettere di giocare. Per cui vince il suo ultimo torneo nel 1955 e, l'anno successivo, muore.

Quando se ne va, si scopre tutto quello che ha insegnato a migliaia di bambine e ragazzine, che in lei vedevano i risultati delle loro piccole ribellioni. Antipatica, spigolosa, rispettata solo perché vincente, Babe si metteva a suonare l'armonica ogni volta che un giornalista le faceva una domanda che non le piaceva. Di cosa voleva parlare, invece? Di come si fanno le cose. Di come si colpisce una pallina con la mazza o si lancia un pallone in un canestro, di come si fa a correre e a saltare. Di come due persone possono amarsi, sfidarsi, battersi e giocare tra loro. Senza stare a guardare se sono uomini o donne.

10 THINGS THAT REQUIRE ZERO TALENT: 1) WORK ETHIC; 2) HUSTLE; 3) BODY LANGUAGE; 4) FOCUS; 5) ATTITUDE; 6) HEART; 7) BEING ON TIME; 8) BEING COACHABLE; 9) BEING PREPARED; 10) DOING EXTRA.

10 COSE CHE NON HANNO BISOGNO DI TALENTO:
1) ETICA DEL LAVORO; 2) DINAMISMO;
3) LINGUAGGIO DEL CORPO; 4) CONCENTRAZIONE;
5) ATTITUDINE; 6) CUORE; 7) PUNTUALITÀ;
8) DISPONIBILITÀ ALL'ALLENAMENTO;
9) PREPARAZIONE; 10) FARE DI PIÙ.

«Per essere campioni serve la dedizione. Io non avevo nessuna particolare dote atletica, davvero. Ci sono riuscita grazie alla mia forza mentale e all'impegno. Il mio messaggio alle ragazze è proprio questo: concentratevi sull'obiettivo, lavorate sodo, impegnatevi a fondo senza distrazioni, e potrete diventare campionesse.»

A pronunciare queste parole è Chris Evert, una delle più grandi giocatrici di tennis di ogni epoca, una campionessa assoluta, ma – a suo dire – senza nessuna dote straordinaria. A parte, naturalmente, una straordinaria capacità di allenarsi, e una determinazione in gara fuori dal comune: «Ho sempre giocato per vincere. Perdere mi feriva. Sono sempre stata determinata nel voler essere la migliore».

È così fin da piccola. Suo padre, Jimmy, insegnante di tennis sui campi in terra rossa di Fort Lauderdale, catechizza i figli sui fondamentali fin dalla più tenera età. A cinque anni, Chris già gioca un paio d'ore al giorno, e i suoi colpi sono impostati correttamente. Eccetto il rovescio: nonostante gli insegnamenti del padre, lei, che è piuttosto gracile, sceglie di effettuarlo con una presa a due mani. Non lo può sapere, ma farà scuola.

Grazie alle sue grandi doti di concentrazione, alla costanza e all'intensità degli allenamenti, a quattordici anni è già nel circuito professionistico, e a diciassette arriva in semifinale a Wimbledon, cedendo in rimonta (dopo essere stata avanti 6-4 3-0) alla campionessa in carica Evonne Goolagong. In quell'occasione, Goolagong indica la strada alle colleghe: per mettere in difficoltà Chris bisogna giocare delle smorzate sul suo strano rovescio a due mani. E su questo punto debole Evert lavora all'infinito, per rendere i suoi colpi ancora più profondi, i suoi passanti ancora più millimetrici, le sue angolazioni ancora più insidiose, in modo da non mettere le avversarie nelle condizioni di tentare una smorzata. Nello stesso anno, il 1972, arriva in semifinale pure agli Us Open, e tutti gli Stati Uniti perdono la testa per quella ragazzina dal viso delicato come porcellana, con i capelli biondi, il naso affilato e il fisico da modella, dotata però di qualità tennistiche micidiali. Vedendola giocare, il noto commentatore della Nbc Bud Collins proclama: «*A star is born*».

Ha ragione. Nel 1974, conquista a soli diciannove anni il Roland Garros e dà così il via a una delle carriere di maggior successo della storia del tennis: sette vittorie all'Open di Francia, sei allo US Open, tre a Wimbledon, due all'Australian Open e centinaia di altri tornei. Si ritirerà nel 1989, dopo aver vinto oltre il novanta per cento degli incontri disputati (1304 su 1448 secondo le statistiche ufficiali della Wta): la più alta percentuale in tutta la storia del tennis professionistico, maschile e femminile. Un altro record è la sequenza di 125 vittorie consecutive sulla stessa superficie; nel suo caso, la terra battuta, dove Evert rimane insuperata per sei anni, dal 1973 al 1979.

Unica a contrastare il suo dominio assoluto è un'altra straordinaria giocatrice, con cui dà vita a una rivalità leggendaria, Martina Navratilova (ne parlo a pagina 302), che, fra il 1983 e il 1985, riesce a battere Chris per tredici volte consecutive. Troppe per chi sa di potersi allenare come nessun'altra: cambia coach, metodo di allenamento e stile di gioco, e lo fa solo per riscattarsi. E quando batte proprio Martina, nella finale del Roland Garros del 1985, riconquista anche il primo posto della classifica mondiale. La sua, però, non è semplicemente una rivincita sulla rivale o l'ennesima vittoria in uno slam: significa che la "Regina" è tornata sul trono.

Ci resterà ancora a lungo, alternandosi con Navratilova. Al posto del soprannome datole a inizio carriera dalla stampa, "Ice Maiden", ne arriverà uno più adatto alle emozioni che regala agli spettatori: "Chris America", il simbolo di un'intera nazione. John McEnroe, sintetizzando il suo approccio al gioco, la definirà: «Un'assassina ben vestita che, mentre dice le cose giuste, ti fa a pezzi». Perché il portamento elegante e i modi signorili sono le pennellate finali di un dipinto già di per sé perfetto. Impossibile non condividere le parole di Tom Friend del "Washington Post": "Chris era una donna bellissima, che praticava uno sport stupendo in una maniera stupenda. Si allenava come nessun altro, e non si faceva mai trovare impreparata. Ecco perché l'America si innamorò di lei".

DIRECTION
IS MUCH MORE
IMPORTANT
THAN SPEED.
MANY ARE
GOING NOWHERE
FAST.

LA DIREZIONE È MOLTO PIÙ IMPORTANTE
DELLA VELOCITÀ. SONO IN TANTI AD ANDARE
VELOCEMENTE DA NESSUNA PARTE.

Luca Campedelli, il presidente della squadra calcistica del Chievo, sembra uscito dal *Signore degli Anelli*, o da *Narnia*. Gli occhietti vispi e intelligenti, le grandi orecchie a sventola, il naso appuntito di chi ama il profumo dello zucchero a velo dei suoi pandori. Ma a casa custodisce l'armatura completa e la spada di Cangrande della Scala, il condottiero della sua città, Verona. Ed è così, da condottiero, indicando la strada e scendendo per primo in battaglia, che qualche anno fa ha preso le redini di una piccola società calcistica di un altrettanto piccolo quartiere di Verona, una città giustamente conosciuta in tutto il mondo per la sua bellezza e ingiustamente per la storia d'amore inventata da uno scrittore inglese.

È partito dalla più bassa delle divisioni calcistiche, il Chievo, e poi, promozione dopo promozione, nell'estate del 2001 si è affacciato a sorpresa – per tutti gli altri – in serie A. I giornali parlavano di squadra simpatia, di mascotte, un modo superficiale ed elegante per definire una formazione destinata a una breve apparizione al cospetto delle grandi, per poi sparire di nuovo nella bolgia infernale delle serie cadette. E invece, con il suo comandante che fissava con sicurezza il vulcano di Mordor – là dove un piccolo hobbit ha ricevuto il compito di salvare il mondo –, il Chievo si presenta con Luigi Delneri nel ruolo di Gandalf e, a combattere ogni domenica, gente come l'architetto dei lanci Eugenio Corini, il futuro campione del mondo Simone Perrotta e Bernardo Corradi. Anziché retrocedere tra gli applausi, arriva quinto e si qualifica per la Coppa Uefa. Altro che miracolo: questa è preparazione, tattica, strategia, sapienza. Tutte doti indispensabili per trovare maghi della panchina come Pioli, Di Carlo, Pillon, Iachini, Maran, e con loro battersi contro le grandi per sedici anni, interrotti soltanto da una breve stagione di Purgatorio. Fino ad andare, nel 2006, a giocarsi anche i preliminari di Champions League.

PERFECTION
IS NOT
ATTAINABLE,
BUT IF
WE CHASE
PERFECTION WE
WILL CATCH
EXCELLENCE.

LA PERFEZIONE È IRRAGGIUNGIBILE, MA
INSEGUENDOLA ARRIVEREMO ALL'ECCELLENZA.

Vince Lombardi

Non ci sono molti sportivi che possono dire di avere sempre preso, senza eccezioni, la decisione migliore. Tra loro un posto ce l'ha Niki Lauda, un pilota capace di analisi così lucide da rasentare la perfezione.

Figlio di ricchi banchieri austriaci, Lauda frequenta le migliori scuole ed entra in contatto con le più influenti famiglie della sua nazione. Ma sin da giovane sa cosa vuole: una certa strada pianeggiante, non la strada spianata. A se stesso chiede sempre il massimo per ottenere il massimo – «se non si è diligenti non si ricevono premi» dice – e vuole raggiungerlo facendo conto solo sulle sue forze. Quando capiscono che quello che intende Niki per "strada" è l'automobilismo, i suoi genitori si oppongono ferocemente, sia perché temono per la sua salute, sia per tutelare la loro immagine in società. E decidono di non supportarlo economicamente, convinti di fargli cambiare idea. Invece, lui non si scompone: abbandona l'università per le corse, chiede e ottiene prestiti per comprarsi la prima macchina e debutta in Formula 3. Ma non è esattamente quello che vuole. Allora chiede un altro prestito, inserendo come garanzia una polizza sulla propria vita, e passa a gareggiare in Formula 2, dove viene notato praticamente subito e portato in Formula 1.

Nell'ambiente, dicono che non ha l'aspetto di un pilota e meno che mai di un pilota veloce. Eppure bastano le prime gare per appiccicargli due soprannomi: il primo, quello che gli rimarrà per tutta la vita, è "Computer", per la sua innata capacità di calcolare gli spazi, le distanze, e per il suo stile di guida non appariscente ma concreto. Il secondo nomignolo, invece, sussurrato a mezza voce nei box, è "Nervensäge", cioè "Uomo snervante" (letteralmente però sarebbe "Colui che ti taglia i nervi"), per la sua ossessiva ricerca della perfezione nell'assetto della macchina, che spesso costringe tecnici e meccanici a ore di lavoro extra.

Il pilota svizzero Clay Regazzoni lo consiglia a Enzo Ferrari, e Lauda con il dirigente la spara grossa. «Se mi assume» dice, «mi impegno a far migliorare l'auto di mezzo secondo a giro.» Il "Drake" – come è soprannominato il "mostro" alla guida della scuderia di Maranello – sorride: «Vediamo se ce la fai». Niki si mette al lavoro giorno e notte con l'ingegner Forghieri, e all'ultima prova la macchina, con lo stesso motore e lo stesso telaio, risulta più veloce di otto decimi al giro. «Sapevo di avere un po' di margine» commenta Lauda. E poi, naturalmente, sale a bordo del cavallino rampante.

Vince il Mondiale nel 1975 e potrebbe fare il bis nel 1976, ma al Nürburgring (dove, unico fra tutti i piloti, aveva consigliato di non correre ritenendo la pista pericolosa) è vittima di un tragicamente famoso incidente, di cui tuttora porta i segni. Torna in pista pochi mesi dopo con le ustioni sul viso che ancora brillano di cicatrici, quando è di nuovo in corsa per il Mondiale. All'ultima gara, però, in Giappone, si rifiuta di correre sotto il diluvio, consegnando il titolo a James Hunt (di cui parlo a pagina 307). L'ingegner Forghieri racconta ai giornalisti che l'auto ha problemi elettrici, ma Lauda si assume la responsabilità del suo rifiuto, e il rapporto con la Ferrari si incrina. Dopo la conquista del secondo Mondiale con la rossa di Maranello, l'austriaco dal volto incendiato cambia scuderia e fa due stagioni sfortunate alla Brabham. Poi si ritira.

Tre anni dopo, nel 1982, torna a correre, stavolta con la McLaren. Dedica un anno e mezzo a sviluppare il motore, e quando l'auto è pronta per vincere, la scuderia ingaggia al suo fianco l'astro nascente dell'automobilismo: Alain Prost. Molti pensano che Lauda dovrà rassegnarsi al ruolo di seconda guida, ma non certo lui. A metà stagione 1984, succede un fatto strano: il gran premio di Monaco è flagellato da un forte temporale. La giuria accorcia la gara e dà la vittoria a Prost, in testa al momento dello stop, ma assegnando a tutti i piloti punteggi dimezzati. Nasce così una classifica molto particolare, dove i punteggi di alcuni piloti hanno un mezzo punto in più. Lauda analizza il calendario e dichiara ai giornali: «Io e Prost abbiamo la stessa macchina e siamo forti allo stesso modo. Sta a me trovare, e lo troverò, quel qualcosa in più che mi farà vincere il Mondiale. Magari di mezzo punto». E come finisce il Mondiale? Niki Lauda, punti 72, Alain Prost 71,5. Se lo chiamavano "Computer", un motivo c'era...

OBSTACLES ARE CHALLENGES FOR WINNERS AND EXCUSES FOR LOSERS.

GLI OSTACOLI SONO SFIDE PER I VINCENTI E SCUSE PER I PERDENTI.

Marijane Meaker

Wilma Glodean Rudolph era la ventesima di ventidue figli. La sua famiglia era molto povera e la cittadina di Clarksville, nel Tennessee, aveva ben poco da offrire. Siamo negli anni Quaranta, la Grande depressione appena alle spalle, ed era ancora un'epoca in cui essere neri, come lei, era una mezza colpa, quando vivevi nell'estremo Sud degli Stati Uniti.

Wilma era bellissima, da mozzare il fiato, ma estremamente fragile. Si ammalò, e non una sola volta. A cinque anni contrasse contemporaneamente polmonite e scarlattina, e ne portò gli strascichi per quasi due anni. A otto prese la poliomielite, una malattia che in quegli anni era comune tra gli strati sociali più poveri della società: la gamba sinistra le si paralizzò. Fu costretta a indossare delle scarpe speciali, che per una famiglia come la sua erano ancora più speciali, perché carissime. In ogni caso, dopo grandi sacrifici, riuscì ad averle, ma la malattia doveva essere seguita. Nel Tennessee degli anni Cinquanta, bianchi e neri non potevano servirsi degli stessi ospedali, e lei fu obbligata ad andare a quello di Nashville – la città intorno a cui, di tanto in tanto, gli incappucciati del Ku-Klux-Clan costruivano le loro croci infocate –, a ottanta chilometri da casa sua. Ottanta chilometri da percorrere a bordo strada, per due volte alla settimana, con una gamba zoppa, da sola, caldo o freddo che fosse.

«Fu in quei momenti che sviluppai il mio carattere

competitivo» disse Wilma. Aveva una volontà fortissima, che, passo dopo passo, miglio dopo miglio – estate, autunno, inverno, primavera –, corrose le pietre che aveva nel corpo, sciolse i muscoli e, in un modo quasi miracoloso, la sua gamba sinistra ricominciò a funzionare. Il giorno in cui successe, sua madre la cercò per tutta la casa: non era nella stanza che fungeva da cucina e soggiorno, e nemmeno nella camera da letto comune. Così uscì, preoccupata, e la trovò insieme al gruppetto di ragazzini che, notte e giorno, giocavano scalzi a basket per le strade del vicinato.

«Wilma?» domandò. «Che cosa ci fai, lì?»

«Gioco» rispose lei, e provò un canestro.

Era guarita.

Mise i vari tutori e le scarpe speciali in uno sgabuzzino e dimostrò di essere un'ottima giocatrice di basket: a tredici anni faceva parte della squadra della scuola, ma non era il periodo migliore per una ragazzina afroamericana per emergere in quello sport. Correva molto bene, agile e veloce, molto più delle sue compagne. E della sua velocità si accorse Ed Temple, l'allenatore di atletica della Nashville University.

«Che ne dici, di correre?»

«Voglio studiare» rispose Wilma.

Ed Temple si consultò con i suoi superiori e le offrì, in cambio della possibilità di allenarla, una borsa di studio per l'università. E così la povera e sfortunata Wilma, che a otto anni zoppicava a bordo della statale per Nashville, a sedici anni partecipò all'Olimpiade di Melbourne, e vinse il bronzo nella staffetta 4x100. Studiò e si allenò per quattro anni: quelli che per altri erano "i durissimi allenamenti di Ed", per lei erano poco più di una passeggiata. All'Olimpiade di Roma del 1960 vinse tre ori: nei 100 e 200 metri e nella staffetta 4x100.

Divenne per tutti la "Gazzella nera". Il grande pugile Muhammad Ali cercò in ogni modo di avere un appuntamento con lei, ma Wilma rifiutò cortesemente. Fu ricevuta dal presidente John F. Kennedy, e tornò a Nashville con le sue medaglie. Ma con l'atletica non guadagnava abbastanza per vivere. A soli ventidue anni si ritirò: si dedicò per un po' all'insegnamento, poi fece la testimonial di alcune compagnie. Quando le chiesero se vedeva, intorno a sé, altre atlete che le assomigliavano, preferì non rispondere. «Io vengo da un altro pianeta» aggiunse, alludendo alla sua infanzia a Clarksville. Un pianeta vicinissimo e spesso invisibile, con le sue regole e le sue crudeltà. Un pianeta dove ogni tanto accadono anche i miracoli e poi, però, corrono subito via, veloci.

I NEED NEW HATERS, THE OLD ONES BECAME MY FANS.

<u>HO BISOGNO DI NUOVI NEMICI,</u>
<u>QUELLI DI UN TEMPO ORA MI SOSTENGONO.</u>

Quando iniziò a combattere sul serio, Floyd Mayweather Junior venne soprannominato "Pretty Boy", non solo perché era un bel ragazzo, dal viso geometrico e il mento sottile, ma perché durante le riprese incassava così pochi colpi che, alla fine dell'incontro, non sembrava avere nemmeno una ferita.

Suo padre e due suoi zii erano pugili, e il suo destino, fin da piccolo, era il ring. Suo padre, in particolare, era ossessionato dall'idea di farlo diventare un campione. E se la sua ossessione non è famosa come quella del padre del tennista Andre Agassi, è solo perché sulla carriera di Floyd nessun premio Pulitzer ha ancora scritto un libro come *Open*.

«Quando ero piccolo non mi ha mai portato al cinema o al luna park. Mi allenava tutti i giorni in palestra. Era durissima, e quando volevo smettere mi frustava» disse lui, in una delle sue tante interviste.

Non è difficile immaginare quanto Floyd odiasse il pugilato. Ma ogni volta che era sul punto di lasciare – e la cosa lo spaventava ancor più di continuare, perché aveva paura della reazione del padre e dei suoi fratelli – l'unica persona con cui ne parlava, l'unica forse di tutta la sua famiglia a cui era molto legato, era la nonna. Lei allora gli rispondeva così: «Diventerai un campione, piccolo mio, e sarai ricco col pugilato». E lui continuò, con quelle parole ben in testa. Quando Floyd Senior fu arrestato per traffico di stupefacenti, Floyd Junior passò ad allenarsi con lo zio, Roger Mayweather, uno che quando boxava era soprannominato "Black Mamba", e che perfezionò con i suoi segreti la stupefacente tecnica difensiva di Pretty Boy: la *shoulder roll*, una continua e costante rotazione delle spalle, che gli permetteva di mostrare sempre il guantone alzato agli avversari. A diciannove anni, all'Olimpiade di Atlanta del 1996, Floyd vinse la medaglia di bronzo. Era il momento di abbandonare il dilettantismo e cominciare a fare sul serio.

Quando saliva sul ring, non pensava a nient'altro che a vincere. Non amava il pugilato, non amava gli avversari, non amava il pubblico. Non legava nemmeno con i suoi tifosi, non li incitava, non cercava il loro appoggio. Il suo odio verso ciò che faceva era l'alimento del suo incredibile talento. Ne aveva bisogno.

Quando suo padre uscì di galera, e avrebbe voluto tornare ad allenarlo, Floyd non ne volle sapere. Continuò con lo zio, anche se pure lui finì nei guai con la giustizia: durante un match, nel momento in cui Floyd reagì alle continue scorrettezze dell'avversario e si beccò i fischi del pubblico, Black Mamba pensò bene di salire sul ring con l'intenzione di giustiziare l'avversario del nipote, Zab Judah, che si salvò solo per l'intervento della polizia. Nonostante questo, con il padre non parlò praticamente più. Le uniche parole che conservava in mente erano le due della nonna: "campione" e "ricco".

Campione lo diventò, del mondo, più volte e in cinque categorie diverse. E, in quanto ai soldi, ha tutti quelli che vuole: li ostenta e li spende. Non fa mai beneficenza. «Nessuno ne ha fatta per me» dice, ripensando alle frustate ricevute da piccolo. I suoi capricci sono leggendari, come quando pretese per l'indomani mattina una Ferrari bianca, sebbene di quel modello non esistesse il bianco. Le provocazioni ai tifosi anche. A cosa gli serviva averli dalla sua parte, quando tanto era lui a dover salire sul ring a prendersi i pugni?

Strafottente, smodato, senza nessuno dalla sua parte per scelta e per vocazione, fu ed è un pugile incredibilmente talentuoso. Quando chiuse la carriera liquidando il campione di arti marziali miste Conor McGregor, era esattamente dove si era prefissato di arrivare: tra gli sportivi più pagati dell'anno, secondo "Sport Illustrated" e "Forbes", e con uno score di cinquanta incontri vinti su cinquanta disputati. E con la faccia praticamente intatta, senza ferite.

Non male, per una semplice faccia di bronzo.

IN ORDER TO BECOME THE 1% YOU MUST DO WHAT THE 99% WON'T DO.

PER ESSERE PARTE DELL'1%, DEVI FARE CIÒ CHE IL 99% NON VUOLE FARE.

«Volare» cantava Modugno, mettendo per sempre quelle tre note sotto alla parola. Viviamo in un mondo dove il volo sembra alla portata di tutti, dove infilarsi tra le nuvole di Londra e di New York è poco più complesso che prendere il bus per andare al lavoro nel labirinto delle nostre città. E fu per scappare dal labirinto che lui stesso aveva progettato che Dedalo costruì per sé e per il figlio ali di cera e piume, che però dovevano essere tenute lontane dal sole. Icaro non riuscì a resistere all'ebbrezza del volo, all'idea della libertà, e confidando troppo nell'invenzione di suo padre, si distrasse quel tanto che gli bastò a sciogliere la cera e a precipitare in mare. Dedalo, invece, a quanto è dato sapere, se la cavò decisamente meglio.

Era a lui, il geniale padre delle ali di cera, che somigliava il francese Patrick de Gayardon, l'uomo volante per eccellenza. Paracadutista acrobatico, *freestyler*, ovvero una via di mezzo tra ballerino, acrobata e paracadutista, aveva iniziato con il *base jumping*, sviluppando così il suo amore per la caduta libera. Testimonial per eccellenza, negli anni Novanta, di una linea di orologi il cui motto era "*no limits*", incarnava perfettamente lo spirito libero, ma pensante. Dietro a ogni sua esibizione, dietro a ogni tuffo, volo e planata c'erano mesi e mesi di progettazione, calcoli, intuizioni. Quando approdò allo *skysurf*, una disciplina folle che consiste nel lanciarsi da un aereo con una tavola simile a quella di uno snowboard per eseguire evoluzioni spettacolari surfando sul mondo, pensammo tutti che non potesse andare più in là. Che Patrick fosse ormai diventato al novanta per cento una creatura volante. Lui no.

Il volo era tecnologia, progettazione, duro allenamento. Ma era soprattutto un sogno. E perciò, ispirandosi ai balzi in planata degli scoiattoli volanti, sviluppò una "tuta alare", una membrana tesa tra braccia e gambe, con cui sarebbe davvero diventato una creatura dell'aria. Non era del tutto una sua invenzione, ma nemmeno la cera e le piume di Dedalo lo erano. "Inventare" spesso significa perfezionare le tecniche e utilizzare in modo diverso ciò che già esiste. E Patrick, con la sua tuta alare, fu un uomo volante, capace di dominare le correnti in caduta, con la forza della volontà. Con la membrana della tuta e le braccia spalancate, tremante sotto al soffio di enormi pressioni, e comunque in perfetto controllo della sua planata, Patrick de Gayardon si infilò tra le più famose vallate del mondo, planando a pochi metri da paurose balze di roccia, come un predatore in picchiata. In una caduta a cui non si addicevano le parole "eroe" e "impresa", perché non c'era un'impresa da conquistare, né un atto diverso dal semplice essere lì, nell'aria.

Ma davvero l'uomo può volare? Per un po', dice la leggenda di Dedalo e Icaro. In condizioni estreme e con grande attenzione. E così, dopo un anno di planate mirabolanti, durante un lancio sopra alle isole Hawaii, quelle del surf e delle onde leggendarie, in un lancio banale per chi si era preso gioco delle vertigini di tutto il mondo, il primo paracadute non si aprì. E nemmeno il secondo. Ci sono uomini che, con le loro invenzioni, hanno cambiato il nostro modo di vivere. Altri, quello di sognare. E Patrick, Dedalo e Icaro al tempo stesso, è uno di loro.

DON'T LET SOMEONE GET COMFORTABLE DISRESPECTING YOU.

NON LASCIARE CHE QUALCUNO SI SENTA A SUO AGIO MANCANDOTI DI RISPETTO.

Ci sono molti mondi lavorativi a cui una donna fa fatica ad accedere, ma quello del calcio sembra essere tra i più impermeabili. In nome di una non meglio comprensibile "tradizione": la stessa che fa sì che le calciatrici guadagnino un decimo dei loro colleghi uomini, che le presidentesse di club siano pochissime, che le allenatrici alla guida di una squadra maschile si contino sulle dita di una mano e che, mentre scrivo queste righe, non si sia ancora vista una direttrice sportiva di alto profilo. E poi ci sono gli arbitri: nelle serie minori capita talvolta di vedere all'opera qualche donna in partite di calcio maschile, e in quasi tutte le occasioni il pubblico si è lasciato andare a comportamenti sessisti. Per il futuro più immediato, le speranze di un ambiente paritario sono affidate a Bibiana Steinhaus, tedesca, che dal 2017 arbitra in Bundesliga, prima donna ad arrivare a dirigere partite di massima serie in uno dei cinque maggiori campionati al mondo.

"Non mi sento una pioniera" dice in un'intervista al "New York Times". "Per me è la normalità e vorrei lo diventasse per tutti." Ma se persino lei che, seguendo le orme del padre, è arbitro già a quindici anni, ha dovuto aspettare di compierne trentotto per arrivare in Bundesliga, vuol dire che i pregiudizi sono davvero forti.

Sin dagli esordi si è dimostrata superiore agli insulti che le arrivavano dagli spalti. Forse è stata aiutata dal suo altro lavoro, quello di agente di polizia, mestiere che ha fra i suoi requisiti fondamentali un profondo senso della giustizia e del dovere. La sua carriera è iniziata, come per qualsiasi arbitro, su campetti di periferia, a volte anche di quartieri poco raccomandabili, dove ha dovuto far ricorso a tutte le sue capacità per tenere in mano partite nervose ed evitare risse. Steinhaus ha poi arbitrato nelle leghe minori maschili, alternandole al calcio femminile, dove ha avuto assegnazioni sempre più prestigiose, fino ad arrivare alla finale del Mondiale del 2011 e dell'Olimpiade del 2012.

A quel punto è passata alla seconda serie e alla coppa nazionale. Infine, l'ultima promozione, che ha suscitato almeno un paio di episodi da "tradizione". Kerem Demirbay, giocatore del Fortuna, per esempio, dopo essere stato espulso per doppia ammonizione, è uscito dal campo apostrofandola con un eloquente: «Le donne non c'entrano un c... con il calcio». E quando Steinhaus è scesa in campo per Colonia-Bayern Monaco, partita trasmessa in tutto il mondo, la televisione che la diffondeva in Iran è come impazzita: le immagini, di solito impeccabili, erano diventate ballerine, con improvvisi stacchi di scena, inquadrature inspiegabili del pubblico nel bel mezzo di un'azione, velocissimi cambi di telecamera. La ragione? Dal governo iraniano era giunto l'ordine perentorio di non inquadrare mai lei, l'arbitro donna. E allora ecco che la regia si è dovuta sbizzarrire in una serie di "acrobazie assortite", per novanta minuti più recupero.

Steinhaus, ovviamente, non si è scomposta: sa di essere un arbitro eccellente e di avere gli stessi parametri di idoneità fisica dei suoi colleghi uomini. E che, con lei, il famoso giorno di non ritorno è finalmente arrivato. Con qualche saltello di troppo, ma, si sa, non tutte le regie sono sempre perfette.

DO MORE THINGS THAT MAKE YOU FORGET TO CHECK YOUR PHONE.

SVOLGI PIÙ ATTIVITÀ CHE TI FACCIANO DIMENTICARE DI CONTROLLARE IL TELEFONO.

C'è un atleta tedesco, che pochi conoscono, che è stato il primo ad aver vinto quattro medaglie d'oro in quattro differenti discipline. La sua impresa ha un che di romantico e leggendario, perché risale alla prima edizione delle Olimpiadi moderne, quando nacque, si può dire, lo sport che conosciamo oggi. E si codificarono le sue regole. Carl Schuhmann, il pioniere di questa classifica di pochi privilegiati, amava ogni tipo di sport, che affrontava con due magnifici baffi a manubrio e lo sguardo concentrato di chi sa impegnarsi fino in fondo.

Nato nel 1869, Carl era un drago della ginnastica, in un'epoca, quella di fine Ottocento, in cui proprio la ginnastica si stava affermando come un'attività per tenere il corpo all'erta e la mente lucida e che, di lì a poco, sarebbe diventata uno dei pilastri della formazione della gioventù tedesca. Schuhmann aveva già ottenuti vari riconoscimenti in diverse manifestazioni in Germania, e riuscì a dedicarsi, quando il lavoro glielo permetteva, anche alla lotta libera e, magari, dato che c'era, al sollevamento pesi. Quando venne a sapere dell'idea di Pierre de Coubertin, si iscrisse senza alcuna esitazione ai Giochi di Atene.

Carl dominò le gare di ginnastica: vinse l'oro individuale nel volteggio, e le competizioni a squadre alla trave e alle parallele. Partecipò alle gare di cavallo, trave, parallele e anelli, senza però andare a medaglia. Ma non si fermò. Giunse quinto nel sollevamento pesi a due mani. Si iscrisse al torneo di salto in lungo, salto triplo e lancio del peso. E poi, per concludere in bellezza, c'era la gara di combattimento, una sorta di quella che oggi si chiama lotta greco-romana, ma senza limiti di tempo né di peso. Benché fosse più basso e leggero degli altri concorrenti, Schuhmann sconfisse in semifinale il britannico Laucenston Elliot, favorito assoluto, che già aveva vinto l'oro nel sollevamento pesi. E poi, in una finale che passò alla storia, lo scontro con l'idolo locale, il greco Georgios Tsitas. Il loro fu un combattimento mitico: durò più di quaranta minuti, e fu sospeso per l'arrivo del buio. Si riprese quindi il giorno successivo, dopo un'intera notte di attesa e, questa volta, Schuhmann vinse in poche mosse. Oro. E, a quel punto, con quattro medaglie al collo, tornò soddisfatto a casa, al suo "vero" lavoro. Quale? E te lo chiedi: Carl Schuhmann faceva l'orafo.

SEEK RESPECT, NOT ATTENTION. IT LASTS LONGER.

CERCA IL RISPETTO, NON L'ATTENZIONE.
DURA PIÙ A LUNGO.

Ziad Abdelnour

Lo sai quanto sono alti i giocatori di basket? Tanto, esatto. E lui, invece, alto non lo era per niente: un metro e cinquantanove. Undici centimetri meno di Messi, la "Pulce".

Tyrone Bogues nasce a Baltimora, nel 1965, e da bambino usa un secchio del latte sfondato appeso a una cancellata per provare le schiacciate. Da adolescente gioca per ore e ore al Lafayette Community Recreation Center, un impianto di quartiere con un tocco magico, perché da quel parquet escono, in quegli stessi anni, tre futuri giocatori Nba: David Wingate, Reggie Lewis e Reggie Williams. Bogues, però, è poco più di una mascotte. Bravo lo è, ma... come dire, a volte anche le dimensioni contano.

Nel 1981, sedicenne, si trasferisce dalla Southern High School di Baltimora alla High School di Dumbar, che ha un'ottima squadra di basket. Quando si presenta per la prima volta al campo d'allenamento, gli altri ridono. Allora chiede la palla. Dopo averlo visto tirare a canestro, l'allenatore gli concede di fare un paio di allenamenti. Sono sufficienti per capire che quel furetto alto poco più di un metro e mezzo ha un talento da gigante. E a ritagliargli addosso un soprannome: "Muggsy", il "Borseggiatore", per come soffia via la palla agli avversari. Letteralmente, senza che questi nemmeno lo vedano arrivare. La sua prima partita ufficiale è sul campo della Camden High School: non appena entra in campo, i tifosi cominciano a ridere e a fischiare. Niente che Bogues non si aspettasse: strizza l'occhio ai compagni e via, comincia a rubare un pallone dietro l'altro. All'intervallo, Dumbar è avanti di trenta punti e gli spettatori non ridono più. Da quel momento, la Dumbar High School inanella una striscia di cinquantanove vittorie consecutive, e si aggiudica per qualche anno il campionato di categoria.

Se quando si era presentato alla squadra gli avevano consigliato di fare il raccattapalle, al momento di lasciare la High School, il suo nome è inserito nella Hall of Fame come il più importante di tutta la storia della scuola. I pregiudizi, però, non sono finiti: nonostante sia evidentemente stato il miglior giocatore della sua leva, non ci sono molti allenatori di università importanti interessati a reclutare un cestista alto un metro e cinquantanove. Riceve solo due offerte: dalla Georgetown University e da Wake Forest. Sceglie quest'ultima. Ma i suoi primi due anni nel basket universitario sono comunque un'autentica lotta contro i mulini a vento. I tecnici non credono in lui, e il suo impiego in campo è limitato a pochi minuti a partita. Poi, però, arriva Bob Staak, che se ne frega dell'opinione degli altri e si basa solo sulla sua: quel ragazzo si impegna e vuole giocare più di tutti gli altri. Fra lo scetticismo generale, quindi, lo impiega con continuità: la media punti della squadra raddoppia. Muggsy entra nei primi dieci giocatori universitari per numero di assist e fra i primi tre playmaker per numero di rimbalzi conquistati. Alla fine della sua carriera universitaria, Wake Forest ritira il suo numero 14. «Non volevano neanche dartela, questa canottiera» dice Staak durante la cerimonia, «e ora che l'hai indossata tu, non la daranno più a nessun altro.»

Resta ancora la sfida più difficile: la Nba. Bogues viene scelto come dodicesimo assoluto nel draft del 1987, e finisce ai Washington Bullets. Anche qui, lo scetticismo regna sovrano. Gli analisti dubitano che un giocatore come lui possa aver successo a questi livelli. "L'unica cosa a cui può servire è diventare un'attrazione per vendere i biglietti" scrive di lui un noto giornale di

Washington. I giornalisti erano affascinati più che altro dal fatto che avrebbe giocato nella stessa squadra di Manute Bol, due metri e trentadue, il giocatore più alto della storia della Nba. Insomma: quei due facevano una bella coppia. "Va bene" pensa Bogues, "fotografatemi e scrivete quello che volete, basta che mi fate giocare." E con la sua solita calma li zittisce tutti, con una stagione da rookie molto buona, e accettando, poi, l'anno seguente, un trasferimento abbastanza clamoroso agli Charlotte Hornets, una squadra appena creata per allargare la lega, e dunque molto debole. «Nessuno crede in me, e nessuno crede in Charlotte» dichiara. «Quindi siamo perfetti. A me piacciono le sfide: sapremo guadagnare il vostro rispetto.»

In quattro anni gli Hornets, con il piccolo borseggiatore come stella, conquistano per la prima volta i playoff. E quando, nel 1997, li lascia per andare ai Golden State Warriors, il piccoletto ha stabilito i record della franchigia per assist, palloni rubati e minuti giocati.

Nel momento di appendere le scarpe al chiodo – un chiodo alto come quello di tutti gli altri giocatori – può finalmente dichiarare: «Erano gli altri a guardare l'altezza, ma li capisco: la gente, quando non ti conosce, spesso ti giudica per quello che sembri. Sta a te farti apprezzare per quello che sei».

Oggi fa il dirigente, ovviamente nello staff della sua squadra: gli Charlotte Hornets.

ONE FINDS LIMITS BY PUSHING THEM.

I LIMITI SI INDIVIDUANO SPINGENDOLI PIÙ AVANTI.

Herbert Simon

Di solito a dieci anni si trascorre il tempo a giocare con gli amici. Ma lui no, lui se ne stava da solo ad allenarsi. A venti, poi, si cerca di costruire una certa immagine di sé, fatta di vestiti e nuovi tagli di capelli. Ma lui no, lui tirava fuori dall'armadio le prime cose che trovava – grandi, molto grandi – e la sua unica richiesta dal barbiere era: «Corti, grazie». A trent'anni, se si è diventati una delle persone più famose del mondo, magari si ha voglia di dire la propria e di dettare il passo. Non Sergej, il ragazzino che, mentre gli altri giocavano, ha afferrato una lunga e pesantissima asta e ha cominciato a saltare. Non esattamente uno sport per bambini: richiede forza, coordinazione, rapidità e una grande precisione nei movimenti. Prenderlo o lasciarlo.

Sergej Bubka fa la sua prima comparsa nel mondo dello sport professionistico nel 1983, al Mondiale di Helsinki, al suo debutto al di là dei confini in via di sgretolamento dell'Urss: senza tanti complimenti salta 5,70 e vince l'oro. L'anno dopo, a Bratislava, il 26 maggio del 1984, fa 5,85 ed è il record del mondo. Una cosa che farebbe inorgoglire tutti, tranne lui. È "solo" il suo primo record del mondo: ne farà altri trentaquattro. Il 2 giugno, una settimana dopo, si ripete a Parigi (5,88). Il 13 luglio, a Londra (5,90). Il 31 Agosto, a Roma, il francese Thierry Vigneron prova a spezzare la sequenza saltando 5,91, e allora Sergej, sbuffando, lo supera con 5,94. L'anno dopo, arriva ai sei metri, e il discorso sembra chiuso per sempre. Ma non per Sergej.

Nel decennio successivo, un centimetro per volta, continua a migliorare il record del mondo fino a portarlo a 6,15.

E perché un centimetro per volta? La storiella divertente racconta che lo fa perché, tra le tante regole assurde del suo Paese, ce n'è una per cui l'Unione Sovietica è solita offrire premi consistenti a ogni primato mondiale stabilito dai propri atleti. E quindi Bubka, in qualche modo, si centellina, per poter ottenere più premi. Ma quella vera è che Sergej è un perfezionista, che sposta sempre un po' più in là l'asticella – è proprio il caso di dirlo – dei suoi limiti, lavorando meticolosamente su ogni aspetto. Per esempio, usa aste più lunghe e più rigide rispetto a quelle dei suoi avversari, e le impugna più in alto: così facendo sfrutta la sua forza fisica fuori dal comune per ottenere leve migliori.

Ogni centimetro guadagnato è, in realtà, il frutto di allenamenti durissimi, senza nessuna concessione alle occasioni mondane. Bubka non è trendy, Bubka non è fashion. È muscoli e concentrazione. E quegli occhi azzurri socchiusi in un'espressione granitica a guardare l'asta davanti a lui.

A chi lo accusa di essere un robot, una volta risponde così: «Se sei un atleta non sei un seduttore. Non puoi stare lì a rimirarti. Devi gareggiare. Devi avere fame di successi, di risultati, di gloria. Lo sport non è una sfilata, è provarci per davvero con tutto te stesso». In una delle sue rarissime interviste spiega meglio che cosa intendeva: «In quanto atleti, dobbiamo sapere che il tempo a nostra disposizione non è infinito, che ogni occasione va preparata e sfruttata. Le persone non sono tenute a saperlo, ma per superare i miei limiti in gara, ogni volta supero prima i miei limiti in allenamento».

Il suo ultimo record del mondo – 6,15 – resta tale per vent'anni, finché, nel 2014, il francese Renaud Lavillenie, a Donetsk, nella sua Ucraina, riesce a saltare 6,16. Tutti ne sarebbero contrariati, ma non Sergej. È in tribuna, e scatta subito in piedi ad applaudire. «Perché dovrei essere dispiaciuto? Lavillenie è uno che vuole andare sempre oltre i suoi limiti. È il mio successore ideale.»

THE FIRST STEP OF CHANGE IS TO BECOME AWARE OF YOUR OWN BULLSHIT.

IL PRIMO PASSO PER IL CAMBIAMENTO
È DIVENTARE CONSAPEVOLI DELLE PROPRIE
STUPIDE SCUSE.

Mark McGwire ci mise un bel po' di tempo a confessare. Era un fortissimo battitore di baseball: vinse una World Series nel 1989 con gli Oakland Athletics e chiuse la carriera con più di cinquecento *home run* – i fuoricampo – realizzati. Nel 1999, quando ancora giocava, venne inserito nella lista dei migliori cento giocatori di baseball del XX secolo. Ma aveva qualcosa che faticava a tirar fuori. L'anno prima il giornalista Steve Wilstein aveva pubblicato una lunga ricerca sull'uso di steroidi nello sport professionistico americano. I sospetti dello scrittore erano cominciati quando si era reso conto che sia McGwire sia Sammy Sosa, battitore dei Chicago Cubs, avevano superato il record di *home run* che resisteva dal 1961.

McGwire ammise di aver usato dell'androstenedione, un potenziatore muscolare notevole, che non era nella lista dei prodotti vietati dalla Mlb, la lega del baseball americano, sebbene fosse proibito sia dal Cio, il Comitato olimpico internazionale, sia dalla Nfl, la maggiore lega di football americano. Di fatto McGwire era innocente, e non subì alcuna squalifica. Ma venne scoperchiato un vespaio: in molti sostennero che l'uso di steroidi non solo era moralmente scorretto ma anche pericoloso per chi li assumesse, e quindi dovevano essere assolutamente vietati. In quanti li utilizzavano? Impossibile saperlo. Ma il dubbio sulla loro diffusione fu tale che l'intero decennio del baseball degli anni Novanta venne etichettato come "Steroids Era".

McGwire, comunque, non aggiunse altro. Terminò la carriera nel 2001, convinto che il peggio fosse passato. Poi, però, nel 2005, un altro ex giocatore di baseball molto famoso, José Canseco, pubblicò un'autobiografia intitolata *Juiced*, dove non solo non criticava gli steroidi, ma affermava che se ne servissero oltre l'ottantacinque per cento dei giocatori professionisti. Il vespaio si scoperchiò una seconda volta. E McGwire venne chiamato a testimoniare. «Chiedere a me, o a qualsiasi altro giocatore, di rispondere a domande su chi ha preso steroidi di fronte alle telecamere, non risolverà il problema. Se un giocatore risponde "no" non sarà creduto, se risponde "sì" avrà solo il disprezzo del pubblico e infinite indagini governative» disse.

Tenne duro, su questa linea, per altri cinque anni, fino al 2010, quando finalmente decise di sputare il rospo: ebbene sì, confessò, aveva regolarmente usato steroidi a partire dal 1989. Soprattutto nel 1993, per riprendersi da un altro infortunio. Disse di averli presi anche nella stagione del suo record di *home run*, il 1998, per alleviare la sofferenza di un altro infortunio. «Vorrei non averli mai toccati, è stato sciocco ed è stato un errore, mi scuso. E vorrei non avere mai giocato nella "Steroids Era".»

E poi, dopo aver finalmente confessato, poté sedersi con il cuore più leggero tra gli allenatori dei St. Louis Cardinals, la sua seconda squadra. Con loro vinse le World Series l'anno successivo. E quando entrò allo stadio, il pubblico si alzò in piedi per tributargli una lunga standing ovation. Non per le World Series. Ma perché era stato perdonato.

CONFUSE
THEM WITH
SILENCE.
AMAZE
THEM WITH
ACTION.

CONFONDILI CON IL SILENZIO. SORPRENDILI CON L'AZIONE.

L'australiano Mark Edmondson ha ventidue anni ed è un ragazzone dalla corporatura massiccia, la fronte alta, i capelli lunghi e ribelli e un bel paio di baffi da attore di film hard. È un discreto giocatore di tennis, ma nulla di più: numero 212 al mondo nella classifica Atp, tante promesse (a dieci anni ottenne di essere allenato da Charlie Hollis, il personal trainer che aveva costruito la carriera del mitico Rod Laver), e una grande sfortuna. Ha da poco perso il padre per un cancro al cervello fulminante. Per Mark il tennis è poco più che un hobby: i premi vinti servono ad arrotondare. Per sbarcare il lunario fa i lavori più strani: in questo periodo pulisce i pavimenti e le finestre nell'ospedale di Gosford, sua città natale, dove la sorella è infermiera.

Dieci giorni prima dell'inizio dell'Australian Open, gli squilla il telefono. A chiamarlo è la federazione nazionale, che gli offre una *wild card* per un torneo minore, il Tasmanian Open. Edmondson accetta, lascia il lavoro in ospedale, va a giocare il torneo e lo vince, ottenendo, insieme al premio, anche la qualificazione diretta allo slam australiano sui campi in erba del Kooyong Lawn Tennis Club, a Melbourne. Ne è felice, ma sa che la sua classifica non gli permette illusioni, tanto che, a differenza di quasi tutti i tennisti più famosi, che alloggiano all'Hilton, si fa ospitare a casa di un amico e, per andare a giocare, prende il tram: cinquanta minuti all'andata, altrettanti al ritorno.

Nel 1976, l'Australian Open è ancora considerato il "major minore" del circuito: i premi sono bassi, e poiché il torneo si svolge di solito nei giorni subito successivi al Natale, i giocatori più forti spesso lo ignorano: sono poche le stelle straniere che hanno voglia di prendere un aereo sotto Natale, andare dall'altra parte del mondo per un torneo che ha come primo premio 7500 dollari. Quell'anno, in effetti, le star Connors, Vilas, Borg e Nastase danno forfait. Tra le sedici teste di serie restano comunque nomi interessanti. I favori del pronostico vanno al vecchio (quarantun anni) ma sempre abile Ken Rosewall, vincitore di quattro Australian Open (il primo nel 1953!) e al detentore del titolo John Newcombe (che l'anno prima ha battuto proprio Connors).

A Edmondson basterebbe non sfigurare, e in effetti già la vittoria al quinto set al primo turno, contro l'austriaco Feigl, lascia immaginare che non avrà vita lunga. Anche perché la partita successiva è con Phil Dent, testa di serie numero 5, finalista due anni prima. Ma Edmondson è in giornata di grazia e si impone in quattro set: 6-0 6-4 4-6 6-3.

Quel successo così insperato gli fa prendere fiducia e, al turno successivo, batte in quattro set il neozelandese Brian Fairlie, avanzando ai quarti, dove trova Richard "Dick" Crealy, finalista nel 1970. Quella mattina, mentre prova il campo, Mark incontra il mitico John Newcombe, e i due attaccano discorso.

«Ehi, ragazzo, mai giocato su questo campo?»

«Figuriamoci. Sono sempre stato sul campo 27, davanti a tre persone e un cane.»

Newcombe gli dà qualche consiglio, senza immaginare che qualche giorno più tardi se ne pentirà. Nel pomeriggio si gioca, e Edmondson, contro ogni pronostico, supera nettamente Crealy (7-5 7-6 6-2) e arriva in semifinale.

È il momento di affrontare il leggendario Ken Rosewall, uno tra i più forti giocatori del circus. Mark decide di insistere sul suo rovescio, per poi attaccare sul dritto con il secondo colpo. La strategia funziona, mette a nudo i limiti dell'anziano campione, e l'ex ragazzo delle pulizie dell'ospedale vince in quattro set: incredibilmente, è in finale dove giocherà proprio contro il "mammasantissima" del tennis australiano, l'iperfavorito John Newcombe. I tifosi, anche quelli che lo incrociano sul tram verso casa, sono amichevoli, ma non gli danno nessuna possibilità di vittoria. La differenza di talento è enorme; i due finalisti hanno una sola cosa in comune: i baffi, tanto che qualcuno definisce quella partita "Moustache Final", la "Partita dei baffi", appunto.

Il 4 gennaio 1976, al Kooyong Stadium c'è un bel sole e fa molto caldo, ma soffia pure un vento fastidioso, che costringe l'arbitro a sospendere la partita per mezz'ora. E questo rinvio, contro ogni previsione, mette in imbarazzo il giocatore più esperto. Ma il divario tecnico è tale che alla ripresa del match Newcombe si aggiudica al tie-break un combattuto primo set. Edmondson, che ha tutto da guadagnare e proprio nulla da perdere, non si arrende. Anzi, mentre Newcombe inizia a sbagliare, soprattutto di rovescio, lui rimette in campo tutto quel che gli capita a tiro di racchetta. E così vince 6-3 il secondo set, 7-6 il terzo, e si porta sul 5-1 al quarto. Edmondson si sta giocando il game e, dopo qualche scambio, ha il suo primo match point: attacca, Newcombe ribatte, ma un soffio di vento rallenta la pallina, facendola morire sul nastro. Edmondson, il numero 212 del mondo, è il nuovo campione dell'Open d'Australia!

Ma non è finita.

C'è ancora da salire sul podio, ricevere il premio, alzare la coppa. E le mani di Mark, quelle mani che non hanno mai tremato in tutto il torneo, sembrano all'improvviso farsi di pastafrolla: alla consegna del trofeo, incredulo e visibilmente impacciato, la fa cadere a terra, ed esclama uno spontaneo e poco raffinato: «*Shit!*», che provoca l'ilarità dei presenti.

Torna a casa in tram con la coppa in mano. Poi usa l'assegno consegnato al vincitore per pagare una vecchia bolletta del gas e per iniziare a giocare un po' più seriamente, nell'anno che è appena iniziato.

OBSESSED IS A WORD THE LAZY USES TO DESCRIBE THE DEDICATED.

OSSESSIONATO È LA PAROLA CHE IL PIGRO UTILIZZA PER DESCRIVERE CHI È SCRUPOLOSO.

Il Pallone d'oro, nato nel 1956 su iniziativa della rivista sportiva "France Football", è considerato il massimo riconoscimento per i giocatori di calcio. Solo due atleti lo hanno vinto cinque volte: Cristiano Ronaldo e Lionel Messi, e in modo del tutto diverso.

Il primo è una perfetta macchina sportiva, venuto al mondo quasi per caso, poiché sua madre si stava convincendo a non volerlo far nascere quel bambino, dato che sarebbe stato il suo quarto figlio, e temeva di non farcela. Lionel Messi, invece, ha avuto un'infanzia difficile, perché affetto da ipopituitarismo e ha dovuto sottoporsi a cure molto costose. Cure che gli offrì il Barcellona, pur di assicurarsene il talento, facendogli firmare il primo ingaggio sopra a un tovagliolo. Ma a scorrere la lista dei premiati si ritrovano tutti i grandi giocatori degli ultimi anni: Cruijff, Platini, Zidane, van Basten, Ronaldo il "Fenomeno". E tra i tanti calciatori che l'hanno vinto una sola volta, ce n'è uno che l'ha afferrato come coronamento di una carriera agonistica praticamente perfetta: Pavel Nedved.

Nedved arriva piuttosto tardi sul palcoscenico del grande calcio, nel 1996, a ventiquattro anni, durante l'Europeo in Inghilterra, segnando un gran gol contro l'Italia, quattro minuti dopo il fischio d'inizio e trascinando poi la Repubblica Ceca fino alla finale, dove si arrenderà solo al golden gol (una regola per cui la

prima squadra che segna durante i supplementari si aggiudica la partita) del tedesco Oliver Bierhoff.
Le sue prestazioni convincono la Lazio ad acquistarlo dallo Sparta Praga: sembra a tutti un buon centrocampista, nulla di più, ma Nedved si dimostra presto un giocatore completo. Offensivo ma abile a coprire, duttile, capace di giocare in qualunque zona della mediana, all'occorrenza trequartista con una predilezione come esterno. Ha un sinistro micidiale, ma fin da piccolo si è allenato con il destro, con la sua consueta metodicità e ossessione, che condivide con un altro grande atleta ceco, Emil Zátopek (ne parlo a pagina 115). La stampa lo definisce "generoso", un appellativo che nel calcio si appiccica a quei giocatori che si impegnano molto, aiutano la squadra, si sacrificano per i compagni, ma che non sono stati baciati dal talento delle stelle. Invece Pavel un talento ce l'ha, ed è proprio quell'impegno inesauribile. Una leadership silenziosa ma rabbiosa, che emerge nei momenti più difficili, nelle partite più dure, quando anche i fuoriclasse appaiono impotenti. A un certo punto i suoi capelli biondi saettano come un lampo d'oro, e un suo guizzo, un suo assist, uno dei suoi tiri micidiali, decidono la sfida. In qualsiasi momento della partita, perché Nedved corre in campo più di tutti gli altri, e quando compagni e avversari sono al limite, lui ha ancora energie da vendere. Si allena continuamente proprio per questo. Non va neppure in ferie; e quando proprio deve concedersi una vacanza – perché sua moglie Ivana è allo stremo – sceglie solo alberghi attrezzati con una buona palestra.
Quando passa alla Juventus, nel 2001-02, ne diviene il trascinatore, in una squadra che ha perso Zidane, venduto al Real Madrid. È subito scudetto, con la famosa vittoria del 5 maggio, quando la concomitante sconfitta dell'Inter permette ai bianconeri di superare i neroazzurri in classifica. E l'anno dopo guida la Juventus fino alla semifinale di Champions League con il Real Madrid, dove però la sua grinta gli costa una stupidissima ammonizione, e la conseguente squalifica dalla finale. Una partita che la Juventus perde, ai rigori, contro il Milan, senza poter schierare la sua anima

guerriera. In molti pensano che, con lui in campo, quella finale sarebbe stata diversa. E se non gli riesce di alzare la coppa con le grandi orecchie – un'altra ossessione che trasmetterà alla Juventus, di cui di lì a poco diventerà vicepresidente – per lo meno è premiato come miglior giocatore di quell'annata, con il Pallone d'oro. Un riconoscimento personale, per una volta dato a un giocatore non vincente, ma che ha messo tutto se stesso a disposizione della squadra.

FALL SEVEN TIMES. STAND UP EIGHT.

CADI SETTE VOLTE. ALZATI OTTO.

Proverbio giapponese

Il wrestling professionistico è un grande spettacolo di luci, fuochi d'artificio, incontri eccezionali, filo spinato, gabbie d'acciaio, scale, voli acrobatici, smorfie orribili. Ed è tutto falso. È una coreografia di ballerini muscolosi, dove gli incontri seguono delle *storyline*, cioè vere e proprie trame scritte da sceneggiatori professionisti di *kayfabe*, la finzione del wrestling. Eppure i lottatori sono atleti veri. Sono allenati e preparati non solo a gareggiare e a resistere al dolore, ma anche a parlare, a interpretare il loro personaggio, e ad avere nei confronti dei fan (molti dei quali sono ragazzini) un codice di condotta etica esemplare. Molti di loro hanno fatto sport agonistici di alto livello, arti marziali miste, qualcuno il pugilato o la lotta libera.

Kurt Steven Angle è uno di loro. E non può essere altrimenti: fisico massiccio e compatto, non un solo capello in testa e sguardo feroce, da vincente. Inizia nella lotta libera a livello agonistico, diventa campione del mondo nel 1995 e conquista l'oro all'Olimpiade di Atlanta dell'anno successivo, nella categoria 90-100 chili, sconfiggendo l'iraniano Abbas Jadidi. Ma si infortuna, piuttosto seriamente, al collo. Passa, quindi, alla lotta "di spettacolo", ingaggiato dalla massima federazione di wrestling, che si chiamava Wwf, nome che avrebbe cambiato dopo un lungo contenzioso con il Wildlife World Found, quello dei panda. Gli sceneggiatori del campionato lo trasformano in un lottatore cattivo (*heel*, nel gergo) che combatte con la medaglia olimpica al collo e deride gli avversari. Vince più volte tutte le cinture della federazione e inventa alcune delle mosse più popolari della disciplina, come l'Olympic Slam e l'Ankle Lock.

Anche se è lotta concordata, però, non tutti sono d'accordo con il copione o, almeno, fanno finta di non esserlo. Nel 2003 inizia una faida con Brock Lesnar – un altro lottatore vero, ex campione di arti marziali miste, con muscoli, capelli a spazzola e sguardo truce – che si alimenta di vittorie, sconfitte, e molte chiacchiere. Fino alla diciannovesima WrestleMania, ovvero l'incontro più seguito dell'anno, dove le grandi trame trovano compimento. Solo che Angle è torturato dai problemi al collo. Ne parla con il presidente della federazione, Vince McMahon, che capisce la serietà della questione e, chiamati gli sceneggiatori, decide di fargli perdere il titolo un match prima di WrestleMania, con un finto infortunio e salvandolo così dai rischi di un incidente più serio.

Ma poco prima dell'incontro Kurt va a trovare un vicino di casa, che ha un figlio con la sindrome di Down che è un suo grande fan. Il ragazzino gli mostra la copertina di WrestleMania e gli dice che non vede l'ora di vederlo lottare. Kurt lo guarda e inizia a piangere. Poi chiama Vince e gli domanda di salire sul ring. Affronta il suo grande nemico e, nonostante il loro sia uno dei match più spettacolari di sempre, il copione vuole che ne esca sconfitto. Perde, ma con quell'azzardo non perde la sua dignità, e può continuare la sua carriera con altri titoli e altre cinture, per la gioia dei fan.

NO MATTER HOW GOOD YOU GET YOU CAN ALWAYS GET BETTER AND THAT'S THE EXCITING PART.

PER QUANTO TU SIA BRAVO, PUOI SEMPRE MIGLIORARE, ED È QUESTA LA PARTE EMOZIONANTE.

Tiger Woods

Un giorno Richard Williams decise che tutte e due le figlie avute dal suo secondo matrimonio sarebbero diventate tenniste. C'è chi dice che lo fece dopo aver visto il montepremi di un torneo, altri sostengono che fosse rimasto incantato dalla tennista romena Virginia Ruzici, ammirata in tv. Fatto sta che iniziò ad allenare le due figlie più piccole, Venus e Serena, quando non avevano ancora compiuto cinque anni. Serena, la minore, debuttò sul circuito professionistico Wta, nel 1997 a Indian Wells, e sembrò subito una buona tennista: era potente, "picchiava" la palla con forza, e aveva un servizio infuocato. La sorella Venus, però, sembrava più promettente: aveva la stessa potenza di Serena, ma era più alta e più veloce, pareva più completa. Niente di più sbagliato. In poco tempo Serena vinse tutti i tornei più prestigiosi: nei cinque anni successivi trionferà due volte all'Australian Open, al Roland Garros, e a Wimbledon, e una volta all'Us Open.

Poi, però, non per colpa sua, tutta la determinazione e la forza di volontà si incrinarono. Il 14 settembre del 2003, Serena era a Toronto, al telefono con la sorellastra maggiore Yetunde, una specie di seconda madre per lei. Le due si salutarono e tutto sembrava andare come sempre. Poche ore dopo le arrivò la notizia che Yetunde era stata assassinata durante uno scontro fra gang. Il trauma fu insostenibile.

Serena provò a non pensarci, si gettò sul lavoro, sugli allenamenti più massacranti, sicura che la routine l'avrebbe curata. Ma non funzionò. Lo shock si rifletté sul suo gioco. Mise in fila una pessima prestazione dopo l'altra, ed entrò nel vortice della depressione. Complice anche un infortunio, arrivò a meditare il ritiro dal tennis. Ma nello stesso periodo compì una serie di viaggi. In Africa. E nel vedere i luoghi da cui i suoi antenati erano stati strappati, nel ripercorrere la storia della sua famiglia, nel vedere come vivevano ora, in quali condizioni, e nello scoprire che tutti quei luoghi erano rimasti al di fuori dalla ruota del tempo, dal sogno americano, da tutto ciò che lei aveva sempre dato per scontato, ritrovò la sua forza interiore. «Capii tante cose: se i miei antenati erano stati in grado di superare sofferenze di quel tipo, anch'io potevo farcela e sopportare qualsiasi cosa.»

E così tornò a giocare con la mente più libera, più forte. E tornò a vincere. Come e più di prima: sei Australian Open, due Roland Garros, cinque Wimbledon, quattro Us Open, la medaglia d'oro all'Olimpiade di Londra, e molti altri trofei. E quando sul campo trova Venus, be', le due si sorridono di certo, ripensando a tutto quello che è stato. Secoli fa e anni fa. Ai primi allenamenti, al padre, alla sorella maggiore che non c'è più. E poi iniziano a combattere, come solo nello sport è bello veder fare.

EAGLES DON'T FLY WITH PIGEONS.

<u>LE AQUILE NON VOLANO CON I PICCIONI.</u>

Nel 1934, al campo da golf di Lakeside, a Hollywood, si presentò un uomo dal fisico muscoloso, il viso pulito, leggermente paffuto, illuminato da un sorriso sicuro e con i capelli scuri sempre ben acconciati con la riga da una parte. Aveva poche cose con sé. Fra queste, una sacca con un set di mazze da golf sovradimensionate, più grandi della norma. Nessuno lo conosceva. Si presentò come John Montague. Non raccontò nessuna storia particolare. Semplicemente, disse di essere un golfista dilettante. Strinse la mano ai vari giocatori del club, tra cui Oliver Hardy (l'Ollio della coppia Stanlio e Ollio) e Bing Crosby (quello di *White Christmas*) e chiese di giocare. Non impiegò molto a far parlare di sé. Con quelle mazze da golf più grandi del normale, vinceva sempre. E la sua straordinaria forza fisica stupiva tutti.

Ma chi era, John Montague? Nessuno di speciale. E come faceva a essere così forte? Facile, fin da bambino si allenava in soffitta appendendosi alle travi del tetto e si tirava su a forza di braccia. A volte con i pesi alle caviglie. E come aveva imparato a giocare in quel modo? Raccontò che un giorno, quando aveva sette anni, mentre camminava in strada aveva trovato una pallina da golf. Aveva preso un manico di scopa, ci aveva attaccato il gomito di un tubo dell'acqua, e aveva colpito la pallina. E frantumato la vetrina del negozio di sigari dall'altra parte della strada. Suo padre aveva dovuto ripagare la vetrina, ma in seguito aveva accettato di comprargli un vecchio set di mazze di seconda mano. Era stato suo fratello maggiore, Harold a insegnargli a giocare. Ma non come avrebbe fatto un normale allenatore. John raccontò di allenamenti bizzarri, doveva, per esempio, seppellire tre palline nella sabbia, e poi colpirle, spedendole il più lontano possibile. Gli piaceva, lo sport: aveva giocato anche a baseball, football, basket e nuoto. E ora era a Hollywood, tutto qui. Vinceva ogni singola gara, e anche questo gli pareva normale.

Era affabile, simpatico, e per qualche mese si trasferì a vivere a casa di Oliver Hardy. I due scherzavano parecchio, con John che spesso sollevava Hardy sul bancone del golf club, a volte con una mano sola, fra le risate dei presenti. Oliver Hardy: che della coppia di comici non era quello mingherlino. A poco a poco, nonostante la sua reticenza, i racconti sul misterioso John Montague iniziarono a fioccare. Un giorno, si narrava, giocò una partita con Bing Crosby. E dopo averlo battuto con le sue ormai proverbiali mazze fuori quota, gli propose di giocare un'ultima buca da 366 metri a Par 4 con delle regole particolari: John si sarebbe servito di una mazza da baseball, una pala e un rastrello, Crosby invece avrebbe potuto utilizzare il set normale. Bing accettò e chiuse la buca nei quattro tiri regolamentari del Par. Allora Montague lanciò in aria la pallina da golf e la colpì con la mazza da baseball, spedendola nella sabbia. Dalla sabbia la colpì con la pala e la mandò sul green. Sul green prese il rastrello e, usandolo come una stecca da biliardo, la fece finire in buca al terzo colpo.

A quanto pareva c'era un motivo oscuro, per tanta reticenza sul suo passato: quando per una delle sue imprese sul campo da golf il suo ritratto venne pubblicato sul "New York Times", nel 1937, al Lakeside Golf Club si presentò un ispettore di polizia della Grande Mela, che lo accusò di aver partecipato a una rapina a mano armata in cui era morto il complice e rivelò il suo vero nome: LaVerne Moore, nato a Syracuse. John Montague ammise i fatti, fu processato, e la cosa – era diventato amico di moltissime star – destò un grande scalpore. Al processo furono in molti a testimoniare in suo favore e

John riuscì a cavarsela, assolto dalla giuria popolare nonostante il parere contrario del giudice.

A quel punto prese definitivamente il nome di John Montague e tornò al campo da golf. Ma tutte quelle vicissitudini ne avevano appannato il talento. Quando si iscrisse allo Us Open, venne eliminato al taglio. Si sposò con la vedova Esther Plunkett, ma non fu un matrimonio felice. Morì povero nel 1972, dopo una serie di investimenti sbagliati. E con la convinzione che, se quell'ispettore gli avesse permesso di lasciare da parte il suo passato, gli avesse permesso di rimanere nascosto come un piccione tra i piccioni, magari avrebbe potuto spiccare il volo come fanno i campioni.

THE
EXPERT IN
EVERYTHING
WAS ONCE A
BEGINNER.

L'ESPERTO DI TUTTO
È STATO UN TEMPO UN PRINCIPIANTE.

Torben Grael è un brasiliano sempre sorridente, con lo sguardo che sembra perennemente rivolto all'orizzonte, quasi a scrutare i confini del mare. È un grande velista, che ha vinto cinque medaglie olimpiche (due ori, un argento e due bronzi), sette ori mondiali, e una Volvo Ocean Race, la regata intorno al mondo. In Italia il suo nome è legato a quello di *Luna Rossa*, dove Torben era il "tattico" che fece vincere all'imbarcazione italiana la Louis Vuitton Cup, nel 2000, prima di perdere per un soffio la sfida con *New Zeland* che valeva l'America Cup.

Prima di diventare un campione, era un semplice dilettante nel mare. La passione gli fu trasmessa dal nonno, danese, trasferitosi in Brasile per motivi di lavoro. Fu lui a farlo salire, da ragazzo, su un sei metri di una certa età, una storica barca a vela varata nel 1912, la *Nurdug II*: una signora di sessant'anni che aveva vinto l'argento all'Olimpiade di Stoccolma. Il giro con il nonno su quel sei metri gli fu sufficiente per innamorarsi del mare. Ma l'amore non è fatto solo di grandi passioni; servono anche i gesti giusti, tutti i giorni. A tredici anni, cominciò a regatare. Da dilettante, tra un compito e l'altro, o tra un esame e l'altro, quando si iscrisse all'università di Rio de Janeiro, cercava di stare sempre tra le onde. Lo aiutarono i suoi due zii: i gemelli Axel ed Eric, entrambi ottimi velisti, che avevano il sogno di disputare un Mondiale. «Fatemi gareggiare con voi» chiese Torben, dicendosi disponibile a coprire qualsiasi incarico, a bordo o fuori.

Il Mondiale di quell'anno, a Rio, era della categoria dei Soling. Torben e gli zii si iscrissero anche senza avere una barca. Poi ne recuperarono una molto malmessa, fino a poco tempo prima usata come peschereccio, e si misero al lavoro per aggiustarla. Arrivarono decimi. Poiché quel piazzamento, con una barca di quel tipo, era un piccolo miracolo, Torben capì di avere il talento di capire il mare, le onde e le correnti. Lo compresero anche gli zii, e compresero che la sua strada era segnata. Gli cedettero il timone della loro imbarcazione, e lui cominciò a prepararsi per l'Olimpiade di Los Angeles del 1984, dove vinse la sua prima medaglia. Fu un argento: perché non si convincesse di essere il più bravo di tutti e avesse ancora la voglia di tornare là fuori, sulle onde, ad allenarsi e a perfezionarsi, e a mettere al servizio del suo cuore tutta la concentrazione della sua testa.

IT'S NOT THE LOAD THAT BREAKS YOU DOWN. IT'S THE WAY YOU CARRY IT.

NON È IL CARICO CHE TI FA CADERE A TERRA.
È IL MODO IN CUI LO PORTI.

Lou Holtz

Il cricket era uno sport molto popolare in Gran Bretagna e, da lì, si diffuse rapidamente in gran parte degli Stati del suo impero: India, Pakistan e Australia. E proprio in Australia giocava Donald Bradman, ancora oggi considerato il miglior battitore di ogni epoca. La sua media di battuta a fine carriera risultò essere di 99,94, talmente superiore a quella di chiunque altro che ai suoi tempi, negli anni Venti del secolo scorso, si diceva: «Don non è un battitore australiano. Ne è tre».

Classe 1908, quando si esibì sui campi verdi dell'Inghilterra, nel 1930, incassò l'ammirazione di tutti, ma soprattutto di coloro che poterono assistere a una memorabile partita durata tre giorni. Continuò a giocare a livelli altissimi per tutto il periodo prebellico e, anche dopo la Seconda guerra mondiale, sfoderò grandi prestazioni, tanto da guidare la nazionale australiana in una tournée in Gran Bretagna dove chiuse la serie contro l'Inghilterra con un bilancio di 4-0. Non era mai successo prima, e questo score valse alla squadra il soprannome di "Invincibili".

Era un tipo tranquillo, che finì per diventare suo malgrado famoso quanto Winston Churchill. Si sposò con Jessie, una donna minuta a cui rimase sempre legatissimo. La coppia perse il primogenito nel 1936, ed ebbe due altri figli: John, che sconfisse la poliomielite da piccolo e Shirley, colpita da una paralisi cerebrale. Anche John provò a giocare a cricket, ma con poco successo. Diceva che gli era impossibile dedicarsi a quello sport, perché era costantemente oscurato dalla fama del padre. Ovunque andasse la gente ammirava "il figlio di Don Bradman", e subito dopo l'ammirazione diventava una critica feroce. Il "figlio di Don" lasciò il cricket, cadde in depressione e, per provare a scollarsi di dosso il peso della sua famiglia, cambiò il suo cognome in "Bradsen" nel 1972. Il padre non la prese bene, e il suo proverbiale carattere calmo si riempì di spigoli. John Bradsen ebbe una vita modesta e serena, mentre Don Bradman si chiuse sempre più in se stesso, un prigioniero che voleva essere lasciato da solo.

Quando nel 1997 morì la moglie, qualcuno bussò alla sua porta, e Don, senza nemmeno alzarsi dalla vecchia poltrona del soggiorno, urlò: «Andate via, non voglio parlare con nessuno!».

«Sono John» rispose lo sconosciuto.

«Non conosco nessun John!»

«Sono John, papà. John... Bradman.»

E fu così che John riassunse il suo vero cognome e, dopo la morte del padre, a novantadue anni, si dedicò a tramandare la sua storia e la sua grandezza alle nuove generazioni, diventando il portavoce della famiglia e il continuatore della sua eredità.

THROW ME TO THE WOLVES AND I WILL COME BACK LEADING THE PACK!

GETTAMI IN PASTO AI LUPI E TORNERÒ INDIETRO ALLA GUIDA DEL BRANCO!

Qualche anno fa, un giornalista era in viaggio nel Sud degli Stati Uniti. Sostò per una pausa forzata in una piccola stazione di servizio. In bagno, qualcuno aveva scritto sul muro: "Signore, salva il mondo!". E qualcuno aveva aggiunto, sotto: "Ma Wayne Gretzky lo ribatte in gol".

Canadese di Brantford, Wayne è stato il più grande giocatore di hockey su ghiaccio di tutti i tempi. Senza avere un fisico straordinario, con il viso lungo da impiegato dell'ufficio postale, "The great one" infranse una sessantina di record di categoria, tra cui quello di punti realizzati, 2857, tra gol e assist. E dire che, da bambino, le cose non gli erano andate bene. Anzi. La famiglia Gretzky emigrò dall'Europa dell'Est, per stabilirsi in Canada, in una fattoria con i nonni. Suo padre Walter lavorava per un'azienda telefonica e di tanto in tanto giocava a hockey sul laghetto ghiacciato dietro alla fattoria. Wayne nacque nel 1961 e iniziò a giocare con disco e mazza a tre anni, sul pavimento, distruggendo ogni cosa riuscisse a raggiungere. A sei anni entrò in una squadra dove tutti i ragazzini avevano quattro anni più di lui e lo soverchiavano fisicamente. Wayne, però, era più veloce e intelligente, e maneggiava il bastone come nessuno. Il problema, semmai, erano le divise: troppo grandi per lui, arrivavano fino a terra e lui ci inciampava sopra con i pattini. Allora, per evitare di cadere, prese l'abitudine di rimboccarsi la maglietta e di infilarla nei pantaloni sul lato destro, vezzo che conservò anche da professionista.

A dieci anni segnò 378 gol e fece 139 assist in una sola stagione, a tredici aveva già realizzato oltre mille gol. A quel punto, però, i suoi compagni di squadra iniziarono a trattarlo anche peggio di come avevano fatto quando era arrivato. I loro genitori, e anche alcuni addetti ai lavori, lo insultavano e fischiavano ogni volta che scendeva in campo. Lui reagiva giocando ancora meglio e segnando molto di più, pensando così di farli smettere. Ma non andò così. E più lui migliorava, più veniva offeso. Walter vide i genitori degli altri bambini che cronometravano quanto tempo giocava Wayne e quanto i loro figli, e protestavano con i coach per il minutaggio concesso a quel ragazzo. Che però, sul ghiaccio, era davvero il migliore. Walter non ci pensò troppo. E fece spostare tutta la famiglia in una città più grande, Toronto, per permettere al figlio di giocare. Wayne iniziò con gli Edmonton Oilers, nella lega canadese Wha. E quando la lega fallì, nel 1979, la società si iscrisse nella Nhl degli Stati Uniti. Il massimo campionato di hockey del mondo. Non passò molto tempo prima che il cucciolo fischiato e insultato dai tifosi del suo Paese divenne "The great one", il migliore di tutti. E quando abbandonò l'hockey venne ritirata la maglia numero 99 dalla Nhl. Così che nessuno, in nessuna squadra, potesse portare di nuovo il numero di Wayne Gretzky.

IF YOU GET UP WITHOUT A GOAL, GO BACK TO SLEEP.

SE TI SVEGLI SENZA UN OBIETTIVO, TORNA A DORMIRE.

Poche invenzioni nella storia hanno avuto il potere sovversivo e rivoluzionario della bicicletta, ed è incredibile come due ruote unite da una catena azionata da pedali abbiano fatto tanto per l'umanità, aiutandola a spostarsi da un luogo all'altro, certo, ma riuscendo anche a cambiare il corso dell'intera civiltà occidentale. A Leicester (di cui racconto la storia calcistica a pagina 332), sul finire dell'Ottocento, la suffragetta inglese Alice Hawkins provoca scandalo e indignazione per le vie del centro promuovendo il movimento per i diritti delle donne: non solo è fra le prime a indossare i pantaloni, ma addirittura gira in bicicletta.

E in quegli stessi anni, precisamente nel 1891, a Castelfranco Emilia, nasce Alfonsina Morini. La sua è una famiglia povera, di contadini. Lei è la secondogenita di una prole numerosa e sin da piccola, con genitori e fratellini, si occupa dei lavori in campagna. Non ha mai avuto un giocattolo e così, quando a nove anni il padre le porta a casa una vecchia bicicletta, è amore a prima vista. Impara a pedalare meglio dei maschi di casa, e comincia anche a correre. Pur di partecipare alla sua prima gara, sulle strade di Reggio Emilia, si finge ragazzo, dal momento che le donne non sono ammesse. Piccola e muscolosa, ha capelli corti e capricciosi intorno a un viso grintoso. E va anche forte, ma la mentalità dell'epoca è quella che è, e i genitori, i fratelli e i parenti non vedono di buon occhio le trasgressive velleità ciclistiche di Alfonsina, tanto che cercano di indirizzarla verso la strada del matrimonio e la professione di sarta.

Speranze che vengono esaudite solo in parte, perché effettivamente, nel 1905, ad appena quattordici anni, Alfonsina si sposa, con il cesellatore Luigi Strada. Per sua fortuna Luigi è un uomo moderno, senza pregiudizi, e lo dimostra subito. Il regalo di nozze? Una bici da corsa. E il marito, che approva e appoggia la sua passione per il pedale, diventa anche il suo allenatore e manager.

La coppia si trasferisce a Torino, dove Alfonsina comincia a gareggiare, prima imponendosi come miglior ciclista italiana, dopo aver battuto la "collega" Giuseppina Carignano, e poi stabilendo nel 1911 il record mondiale di velocità femminile. Prende il soprannome di "Regina della pedivella". Si sposta a Milano, dove continua a correre nonostante la guerra. Nel 1917 si iscrive al Giro di Lombardia, approfittando del fatto che il regolamento non menziona (e dunque non nega) la possibilità che una donna si iscriva. All'arrivo è ultima, a un'ora e mezza dal vincitore. Ma ha finito la gara, mentre molti uomini si sono ritirati.

Il suo sogno, anzi potremmo dire l'obiettivo della vita, è quello di correre il Giro d'Italia. Per diversi anni fa domanda, ma l'organizzazione non la prende mai in considerazione. Ha ormai superato i trenta, e forse si sta quasi rassegnando, quando nel 1924 succede qualcosa di imprevisto: per partecipare alla "corsa rosa", le squadre più prestigiose chiedono ricompense in denaro. Gli organizzatori oppongono un secco "no", e per tutta risposta i grandi campioni annunciano che non saranno al via: le defezioni coinvolgono grandi nomi come Girardengo, Brunero e Bottecchia. Il rischio è che la corsa perda di interesse per il pubblico. Poi sulla scrivania di Emilio Colombo e Armando Cougnet, rispettivamente direttore e amministratore della "Gazzetta dello Sport" che organizzava il Giro, finisce la "solita" lettera che Alfonsina manda ogni anno. Vuole partecipare. E, stavolta, una donna in gara farebbe molto comodo per attirare l'attenzione.

La risposta è “sì”. Sarà la prima e unica donna nella storia a correre il Giro d’Italia. Un Giro che, negli anni Venti, si corre su strade non asfaltate, con bici che pesano venti chili, senza cambi, con tappe lunghissime e massacranti. Alfonsina però ha in mano il sogno della sua vita e, durante tutta la corsa, mostra un impegno e una determinazione feroci, che contribuiscono a dare una nuova immagine dello sport femminile, non tanto per i risultati ottenuti, ma per aver dimostrato che anche le donne possono compiere l’immane fatica dei ciclisti maschi. Completa regolarmente le prime, lunghissime quattro tappe del Giro: la Milano-Genova (arrivando con un’ora di distacco dal primo ma precedendo molti rivali), la Genova-Firenze, in cui si posiziona al cinquantesimo posto su sessantacinque concorrenti, la Firenze-Roma, dove giunge con soli tre quarti d’ora di ritardo sul primo e davanti a un folto gruppo di partecipanti, e la Roma-Napoli dove conferma la sua resistenza. Nell’ottava tappa, L’Aquila-Perugia, però, pioggia e vento flagellano il percorso: Alfonsina è vittima di numerose cadute e forature e giunge al traguardo fuori tempo massimo. Dovrebbe essere esclusa dalla corsa, ma il direttore della “Gazzetta”, Emilio Colombo, comprendendo la curiosità e l’interesse del pubblico per la prima ciclista della storia, le consente di proseguire: potrà prendere parte a tutte le restanti tappe, anche se i suoi tempi non saranno conteggiati per la classifica.

Alfonsina prosegue: a Fiume arriva con 25′ di ritardo, ferita e provata dalle cadute, ma gli spettatori la portano in trionfo come i campioni più amati. Lei stringe i denti, e riesce ad arrivare fino a Milano. Alla partenza della prima tappa c’erano novanta ciclisti, all’arrivo dell’ultima sono solo in trenta, e tra loro c’è lei. E, con lei ai pedali, le ruote della sua rivoluzione girano veloci.

THE DAY YOU PLANT THE SEED IS NOT THE DAY YOU EAT THE FRUIT. BE PATIENT, BE HUMBLE.

IL GIORNO IN CUI PIANTI IL SEME NON È LO STESSO IN CUI MANGI IL FRUTTO. SII PAZIENTE, SII UMILE.

Pare, ma qui scivoliamo nella leggenda, che l'idea a Sidney Colônia Cunha, detto "Cinesinho", fosse venuta passeggiando di sera in riva al Brenta. O forse proprio sul famoso ponte degli Alpini. Non è da escludere che a farla affiorare fosse stato quello stato di particolare ispirazione che a volte si accompagna a un secondo bicchiere di Garganega, o forse era semplicemente un brasiliano sradicato che si sentiva un po' solo. In fondo, anche se da quelle parti, a Vicenza, aveva giocato per diversi anni, accettare di allenare il Bassano in serie D, non doveva essere stata una scelta facile. Soprattutto per uno che l'anno prima aveva guidato per quattordici partite il Palmeiras in Brasile.

Quello che è sicuro sono i fatti, e i fatti sono questi: con la stagione calcistica 1985-86 già iniziata da un po', il presidente Renato Sonda gli aveva appena fatto presente tutte le sue perplessità sul settore giovanile: «Ci sono tanti ragazzini che vogliono imparare a giocare a calcio, e nessuno in grado di insegnare a fare un passaggio dritto». Ma con tutta la buona volontà, non potevano pretendere che lui, oltre alla prima squadra, trovasse il tempo di allenare i Pulcini. E fu allora che gli venne *l'idea*. «Potremmo chiamare Djalma. Se glielo chiedo io, viene sicuro. Djalma Santos, voglio dire.» È probabile che patron Sonda, ma anche il suo vice, Bepi Cheso, e il giovane dirigente accompagnatore Pierino Lunardon, a quel punto abbiano avuto un mancamento. Stava scherzando? Intendeva dire Djalma Santos, il terzino più forte di tutti i tempi, a Bassano, per allenare i Pulcini?

Proprio lui. E se c'è una cosa bella del pallone è che quello che per altri sport è considerato impossibile, per il calcio non lo è. Infatti Djalma Santos arrivò per davvero. E per tre anni, vestito con la sua bella tuta rossa e gialla, insegnò a giocare a calcio ai bambini di Bassano del Grappa. Sempre sorridente, sempre disponibile, con tutti. Raccontano che ogni giorno, prima dell'allenamento, camminasse per il campo con in mano una piccola scatola, dove metteva tutte le pietrine che trovava sull'erba, per evitare che i bambini si facessero male.

Fra i circa trecento giovanissimi che in tre anni gli passarono davanti, uno solo avrebbe poi fatto davvero carriera: Carlo Nervo, ex ala del Bologna. Ma in tanti si guadagnarono un posto più che dignitoso fra Eccellenza, D e C2. E comunque tutti si divertirono, e seppero apprezzare l'umanità di un grande campione. Quando nel 1988 Djalma, all'ultimo giorno di allenamento, annunciò loro che sarebbe tornato in Brasile per aprire una scuola calcio a Uberaba, la sua città natale, i ragazzi scoppiarono a piangere. E pianse anche qualche adulto. Ancora oggi a Bassano raccontano che non si era mai visto un allenatore così: capace di insegnare colpi incredibili, ma soprattutto di trasmettere insieme la passione e l'educazione, come è giusto per chi sa che la priorità è quella di far crescere non tanto dei calciatori, quanto degli uomini. In Brasile lo avevano soprannominato il "Terzino galantuomo", perché nella sua lunghissima carriera non era mai stato espulso. E non solo. Un giorno, al Morumbi di San Paolo, dagli spalti uno degli spettatori delle prime file lo bersagliò per tutta la partita di urlacci: "Sporco negro", e altre amenità del genere. Quando Djalma si avvicinò per battere una rimessa laterale, quell'uomo gli tirò addosso una lattina, ma nel tirarla, finì col perdere un anello, che prese il volo insieme alla bibita e cadde in campo. Djalma Santos lasciò il pallone, raccolse l'anello e, con tutta la calma del mondo, si avvicinò a lui e glielo restituì, dicendogli: «Tranquillo, tutto bene. Per fortuna ho visto subito dov'era caduto».

LEARN TO
SAY NO
WITHOUT
EXPLAINING
YOURSELF.

IMPARA A DIRE NO SENZA DOVER DARE
DELLE SPIEGAZIONI.

Ci sono gesti che dicono molte più cose di un intero discorso. Alla premiazione dei 200 metri piani dell'Olimpiade del 1968 (la stessa edizione del "Fosbury Flop" di cui parlo a pagina 138), il primo e il terzo classificato erano due uomini di colore chiamati Tommie Smith e John Carlos. Quando suonarono l'inno americano, i due sollevarono il pugno guantato a lutto e abbassarono la testa. Che cosa volevano dire?

Il 1968 fu l'anno in cui sbocciarono i semi dell'insofferenza giovanile e della lotta contro l'oppressione: il Maggio parigino, la Primavera di Praga, le proteste studentesche... I ragazzi scesero in strada per protestare contro un mondo che sembrava vuoto e bloccato. Tommie Smith e John Carlos gareggiavano nella squadra d'atletica dell'università di Berkeley, una delle università liberal americane. Qui avevano conosciuto Harry Edwards, un professore di sociologia che si batteva per l'uguaglianza degli afroamericani, ancora molto discriminati negli Stati Uniti d'America di quel periodo. Edwards aveva fondato un'organizzazione, la Olympic Project for Human Rights (Ophr), con l'obiettivo di ottenere per gli atleti afroamericani pari diritti nell'assegnazione delle borse di studio per meriti sportivi.

Tommie e John non avevano subìto, nella loro vita, atti di discriminazione particolarmente gravi, tranne quello di partenza, da cui non sembravano in grado di uscire in nessun modo: la povertà. Tommie era nativo del Texas, settimo di dodici figli. Il padre lavorava in una piantagione di cotone, era stipendiato, ma aveva pochi o nessun diritto. Tommie correva veloce, tanto da essere soprannominato "the Jet". Il papà di John, invece, era stato un eroe nella Prima guerra mondiale, e il figlio era cresciuto a Harlem, quartiere afroamericano di New York. Correva per la strada soprattutto per scappare dai poliziotti, che lo inseguivano quando rubava cibo dai treni merci.

Grazie alle borse di studio per meriti sportivi erano entrambi riusciti ad arrivare all'università, e, una volta a Berkeley, erano diventati seguaci di Edwards e sostenitori delle Pantere nere, il più famoso gruppo rivoluzionario afroamericano. Quando, proprio nel '68, era stato ucciso Martin Luther King, il leader della comunità di colore, i due all'inizio avevano pensato di non partecipare all'Olimpiade, che quell'anno si sarebbe tenuta a Città del Messico (dove poco prima della cerimonia inaugurale la protesta popolare in piazza delle Tre Culture era stata soffocata nel sangue). Invece, poi, avevano deciso di prendervi parte, con un'idea in testa: un gesto plateale che attirasse lo sguardo di tutto il mondo su quanto stava succedendo alle comunità nere degli Stati Uniti. Erano giunti alla finale tra i favoriti. Tommie era quasi sempre stato il più veloce, ma in molti pensavano che John fosse più in forma in quel momento. Vinse Tommie, e fu il primo uomo a correre i 200 metri sotto i 20". 19'83".

Alla premiazione alzarono il pugno e, da quel momento, la loro carriera sportiva terminò. Per quindici anni ricevettero minacce telefoniche a ogni ora del giorno e della notte. La moglie di John arrivò a suicidarsi. Lontani dai permessi universitari e dalle piste di atletica, fecero gli scaricatori di porto e i buttafuori. E solo quarant'anni dopo, la medaglia d'oro e quella di bronzo dei 200 metri piani vennero riabilitati, come paladini dei diritti umani.

Ma nella fotografia che li ritraeva sul palco, insieme a loro, c'era anche un ragazzo bianco, con al collo la medaglia d'argento. Era l'australiano Peter Norman, che nel finale della gara aveva superato John. Se ingrandite bene l'immagine, vedrete che sul petto è appuntata una spilla dell'Ophr, e la leggenda narra che fu lui a suggerire ai due afroamericani di indossare un solo guanto, dato che John aveva perso il suo paio. Anche Peter smise di correre, i suoi tempi cancellati dall'albo d'oro, e lavorò in una macelleria. Morì nel 2006 e, a trasportare la sua bara, c'erano gli amici che avevano corso tutta la vita con lui: Tommie Smith e John Carlos.

SO LONG AS YOU ARE STILL WORRIED ABOUT WHAT OTHERS THINK OF YOU, YOU ARE OWNED BY THEM.

FINCHÉ TI PREOCCUPI DI QUELLO CHE GLI ALTRI PENSANO DI TE, SEI IN LORO POSSESSO.

Neale Donald Walsch

Il viso è ancora quello di una ragazzina, sotto i capelli castani, tagliati a caschetto, ma Martina Navratilova non è un'adolescente come le altre: deve ancora compiere diciannove anni ed è la grande promessa del tennis cecoslovacco. Siamo nel 1975. Ha appena guidato la nazionale femminile, insieme a Helena Suková e a Renáta Tomanová, alla sua prima vittoria in Federation Cup. Hanno battuto in successione Irlanda, Olanda, Germania Ovest e Francia, e in finale non hanno lasciato nemmeno un set all'Australia delle favorite Evonne Goolagong e Helen Gourlay.

Martina ha giocato così bene che viene premiata dalla federazione: un visto per andare a giocare un torneo a Boston. Prima di partire, però, le fanno sapere che la terranno d'occhio: dovrà riferire in anticipo tutti i suoi spostamenti. E la minacciano: «Se non fai come diciamo noi, la tua carriera è finita». Martina è turbata: i servizi segreti cecoslovacchi sono efficienti, ma nessuno le aveva mai detto che potessero leggere nel pensiero. Perché lei, alla defezione, ci pensa da almeno un anno. Anche i suoi colleghi Jaroslav Drobný e Vladimír Černík lo hanno fatto in passato, ma Martina non si sente tranquilla di lasciare a Řevnice, a casa, sua mamma Jana, il patrigno Miroslav e soprattutto la nonna Agnes, a cui è molto legata.

A Boston è un trionfo: Martina è in gran forma, e nessuno riesce a fermarla. Vince, e intanto ha l'occasione di osservare l'America per la prima volta senza il filtro della propaganda, e capisce che le hanno raccontato un sacco di storie. Non è il male. La settimana successiva c'è un altro torneo ad Amelia Island: potrebbe giocare anche quello. Si iscrive, ma non avvisa la federazione, e così, anche se si qualifica per la finale, contro Chris Evert (parlo di lei a pagina 225), il giorno prima di scendere in campo riceve un telegramma dalla Cecoslovacchia che le impone l'immediato rimpatrio. Disobbedisce, e prende l'aereo solo dopo aver giocato (e perso) la partita. Se la cava con una ramanzina: in fondo è giovane, e comunque non ha defezionato, ma il fatto che fra lei e Chris Evert, quell'americana, ci fosse qualche sorriso di troppo, non è sfuggito agli occhi attenti ai minimi dettagli. Così, quando qualche settimana dopo chiede il permesso per andare a giocare il Roland Garros, glielo accordano solo a una condizione: che parli soltanto con colleghe cecoslovacche o comunque di nazioni dell'Est. Ma tra Martina e Chris è davvero nata un'amicizia. A Parigi si iscrivono insieme in doppio e dividono la camera dell'hotel. Un comportamento inaccettabile: al rientro in Cecoslovacchia, la federazione informa Martina che non le sarà concesso il visto per partecipare a Wimbledon.

Se pensano così di "rieducarla", è uno sbaglio clamoroso. Martina non va in Inghilterra, mastica amaro, si sente le ali tarpate. Si avvicinano gli Us Open, e lei vorrebbe giocarli, ma come può ottenere il permesso? Chiede aiuto a Jan Kodeš, che aveva giocato con lei diverse volte in doppio misto. Jan è una leggenda in Cecoslovacchia: ha vinto due volte gli Open di Francia e una volta Wimbledon, e magari, se ci mettesse una buona parola... Jan la ascolta, e decide di aiutarla. Parla con la federazione, e alla fine Martina ottiene il permesso, dopo aver assicurato che non tenterà altri colpi di testa. Ed è a questo punto che capisce di avere l'ultima occasione, per compiere la scelta più difficile. Prima di partire, deve dirlo in casa, alla mamma, al patrigno, e soprattutto a nonna Agnes. Ma non ci riesce. Teme, in cuor suo, che le chiedano di restare, e lei non saprebbe dire di no. Con un macigno sul cuore, sale sull'aereo sapendo che poteva essere l'ultima volta che avrebbe messo piede in Cecoslovacchia.

Arrivata a Forest Hills – dove si disputeranno gli Us Open fino al 1977 – cerca solo di giocare. La sera prima della semifinale in cui incontrerà di nuovo la sua amica-rivale Chris Evert, chiede la linea per la Cecoslovacchia e parla con i genitori. «Mamma, c'è una cosa che devo dirvi. Io non credo che... tornerò a casa!»

Esprimerlo a voce alta le costa una fatica immensa, ma dall'altra parte della linea i genitori non sono né arrabbiati né stupiti. Fra le lacrime, la sostengono. «Se vuoi restare resta» le risponde Miroslav, ma qualunque cosa accada, non tornare più a casa. Sappi che potrebbero servirsi di noi per supplicarti di tornare, ma se così sarà, non darci ascolto: non tornare per nessun motivo.»

Martina gioca contro Evert, perde. E dopo la partita, attraversa l'East River e si presenta agli uffici dell'Immigration and Naturalization Service di Manhattan, chiedendo una Green Card. Alla domanda sulla sessualità, scrive "bisessuale": ed ecco un'altra cosa che a Praga non farà piacere.

Poi, in una caotica e affollata conferenza stampa a Forest Hills, lo annuncia al mondo: «Ho chiesto asilo politico negli Stati Uniti. Non è una decisione ideologica né politica: mi interessa solo la mia carriera, e se non ho la libertà di giocare i tornei più importanti, non potrò mai diventare la migliore giocatrice al mondo». Due settimane dopo, la federazione cecoslovacca annuncia: «Martina Navratilova ha subìto una sconfitta agli occhi del proletariato: la Cecoslovacchia le ha offerto tutti i mezzi per il suo sviluppo ma lei ha preferito una carriera da professionista senza certezze e un ricco conto in banca».

Al di là della propaganda, i primi mesi lontani da casa sono durissimi. Martina cerca consolazione nel cibo e ingrassa parecchio, ma, tre mesi dopo la richiesta, riceve la Green Card. Poi, a partire dal 1981, diventa cittadina americana a tutti gli effetti. In quello stesso anno inizia una striscia di successi che la farà diventare una delle più grandi tenniste di sempre, oltre a una serie di lotte fuori dal campo per affermare se stessa, al di là dei regimi, del pensiero dominante e dei luoghi comuni: sull'alimentazione, sulla sessualità, sullo stile di vita.

Ma per quanto vinca, lotti, si ribelli, diventi l'icona di una forma di libertà polemica e vincente, c'è una cosa che le manca. Casa. La Cecoslovacchia. La prima occasione per tornare capita il 27 luglio del 1986. C'è la finale della Federation Cup, e poiché Martina è cittadina americana, toccherebbe a lei guidare la nazionale Usa a Praga, contro le due glorie locali, Suková e Mandlíková. Pensa seriamente di rinunciare. Poi, saputo che insieme a lei ci sarà Chris Evert, accetta di partire. Ascoltare l'inno cecoslovacco, il suo inno, da straniera, e poi quello americano con la mano sul cuore, è una strana sensazione. Ma quello che la commuove fin quasi alle lacrime (che scorreranno poi alla cerimonia di chiusura) è l'applauso che il pubblico di Praga le tributa al primo punto che fa. Non c'è nessun altro posto al mondo come casa.

YOU ARE SUCCESSFUL IN YOUR FIELD WHEN YOU DON'T KNOW WHETHER YOU ARE WORKING OR PLAYING.

OTTIENI SUCCESSO NEL TUO CAMPO QUANDO NON CAPISCI SE STAI LAVORANDO O GIOCANDO.

Warren Beatty

Eccolo lì, James Hunt: un pilota bellissimo, dallo stile di vita sregolato e "maledetto", impenitente playboy, dal talento smisurato, capace di realizzare sorpassi apparentemente impossibili, ma anche di innescare carambole e incidenti spettacolari. Non per altro lo chiamavano "Hunt the Shunt", "Hunt lo schianto".

È un ribelle sin da bambino, ma non uno di quei ribelli oscuri: è un ribelle che si diverte. È iperattivo, incontrollabile, sicuro di sé, in tutti i campi. Assiste alla sua prima corsa automobilistica il giorno del suo diciottesimo compleanno, a Silverstone, e decide che diventerà campione del mondo. I genitori lo osteggiano, e le sue prime corse sono costellate di incidenti, anche perché nel suo stile di guida il pedale del freno è poco più che un ornamento. A fare la sua fortuna è un eccentrico riccone, Alexander Hesketh, che crede nelle capacità di quel giovane biondo e zazzeruto e, pur di farlo vincere, darà fondo a tutte le sue risorse per fondare l'Hesketh Team, che avrà breve vita in Formula 3 e Formula 2, ma diventerà noto nell'ambiente per essere l'unico team capace di consumare una quantità di litri di champagne quasi identica a quella del carburante, e per la tendenza a ospitare nei paddock più belle donne che meccanici.

L'Hesketh Team approda in Formula 1 nel 1973, e non viene preso molto seriamente nell'ambiente. Le risatine però finiscono quando l'auto del miliardario, progettata da un giovane e geniale ingegnere, Harvey Postlethwaite, e pilotata da Hunt, riesce a migliorare le proprie prestazioni fino ad arrivare a vincere, due anni dopo, il gran premio d'Olanda, davanti addirittura a Niki Lauda (di cui parlo a pagina 232).

Tanto Lauda è controllato e calcolatore, quanto Hunt è sregolato, rissoso e incline ai piaceri della vita. Quel giorno sul circuito di Zandvoort è solo il primo atto di una rivalità sportiva leggendaria. Anche se, a fine stagione, lord Hesketh non può più far fronte alle spese, ritira il team e lascia Hunt senza auto e senza lavoro.

James non si perde d'animo: si propone alla McLaren per sostituire Emerson Fittipaldi, ma i dirigenti della scuderia sembrano invece orientati a ingaggiare il più esperto Jacky Ickx. A far cambiare loro idea, è il colloquio faccia a faccia con Hunt.

«Sono più veloce io di Jacky Ickx!»

«Sì, però lui è un pilota costante e affidabile, è una persona matura: agli sponsor piace.»

«Ma voi cercate un pilota o un rappresentante porta a porta?»

E così lo ingaggiano, e lui si rivela subito veloce, ma – pensano tutti – troppo sregolato per vincere: nei box è solito girare a piedi nudi, fa tardi la notte, si porta a letto tutte le donne che incontra (anche ai box, poco prima di un gran premio), beve come una spugna e fuma non solo sigarette.

"Va forte, ma uno così non può diventare campione del mondo" si dice nell'ambiente. E però, nel 1976, all'ultima gara, in Giappone, è in corsa per il titolo. Sulla pista vicina al Monte Fuji si abbatte un nubifragio senza precedenti: la visibilità non supera i trenta metri. Lauda rinuncia a correre mentre Hunt, che non conosce la parola "paura", fa una gara spericolata, con un sorpasso alla cieca proprio all'ultimo giro, e ottiene il piazzamento necessario a vincere il Mondiale. Per lui è il trionfo.

Ma una volta che ha vinto, dov'è il divertimento? E, per come è lui, non può fare un lavoro che non lo diverte. «Non bisogna mai rinunciare ai piaceri della vita» dirà, qualche anno dopo. «Che senso ha avere un milione di coppe, di medaglie, di aerei, se poi non te la spassi? A che serve vincere?»

Corre ancora due stagioni con la McLaren senza ottenere grandi risultati, tenta di ritrovare stimoli con un clamoroso passaggio a un piccolo team, la Wolf, ma si ritira "per istinto di conservazione". Poi appende la tuta, quella su cui è scritto: "Il sesso è la prima colazione dei campioni", e se ne esce, per l'ultima volta, a piedi nudi dal box.

YOUR LOVE
MAKES ME
STRONG.
YOUR HATE
MAKES ME
UNSTOPPABLE.

IL VOSTRO AMORE MI RENDE FORTE.
IL VOSTRO ODIO MI RENDE INARRESTABILE.

Nel 1991 gli Stati Uniti possono probabilmente vantare la squadra di pattinaggio artistico femminile più forte della loro storia: dominano il Mondiale di Monaco di Baviera, dove piazzano tre atlete ai primi tre posti della gara individuale, fatto mai accaduto prima. L'oro lo vince Kristi Yamaguchi, una ragazza sottile, di chiare origini giapponesi; con lei, sul podio, ci sono Tonya Harding, che vince l'argento, e Nancy Kerrigan, che vince il bronzo. Non potrebbero essere più diverse, Nancy e Tonya: la prima è castana, piuttosto alta per lo standard del pattinaggio femminile (un metro e sessantatré), slanciata e aggraziata, fa dello stile elegante e pulito il suo punto di forza sul ghiaccio; Tonya, invece, è bionda, e, pur essendo alta solo un metro e cinquantacinque, è potente, una grande saltatrice, forse non particolarmente elegante, ma atleticamente in grado di eseguire un repertorio più vasto di salti e figure.

Tonya sembra la più forte delle due: si è già segnalata per avere compiuto tre volte il salto triplo axel, fino a quel momento riuscito, in campo femminile, solo alla giapponese Ito. Ma quando Yamaguchi passa al professionismo, ritirandosi quindi dalle gare valide per i Mondiali e le Olimpiadi, Harding è già in parabola discendente: nel 1992 è arrivata terza ai Campionati nazionali e ha mancato di un soffio il podio all'Olimpiade invernale di Albertville vinta da Yamaguchi. Soprattutto, però, è finita sui giornali per un episodio di cronaca: a marzo ha litigato con un motociclista nel parcheggio di un centro commerciale, e lo ha minacciato con una mazza da baseball. Ha un forte temperamento e un carattere instabile. Si dice che spesso le saltino i nervi, e la cosa la penalizza nello sport. Di sicuro non le fa bene il matrimonio con Jeff Gillooly, passionale e burrascoso.

Nancy, invece, è in ascesa: ad Albertville è arrivata terza, e nel 1993 si piazza sempre un passo avanti a Harding. Comunque, e su questo gli esperti sono d'accordo, sono ancora loro le favorite per l'Olimpiade invernale di Lillehammer che si svolgerà nel febbraio 1994.

Il sistema americano prevede che la selezione per i Giochi invernali si svolga durante i Campionati nazionali. Le due rivali si danno appuntamento lì. Il 6 gennaio, giorno dell'Epifania, Nancy si sta allenando. Sola. Un paio d'ore, giusto per sciogliere i muscoli in vista degli impegni dei giorni seguenti. Va tutto bene, si sfila i pattini ed esce dalla pista. Le si avvicina un uomo, forse per un autografo. Solo che non ha un taccuino, ma una spranga. La colpisce violentemente sul ginocchio destro due, tre volte. Nancy cade per terra, il ginocchio stretto con la mano, piangendo e gridando: «Perché?», mentre lo sconosciuto scappa.

Viene soccorsa e portata in ospedale per gli esami, che per fortuna dicono che non c'è nulla di rotto, ma il ginocchio è gonfio e dolorante: Nancy non potrà gareggiare ai Nazionali e dunque, regolamento alla mano, non potrà andare a Lillehammer. La gara, ovviamente, è vinta da Harding; niente da dire, è la più forte, specie ora che Nancy, l'unica che poteva tenerle testa, è out. Con lei dovrebbe partire per Lillehammer anche Michelle Kwan, arrivata seconda (a debita distanza). Dovrebbe. Perché proprio pochi giorni prima della partenza, la polizia riesce a risalire all'aggressore di Nancy. Si chiama Shane Stant, un balordo di mezza tacca, senza spessore criminale e, infatti, al primo interrogatorio "canta": lui non sapeva neanche chi fosse quella Nancy Kerrigan, sa solo che un tizio chiamato Jeff lo ha pagato per romperle un ginocchio.

"Jeff?" Il nome fa scattare un campanello nella testa

degli inquirenti, che gli mostrano una foto di Gillooly, il turbolento marito di Harding. «Questo Jeff?»

«Sì, lui.»

Gillooly, come vigliacco, non è da meno, e fa subito il nome della moglie. Tonya, messa alle strette, insiste che no, non è lei ad aver organizzato l'agguato. È stata un'idea del marito. Ma i poliziotti non mollano di un centimetro e riescono a provare che la pattinatrice ne era al corrente. Alla federazione basta e avanza: Tonya verrà esclusa dalla squadra olimpica e Nancy, che nel frattempo si è ripresa, ripescata in via del tutto eccezionale. Anche se non ha gareggiato ai Nazionali.

Tonya non ci sta: dà mandato ai suoi legali, che minacciano immediatamente la federazione di intentare una causa milionaria: la loro cliente ha vinto i Nazionali e deve andare a Lillehammer, lo dice il regolamento. La federazione è costretta a cedere, ma non vuole comunque escludere Nancy. Ne fa quindi le spese Michelle Kwan, che evidentemente non ha la possibilità di ingaggiare un principe del foro e perde il posto all'ultimo momento. Ovviamente, l'armonia in squadra non è proprio straordinaria. Tonya evita di farsi vedere dai giornalisti, ma anche Nancy ha molte difficoltà ad allenarsi in tranquillità. Ha solo un obiettivo: arrivare davanti a "quella là". E così giunge il giorno della finale. Dopo gli esercizi obbligatori, in lizza per il titolo restano in quattro. Le due americane, l'imperturbabile ucraina Oksana Bajul, che appare in giornata di grazia, e la cinese Lu Chen, che rispetto alle altre tre ha meno classe, ma non sbaglia quasi mai.

A decidere tutto sarà il programma libero. Le tribune sono strapiene, il pubblico soltanto per Nancy. La prima a esibirsi è Tonya, che per evitare i fischi si è presentata al palazzetto all'ultimo momento. Non una grande idea, perché così non ha avuto nemmeno il tempo di scaldarsi. Scende in pista, comincia, ma sbaglia clamorosamente il primo salto. Scoppia a piangere, si avvicina alla postazione dei giudici e mostra uno dei pattini, che ha un laccio rotto: forse non ha avuto tempo di controllarlo. Chiede di ripetere la prova dall'inizio. Ai giudici non interessa: che riprenda a pattinare, poi si vedrà. Tonya fa una gara perfetta, ma la giuria le dà un punteggio così basso che finirà ottava.

L'esercizio di Chen è come da previsione: lineare, ma non straordinario. La vittoria se la giocano Oksana Bajul e Nancy Kerrigan. Nancy è emozionatissima, sa di non poter sbagliare, e non sbaglia, perché inanella una combinazione difficilissima, ma anche Oksana è fenomenale. Verdetto difficile. I giudici ci mettono un po' a decidere: sulla tecnica sono pari, quindi si valuta l'espressione artistica. Quattro giudici per Nancy, quattro per Oksana. L'ultimo, il tedesco Hoffman, ci pensa su. Vota l'ucraina, che vince per un decimo di punto. Ma fotografi, telecamere e l'affetto del pubblico sono tutti per Nancy. Ed è come se, in realtà, le due rivali, giocando lealmente, avessero vinto entrambe.

THE MAN WHO DOES MORE THAN HE IS PAID FOR WILL SOON BE PAID FOR MORE THAN HE DOES.

CHI FA PIÙ DI CIÒ PER CUI È PAGATO SARÀ PRESTO PAGATO PIÙ DI CIÒ CHE FA.

Napoleon Hill

Che Ghada Shouaa non fosse una bambina come le altre, in Siria se ne erano accorti subito, appena nata, nel 1973. Bastava misurarla: 52,3 centimetri, un'altezza davvero inusuale per una neonata, ben tre centimetri sopra la media. Sarebbe arrivata a un metro e ottantasette. Ghada fa sport già da piccolissima e promette bene. Si cimenta soprattutto nella pallamano e nella pallacanestro, sfruttando proprio il suo fisico straripante, ma fare sport se sei donna e vieni da Mahrdah, nel cuore profondo della Siria, non è facile.

Ghada, a sedici anni, è nazionale juniores di basket, quando all'improvviso decide di cambiare sport. Vuole eccellere, sa di poter eccellere, e sa anche che negli sport di squadra tutto dipenderà sempre troppo dalle prestazioni delle altre giocatrici. Certo, per cambiare disciplina forse è un po' tardi, ma con le giuste motivazioni…

Quindi passa all'atletica. E c'è l'imbarazzo della scelta, perché corre forte, salta bene in alto e in lungo, e lancia anche discretamente. Il suo allenatore le consiglia l'eptathlon (la specialità che comprende sette gare di sette discipline diverse), e Ghada si mette d'impegno. Il che significa girare letteralmente tutta la Siria alla ricerca di impianti adatti, perché dove c'è la pedana per i salti non c'è quella per i lanci, e dove c'è quella per i lanci, non c'è la pista. E poi non tutti sono collaborativi con lei: è una donna, e nemmeno musulmana. Ghada è cristiana e, prima di ogni gara, si fa il segno della croce.

Ghada non molla, è sicura delle sue qualità, abbandona gli studi e riduce al minimo la sua vita sociale, continuando il suo personale, infinito giro della Siria, alla ricerca di piste e pedane. Nell'indifferenza generale, le sue prestazioni migliorano. Nel 1991, a diciotto anni, è fra le trenta finaliste nella gara di eptathlon del Mondiale di atletica di Tokyo, ma soprattutto ottiene un argento ai Campionati asiatici. Fra una gara e l'altra, in soli tre mesi, si è migliorata di 400 punti. Nel 1992 è venticinquesima all'Olimpiade di Barcellona. Poi comincia a vincere: due ori consecutivi ai Campionati asiatici, nel 1993 e nel 1994. Il presidente Hafiz al-Assad, che prima ignorava chi fosse, la vede gareggiare e vincere in televisione, e diventa il suo primo tifoso: per la vittoria le regala una casa e una Peugeot.

Ma gli allenamenti rimangono un incubo. Anzi, peggiorano, perché dopo pochi mesi si infortuna seriamente alla schiena ed è costretta a un costoso ricovero in Germania. Per sua fortuna, Assad si offre di pagarle personalmente le spese. Sui giornali, però, compaiono alcune foto del suo periodo di convalescenza accompagnate da voci maligne secondo cui Ghada "anziché allenarsi passa il tempo come turista". Resta in Europa per la preparazione e, nel 1995, al Mondiale di Stoccolma coglie la sua grande occasione: Jackie Joyner-Kersee, la più grande eptatleta del mondo, marca visita, e Ghada si prende l'oro. E la stessa cosa succede l'anno dopo, all'Olimpiade di Atlanta, quando entra nella storia: è lei, una donna, addirittura una donna cristiana, il primo oro olimpico di tutti i tempi per la Siria.

Ormai è un personaggio celebre. Le interviste fioccano, ma Ghada ha la memoria lunga e la lingua appuntita. Quando le chiedono: «Come hai fatto a migliorare così tanto in poco tempo?», il suo viso si indurisce, e le sue labbra sottili faticano a trattenere una smorfia. Sbotta: «Soltanto da un paio d'anni mi alleno come vorrei. E non certo grazie alla federazione siriana. In Siria, a parte il presidente Assad, tutti hanno fatto a gara per ignorarmi, e i miei sacrifici non venivano riconosciuti. Non sono l'unica: ci sono tante atlete, e anche atleti, che in Siria faticano ad allenarsi, perché gli impianti sono pochi, perché ci sono troppi pregiudizi e perché in certi ambienti esiste una vera e propria mafia. Io vorrei tanto che la mia nazione progredisse nello sport, avrei delle idee, ma ho bisogno di supporto, e non tornerò in patria se non mi daranno quel supporto».

Le sue parole non cadono nel vuoto: al primo rimpasto di governo, il ministero dello Sport e la federazione di Atletica cambiano "stranamente" guida, e viene avviato un programma per costruire nuovi impianti e favorire l'accesso dei giovani atleti alle strutture. Ghada, che in Siria detiene tuttora i primati nazionali sui 200 metri piani, sui 100 a ostacoli, nel salto in lungo, nel salto in alto, nel lancio del peso, nel lancio del giavellotto e, ovviamente, nell'eptathlon, va a visitarli, parla con i giovani, li invita ad allenarsi. E così uno dei "suoi", Majd Eddin Ghazal, vince il bronzo nel salto in alto al Mondiale di Londra del 2017. Intanto, in Siria, sono tornati gli uomini, tanti uomini, troppi. E con loro è tornata la guerra. Forse delle piste e delle palestre volute da Ghada non restano che macerie. Ma lei è lì, e le sposterà, per fare posto ai giovani che vogliono correre.

GREATNESS IS EARNED, NEVER AWARDED.

LA GRANDEZZA NON È UN PREMIO,
BISOGNA GUADAGNARSELA.

Mentre sto scrivendo questo libro, il ciclista britannico Simon Yates ha appena vinto la Vuelta di Spagna, dopo che Geraint Thomas ha fatto suo il Tour de France e Chris Froome il Giro d'Italia. Tre inglesi per le tre più importanti corse a tappe. Può essere un caso? A leggere Gabriele Gargantini, su "il Post", no. Lo strapotere delle scuderie britanniche è qualcosa di guadagnato sul campo, pianificato scientificamente e finanziato oculatamente. Qualcosa che dovrebbe essere studiato da tutti coloro che hanno necessità di rilanciare la credibilità, o l'esistenza stessa di uno sport, dato che solo venticinque anni fa l'idea che un ciclista britannico vincesse il Giro d'Italia avrebbe fatto sbellicare tutti dalle risate. Eppure, loro, hanno conquistato quasi la metà degli ultimi venti grandi giri disputati, senza averne conquistato nemmeno uno dei 249 precedenti. C'è stato, cioè, un cambiamento netto, evidentissimo. Come hanno fatto?

È tutto merito di Peter King, che nel 1997 diventa il capo della federazione ciclistica britannica e si accorge che mancano completamente le strutture per allenarsi: l'Inghilterra ha vinto la sua prima medaglia olimpica nel ciclismo nel 1992 grazie a Chris Boardman, ma il suo talento era un'eccezione, non il frutto di un sistema. E per fare sistema serve organizzazione, strutture e soldi. Innanzitutto Peter fa costruire a Manchester il primo velodromo (una pista coperta) della sua nazione e guarda con interesse al denaro del fondo governativo Uk Sport, che si occupa di finanziare gli sport nazionali con un meccanismo molto semplice: più vinci, più soldi ti do. Per attivare il volano, quindi, occorre vincere qualcosina.

Con le due medaglie di bronzo vinte all'Olimpiade di Atlanta, nel 1996, arrivano i primi soldi, che vengono spesi non tanto per gli atleti, ma per tutto quello che gli atleti hanno intorno: meccanica, aerodinamica, nutrizione, ogni tipo di nuova tecnologia – dalla forma del manubrio a quella dei pedali –, psicologia motivazionale: insomma, tutto ciò che può essere minimamente migliorato viene minimamente migliorato. Peter punta sul ciclismo di pista, perché è più programmabile rispetto a quello su strada e, soprattutto, ha più possibilità di vincere medaglie olimpiche (e, quindi, di ricevere denaro). Nel 1998, si propone di far diventare il Regno Unito la nazionale più forte del mondo entro il 2012. Sbaglia la previsione, ma per eccesso di prudenza, dato che l'obiettivo viene centrato nel 2008, all'Olimpiade di Pechino, dove la squadra britannica ottiene quattordici medaglie, di cui otto d'oro.

Da quel momento, con più denaro e la stessa lucidità su come investirlo (niente associazioni e comitati, nessuna governance, solo cose concrete) passa a lavorare sul "grande ciclismo", quello epico dei giri, con la medesima filosofia: piccoli miglioramenti in tanti aspetti diversi che, sommati tra loro, diventano una differenza che ti porta a vincere. Per farlo, si serve degli studi di Dave Brailsford, psicologo e scienziato dello sport, a cui si deve l'idea di gestire una squadra sportiva di fatto nazionale con soldi privati: il Team Sky. I margini su cui lavorano sono quelli che permettono di annullare tutti gli imprevisti che normalmente accadono durante un grande giro. La squadra prevede, analizza, pianifica e propone soluzioni. E quando poi arrivano le vittorie, ecco che tutto torna da dove è arrivato: alla gente, alle città. Ci sono nuovi ciclisti che fanno sport perché ci sono biciclette e velodromi funzionanti, ci sono marche di vestiti e accessori per ciclismo britannici che danno lavoro a migliaia di persone, ci sono riviste, trasmissioni e, infine, c'è una gara nazionale, il Tour of Britain, che da corsa di amatori alla *Tre uomini in barca* sta diventando una delle più seguite competizioni d'Europa. E, di questi tempi, non è poco.

SOMETIMES, THE ONLY WAY OUT IS ALL IN.

<u>A VOLTE L'UNICA VIA D'USCITA È CONTINUARE AD AVANZARE.</u>

Il 28 settembre del 1996, Lanfranco Dettori, per tutti "Frankie", entra nell'ippodromo di Ascot col suo grande borsone e molta fiducia. Sono in programma sette corse. E lui, fantino, si è iscritto a tutte. Con sette cavalli diversi. Ascot è forse l'ippodromo più famoso del mondo. Voluto nel 1711 dalla regina Anna d'Inghilterra, è stato costruito non troppo distante dal castello di Windsor, quello della famiglia reale, nel cuore della campagna inglese. Prati, siepi, case magnifiche, boschetti. E, di tanto in tanto, un aereo che romba per scendere a Heathrow. Sugli spalti, nelle occasioni mondane, personaggi famosi, magnifici cappellini, le memorabili cravatte a fiocco. La Audrey Hepburn di *My Fair Lady*, è ancora lì, appena al di là dello sguardo.

Frankie non è nuovo alla struttura. Ed è un gran fantino, nel pieno della sua carriera, piccolo e forte come si deve, ha ventisei anni e conosce le gare inglesi meglio di molti altri. È italiano, ma una buona metà della sua vita, dodici anni, l'ha trascorsa qui, sull'isola. Sa dire con più sicurezza i nomi delle piante da giardino che il tempo di cottura degli spaghetti. In ogni caso, in sella non si sbaglierebbe, perché è un tipo scaltro, rapido, che sa il fatto suo. I suoi sette ingaggi, quel giorno, non sono poi così rari, nel mondo delle corse. Ad altri è capitato. Pochi, in verità. Ma quanto basta a non sentirsi completamente fuori dal mondo. La cosa difficile, nel correre sette gare, al di là della fatica, è che per metà la gara la fa il fantino, per metà il cavallo, e un'ultima metà la fanno il fantino e il cavallo insieme. Tre metà che, nell'ippica – si dice –, non fanno uno. Dettori, quel pomeriggio, di cavalli ne deve cambiare sette, e ha pochissimo tempo, tra una gara e l'altra, per farsi capire dall'animale, entrargli in testa, sentirne i muscoli, l'istinto, le paure. I cavalli da corsa sono le più grandi rockstar del mondo animale. E le sue, di rockstar, si chiamano Wall Street, Diffident, Mark of Esteem, Decorated Hero, Fatefully, Lochangel e Fujiyama Crest.

A intuito, pensa Dettori, gli piacciono Wall Street e Mark of Esteem, forse Lochangel. Sugli altri, non si pronuncia. Intanto, sugli spalti, fioccano le scommesse. Si può scommettere su una singola gara, su tutte, o scommettere con il sistema incrociato, puntare sui cavalli o sul fantino. I più coraggiosi hanno rischiato una puntata su Dettori che vince tre gare. E, già così, si porterebbero a casa una discreta sommetta. Di più, non si è mai visto.

Dettori sale su Wall Street per la prima gara. È un puledro di tre anni, dato 2 a 1. Un miglio e mezzo, e vince. Poi è il turno di Diffident, che invece è dato 12 a 1. È un cavallo il cui nome dice molto, con prestazioni altalenanti. Frankie lo mette a suo agio, partenza lenta, prova a non fargli sentire i suoi sessanta chili (è tanto, per un fantino) e vince di nuovo. Il pubblico rumoreggia. È la volta di Mark of Esteem, quotato 10 a 3, nello Stakes della regina Elisabetta II (forse la gara più prestigiosa delle sette, contro gli animali migliori). E infatti è un testa a testa infernale con Bosra Sham. Ma in qualche modo Dettori riesce a tirar fuori dal suo cavallo un balzo straordinario nell'ultimo tratto, supera Bosra Sham, e si assicura la terza vittoria su tre. Se si fermasse adesso, sarebbe già il miglior fantino europeo dell'anno. Ma ha ancora quattro gare. La prossima è la Tote Festival Handicap, con Decorated Hero, dato 7 a 1. Ventisei corridori, e il suo cavallo è il più pesante di tutti. Ma, quel giorno, ogni grammo diventa una scarica di potenza e Dettori vince di nuovo. La quinta, con Fatefully, dato 7 a 4 se la prende per un soffio. L'amico e rivale Ray Cochrane la ricorderà così: «I cavalli erano così vicini tra loro e lontani da tutti gli altri che mi sono chiesto: "Ma c'è qualcun altro, a parte noi?"».

La sesta gara, con Lochangel, dato 5 a 4, è la Blue Seal Stakes. Il cavallo ha due anni, ma non ha mai vinto una gara. Quando Dettori gli fa tagliare il traguardo al primo posto, il pubblico è in delirio. Che, tradotto nel codice di comportamento di Ascot, significa che sono tutti perfettamente zitti. Alla settima e ultima gara, Frankie deve salire su Fujiyama Crest, dato 12 a 1 all'inizio della giornata e ora tagliato a 2 a 1 per evitare altre scommesse, dato che, nel caso dovesse vincere ancora lui, le compagnie temono un tracollo. "Ma non vincerà" si dicono, "quel cavallo lì non li porta fino alla fine sessanta chili di fantino." E invece Fujiyama parte come un demonio e conquista la gara. Frankie, appena si rende conto di che cosa è accaduto, chiede di comprare il cavallo per farlo invecchiare, serenamente, tra gli animali della sua famiglia. Fuori da Ascot, le agenzie di scommesse tremano. Insieme a pochi altri rimasti anonimi, è un giorno memorabile soprattutto per Mary Bolton, che aveva scommesso l'*all-in* su Dettori come regalo di matrimonio. E per Darren Yates, che, invece, per il vizio del gioco rischiava di perdere moglie e falegnameria. Si era giocato, di nascosto e rompendo una promessa, le sue ultime sessantasette sterline. E ora prova a scusarsi con le cinquecentomila che incassa.

I'VE FAILED OVER AND OVER AND OVER AGAIN IN MY LIFE AND THAT IS WHY I SUCCEED.

HO FALLITO MOLTE VOLTE NELLA MIA VITA, ED È PER QUESTO CHE HO TRIONFATO.

Michael Jordan

Quando nel 1891 a Springfield (non la cittadina dei Simpson, quella in Massachusetts) il dottor James Naismith, medico e insegnante di educazione fisica canadese, scrive da zero le regole del basket, il suo unico scopo è quello di creare un gioco in grado di intrattenere i suoi studenti all'interno della palestra nelle fredde giornate invernali, quando fuori c'è troppa neve per giocare a football. Invece, anche se non può saperlo, ha appena inventato uno dei futuri sport nazionali degli Usa. Anzi, forse "lo" sport nazionale per eccellenza, visto che a livello internazionale, da allora fino ai giorni nostri, gli statunitensi ne saranno i dominatori. Bella forza: per quarant'anni lo hanno giocato solo loro...

La dittatura cestistica americana era assoluta: alle Olimpiadi, dall'introduzione del basket nei Giochi, nel 1936, si giocò solo per il secondo posto: il primo era il loro, con una sola eccezione, quella di Monaco 1972, dove vennero sconfitti in finale dall'Urss, ma in circostanze oggettivamente controverse (i 3" finali furono di fatto ripetuti tre volte e durarono quasi tre minuti), tanto da spingere la squadra a rifiutare l'argento. E comunque, tutto questo senza dimenticare che, mentre i Paesi dell'Est, dove vigeva il "dilettantismo di Stato" mandarono alle Olimpiadi atleti che figuravano come dilettanti, ma che erano in realtà professionisti stipendiati dallo Stato, gli Usa non avevano mai schierato le stelle della Nba, la lega professionistica che raggruppa i migliori giocatori del pianeta, ma solo selezioni di ragazzi universitari, promettentissimi, ma assai inesperti.

Dopo "l'incidente" del 1972, la loro superiorità schiacciante riprese, con l'eccezione di Mosca 1980, fino a Seul 1988. Dove però, il vento cambiò. In semifinale, gli universitari americani incontrarono uno dei più forti quintetti sovietici di sempre, con campioni come Marčiulonis e Sabonis e furono schiacciati 82-76. Finirono addirittura terzi, dietro anche alla Jugoslavia. Presero poi altri schiaffi due anni dopo, nel 1990, a Buenos Aires: c'erano i Mondiali, e gli americani, con un po' di snobismo, di solito partecipavano con una selezione Under 23. Fu una figuraccia, maltrattati dalla Jugoslavia di Divac, Petrović e Kukoč.

Qui nacque un problema: agli americani non piace perdere, né in politica né nello sport. E due fallimenti consecutivi erano troppi. Bisognava invertire la rotta, ma come? Semplice: ricorrendo alle stelle della Nba. E così, fu deciso che nel 1992 all'Olimpiade di Barcellona non sarebbe andata una selezione universitaria, ma la crema dei campioni della Nba. E di campioni, in Nba, in quegli anni ce n'erano davvero tanti. Così tanti che fu un problema selezionarne "solo" dodici. Ognuno dei componenti di quella spedizione avrebbe meritato un capitolo. C'era Michael Jordan. E poi Earvin Johnson, che chiamavano "Magic" perché sapeva fare passaggi senza guardare (*no look*) e non sbagliava mai; Larry Bird, uno che tirava con la mano destra, ma che una volta, giocando infortunato, aveva segnato quarantasette punti in una sola partita usando la mano "sbagliata". E ancora Clyde Drexler, "the Glide", l'aliante, per la sua capacità di restare in aria come se fosse sospeso; e Karl Malone, "il Postino", perché era sempre puntuale sotto canestro... e tutti gli altri: Charles Barkley, Patrick Ewing, Christian Laettner, Chris Mullin, Scottie Pippen, David Robinson e John Stockton.

Una parata di stelle. Vincere con una squadra così, era troppo facile, e infatti, all'Olimpiade conquistarono l'oro, giocando un basket che faceva sognare. Tanto da essere ribattezzati "Dream team", la squadra dei sogni. Dai fallimenti degli anni precedenti era nato il sogno americano applicato al basket. Ci furono in seguito altri dream team, squadre di professionisti a volte davvero fortissimi, per esempio quello che giocò e vinse l'Olimpiade di Atlanta nel 1996; il sogno più bello, però, resta il primo. Forse perché veniva dopo anni di incubi.

IF YOU HIRE PEOPLE JUST BECAUSE THEY CAN DO A JOB, THEY'LL WORK FOR YOUR MONEY. BUT IF YOU HIRE PEOPLE WHO BELIEVE WHAT YOU BELIEVE, THEY'LL WORK FOR YOU WITH BLOOD, SWEAT AND TEARS.

SE ASSUMI QUALCUNO SOLTANTO PERCHÉ SA FARE UN LAVORO, COSTUI LAVORERÀ PER IL TUO DENARO. MA SE ASSUMI QUALCUNO CHE CREDE NELLA STESSA COSA IN CUI CREDI TU, COSTUI LAVORERÀ PER TE CON IL SANGUE, IL SUDORE E LE LACRIME.

Simon Sinek

"Vedrete che scoppia!" "Non ce la faranno." "Sì, sono bravi, ma alla fine conta la squadra." "Il Tottenham è a un passo." "Con chi giocano la prossima?" "Manchester United?" "Vedrai che ci pensano i Red Devils." Sono solo alcuni dei milioni di tweet apparsi sui social in quei mesi incredibili, dal dicembre del 2015 al primo maggio del 2016. Chi parla sono i tifosi inglesi che guardano, ogni giorno, increduli, la classifica del più ricco e competitivo campionato di calcio europeo. Perché davanti a tutti ci sono gli *underdogs* del Leicester (si pronuncia "Lester"), la squadra dove, tanto per dire, aveva iniziato alla fine degli anni Settanta la carriera Gary Lineker, il bravo ragazzo del calcio inglese (perché non aveva mai preso nemmeno un'ammonizione). Ma che, da quando era stata fondata nel 1884, non aveva mai vinto una Premier. Per questo *underdogs*, letteralmente "cani sotto", come si chiamavano nell'Ottocento i cani destinati a prendersele nei combattimenti di strada. Gli americani, più moralisti, usano anche l'espressione di *giant-killer*, che richiama la vicenda di Davide e Golia.

In Inghilterra a volte capita che una squadra più debole vinca contro una ricca di campioni, soprattutto in FA Cup, il torneo calcistico più antico al mondo. È a eliminazione diretta e si gioca da regolamento sul campo della squadra che milita nella categoria inferiore, quindi può capitare che un grande club si ritrovi in un piccolissimo stadio di una cittadina periferica, dove i padroni di casa lasciano anima e corpo, spinti da un tifo assordante. E ogni tanto ci scappa il colpaccio. Ma è più una giornata storta della squadra di Premier, che un reale cambio di paradigmi. È una sassata, appunto, come quella di Davide. Mentre in un campionato di trentotto giornate non è possibile vincere allo stesso modo. Per reggere un'intera stagione, più che sassi e fionde, servono ampiezza della rosa, giocatori, cambi in panchina, staff tecnici, e una montagna di soldi. Per cui, per tutti coloro che credono alla scienza e ai soldi applicati allo sport (come fa Peter King con il ciclismo, di cui parlo a pagina 320) quel 2015-16 è l'anno della crisi.

Il Leicester City veniva da un quattordicesimo posto in Premier League, e l'anno prima era addirittura in Championship, la serie B inglese. A luglio avevano cambiato allenatore: Claudio Ranieri, uno che le vittorie le aveva spesso accarezzate, ma mai saggiate fino in fondo. Internazionale per spirito oltre che per carriera, aveva già allenato in Inghilterra il Chelsea, in Spagna il Valencia e l'Atletico Madrid, in Francia il Monaco, in Italia Fiorentina, Roma, Inter e Juventus. Era uno bravo, posato, ma incompleto. Lo chiamavano l'eterno secondo.

Quando arriva a Leicester pensa di avere una buona rosa, ma il suo giocatore più prestigioso, il centrocampista Esteban Cambiasso, chiede di essere ceduto. E la rosa, da discreta, diventa ottima, perché Ranieri fa arrivare al suo posto un timidissimo ragazzo francese di origine maliana, N'golo Kanté, maggiore di sette fratelli, con una laurea in informatica e una carriera calcistica non di primissimo piano nel Caen. L'operazione scatena qualche mugugno: "Chi è questo Kanté? Varrà i sei milioni di sterline che lo abbiamo pagato?".

Di lì a un anno Kanté non solo si rivelerà il più forte centrocampista del campionato inglese, ma diventerà uno dei pilastri della nazionale dei Bleus. Esuberante e instancabile in campo ("tre quarti della terra sono coperti dall'acqua" si dice ancora in Inghilterra. "L'altro quarto da Kanté"), appena la partita finisce torna a essere timidissimo. Al punto che, durante i festeggiamenti per il Mondiale 2018 vinto dalla Francia, saranno i suoi compagni a portargli la coppa e a chiedergli di sollevarla, perché lui, da solo, non l'avrebbe mai fatto. Ma tutto questo, nel settembre del 2015, è ancora da venire.

Alcuni degli altri giocatori in rosa sono il capitano Wes Morgan, difensore, il mediano Danny Drinkwater, un vero combattente, e un attaccante che arriva direttamente dalla fabbrica: Jamie Vardy. Uno che giocava nelle divisioni inferiori, e arrotondava facendo il metalmeccanico a Sheffield. Una testa calda, che dopo una rissa in un pub ha anche dovuto portare, per sei mesi, il braccialetto elettronico. La classe è garantita dall'algerino Riyad Mahrez, uno che saprebbe fare quello che vuole con i piedi, ma che è discontinuo e imprevedibile. E poi c'è Leonardo Ulloa, argentino, perennemente intristito dalla pioggia. «Si può fare bene» conclude Claudio Ranieri. Ma è quello che dicono tutti gli allenatori a inizio stagione.

La partenza è con i fiocchi, per essere il Leicester: tre vittorie e altrettanti pareggi, fra cui quello col Tottenham. Alla settima giornata arriva la prima sconfitta, un pesante 2-5 interno con l'Arsenal di Arsène Wenger. Ed è la svolta perché la squadra, negli spogliatoi, non si sente per niente umiliata. Anzi: è furiosa. "Se solo avessimo fatto così, corso un po' di più, pressato qui e qui." Insomma, si accorgono che la distanza reale, sul campo, tra loro e l'Arsenal è molto minore di quella tra i rispettivi palmarès. E con questa consapevolezza in tasca arrivano dieci risultati utili consecutivi, tra cui un pareggio col Manchester United e una vittoria col Chelsea. E così, con l'inverno, si ritrovano davanti a tutti. Anche se perdono con il Liverpool, il primo posto è loro. Ma quando cade, questo Leicester?

Invece di cadere, Claudio soffia sulle braci della fame e del carattere, della *working class* col pallone. E i suoi ragazzi arrivano in primavera con sette punti sulla seconda. La squadra sembra fatta di soldati, forgiata nelle acciaierie di Sheffield, di gente che non ha paura di fare a pugni con onore. Vardy segna a raffica. Corre e tira come una scossa elettrica. La difesa è un bunker, a centrocampo Kanté e Drinkwater sono ovunque, mordono la palla, sembrano leoni. E Mahrez, come un pittore che ha trovato finalmente la sua strada, sprigiona lanci e pennellate di classe. La sorpresa, oltre a Kanté, è il giapponese Okazaki. Il Leicester è come un'arca di Noè, con Claudio al timone e giocatori di tutto il mondo che dimostrano di essere più vivi che mai. E quando il diluvio si fa grosso, Ranieri predica calma: «Il Manchester City e il Tottenham che ora inseguono» ricorda a tutti, «sono e restano squadre di ben altro livello rispetto al nostro.»

Nel frattempo dirige i suoi giocatori come solo gli allenatori italiani sanno fare: attenti dietro, pronti ad approfittare di ogni minima ingenuità difensiva degli altri, e a quel punto via in contropiede. Veloce. Tre tocchi per attraversare il campo. E gol. La partita decisiva è alla terz'ultima giornata. Contro i Red Devils, a Manchester. I tweet tweettano, il Manchester va in vantaggio, ma sette minuti dopo viene raggiunto, e l'1-1 che vale il titolo viene chiuso in cassaforte. L'ultima di campionato, a Londra, con il Chelsea, il 15 maggio, è un trionfo. Vince la squadra, e vincono anche alcuni dei suoi campioni: Vardy si porta a casa il record di gol segnati in partite consecutive di Premier (undici), Mahrez è il primo algerino a vincere il premio di giocatore dell'anno. E Ranieri, il capitano dell'impresa più folle del calcio moderno: chi era, l'eterno secondo?

ENVIRONMENT
TIMES
VALUES =
CULTURE.

AMBIENTE MOLTIPLICATO PER VALORI = CULTURA.

Nessuno sa chi iniziò a surfare, ma è praticamente certo che fu alle Hawaii che nacque l'arte di cavalcare le onde. Era un rito in onore degli dèi del mare, probabilmente, che risaliva a più di mille anni fa. Si dice che l'antico capo di Kauai fosse innamorato di una dea che cavalcava le onde a Puhele e avesse voluto trovare un modo di raggiungerla. Così intagliò la prima tavola e... chissà.

Il primo europeo a descrivere il surf fu il grande esploratore James Cook, che annotò nei suoi formidabili diari, nel dicembre 1777, di un indigeno di Tahiti che si faceva trasportare da un'onda "su una piccola canoa". L'anno successivo, approdando alle Hawaii, dove sarebbe morto, Cook vide altri uomini scivolare sull'acqua, in piedi su tavole lunghe cinque metri e mezzo. Allora si trattava di un rito di passaggio: saper surfare stabiliva l'ingresso nell'età adulta e il modo in cui lo si faceva determinava privilegi e stima (questo accadeva perché le onde erano la casa delle divinità). La cerchia reale aveva spiagge riservate, e la costruzione delle tavole seguiva un complesso cerimoniale: dopo aver scelto l'albero giusto, veniva offerto alla terra un pesce in segno di riconoscimento; quindi il tronco veniva accuratamente liberato dei rami e sagomato con il solo aiuto di strumenti naturali fatti di pietre e di ossa, poi con il corallo che si trovava sulle spiagge e una pietra ruvida chiamata *oahi*, che levigava perfettamente la superficie. La finitura avveniva spalmando la tavola con la stessa sostanza scura con cui venivano laccate le canoe, composta di cenere e del succo di una pianta grassa, di una radice e quello dei germogli di banano. Uno strato di olio tratto dalle noci di kukui rendeva la tavola perfettamente impermeabile.

Questi rituali sarebbero in qualche modo sopravvissuti alla moralizzazione dei missionari, come quello della festa di Makahiki, tra metà ottobre e metà gennaio, per festeggiare la stagione delle grandi onde. Avete letto bene: da ottobre a gennaio. Ovvero tre mesi di festa e di surf, che il missionario calvinista William Ellis, a fine Ottocento, trovò inaccettabili: "Non si fanno attività fondamentali come pescare, coltivare i campi e lavorare per la comunità, fino a che ogni membro della società – uomo donna o bambino – non abbia dedicato sufficiente tempo all'attività di cavalcare le onde". Per i missionari, tutto quel surfare era solo una perdita di tempo, che riduceva la produttività e faceva vivere gli indigeni ignari della loro barbarie, ciondolanti e seminudi. Così, durante gli anni dei missionari, che furono anche quelli del tracollo demografico degli abitanti, infettati dalle malattie europee, e prostrati dai nuovi lavori, si surfò di nascosto. In "spot" (così vengono chiamate le zone dove le onde sono adatte) tenuti segreti, nascondendo dove si poteva le lunghe tavole. Tutti si comportavano così. Tranne Duke Kahanamoku.

Statuario e sempre sorridente, preceduto dal suo fiero naso polinesiano, era figlio di un poliziotto e proveniva da una famiglia numerosa (cinque fratelli e tre sorelle). Duke non faceva mistero di amare il surf, anzi: lavorava alla sua vecchia tavola sacra modificandone la forma per renderla più veloce e filante. Ma era anzitutto un abilissimo atleta: in gioventù batté di gran lunga i record dei 100 e dei 200 metri stile libero (anche se avrebbe faticato moltissimo a vedersi riconosciuti quei primati), e partecipò a ben quattro Olimpiadi: nel 1912, a Stoccolma, con la squadra statunitense vinse l'oro nei 100 metri e l'argento nella staffetta. Nel 1920, ad Anversa, conquistò l'oro in entrambe le gare. E a Parigi, nel 1924, arrivò secondo dietro Johnny Weissmuller, il leggendario nuotatore-attore che interpretava Tarzan. Nel 1932, a Los Angeles fu anche membro della squadra di pallanuoto.

L'impresa più significativa della sua vita, però, la compì nelle acque della California. Era il 1925, e Duke si trovava a Newport Beach quando, a un chilometro circa dalla costa, un peschereccio, il *Thelma*, fu rovesciato da un'onda. L'equipaggio finì in acqua, ma le onde erano alte, e la sorte dei marinai sembrava segnata. Per fortuna, Kahanamoku aveva a disposizione un lungo pezzo di legno, che adattò a surf. Si buttò subito in mare e raggiunse rapidamente il punto del naufragio, portando in salvo otto marinai; altri uomini seguirono il suo esempio e salvarono quattro pescatori. Nell'incidente morirono comunque diciassette persone, ma i media e le autorità locali riconobbero a Duke l'importanza del suo intervento con la tavola da surf.

La sua popolarità crebbe a dismisura, così come quella del surf. Kahanamoku, che per tutti era semplicemente "Big Kahuna", cioè "persona importante per la comunità", capì che era l'occasione giusta per far conoscere in tutto il mondo lo sport tradizionale delle sue isole, prima che scomparisse per sempre. Lo promosse in tutte le esibizioni e in tutti gli eventi a cui era invitato fuori dalle Hawaii, e accettò le proposte che gli arrivarono da Hollywood. E così, oggi, il sogno di cavalcare lunghe onde che si infrangono su spiagge da sogno, all'inseguimento delle fanciulle del mare, è arrivato fino a noi. Alla faccia dei missionari calvinisti.

AN ARROW CAN ONLY BE SHOT BY PULLING IT BACKWARD. WHEN LIFE IS DRAGGING YOU BACK WITH DIFFICULTIES, IT MEANS THAT IT'S GOING TO LAUNCH YOU INTO SOMETHING GREAT. SO JUST FOCUS, AND KEEP AIMING.

UNA FRECCIA PUÒ ESSERE SCAGLIATA SOLTANTO DOPO ESSERE STATA TIRATA INDIETRO. QUANDO TI TRASCINANO INDIETRO, LE DIFFICOLTÀ DELLA VITA STANNO PER LANCIARTI VERSO QUALCOSA DI GRANDE. QUINDI RESTA CONCENTRATO E CONTINUA A PRENDERE LA MIRA.

La bicicletta, per lui, è sempre stato un amore a due sensi, sin dall'infanzia, da quando a Eeklo viveva con la famiglia in una roulotte e nella bella stagione dormiva fuori, all'aperto, guardando il cielo. A volte, sull'asfalto liscio o sul ruvido pavé, erano le due ruote a far volare lui da un traguardo all'altro. Altre volte, nel fango, era lui a portare la bici in spalla, cercando di precedere gli altri corridori sotto lo striscione d'arrivo. Ciclismo o ciclocross, vince spesso: è un "duro", Roger de Vlaeminck, con gli occhi sottili e i lineamenti sfuggenti, ma affascinanti, da gitano. Il suo soprannome, "Gitano di Eeklo", forse non vuole essere un complimento, ma rende bene l'idea.

Temibile in volata, sa scattare in salita, e ha i lampi del finisseur (tanto che vince anche in pista): è davvero un ottimo corridore, già al debutto, nel 1970. Per anni, nonostante in gruppo ci sia un certo Eddy Merckx (di lui parlo a pagina 126), è il dominatore delle corse di un giorno: si calcola che in carriera abbia partecipato a 1500 corse, vincendone 255. «E avrei potuto vincere di più» ricorderà lui stesso, «ma non reggevo la pressione dei grandi giri: dopo due settimane, andavo via di testa.»

I suoi anni magici sono quelli fra il 1970 e il 1979: vince tutte le "Classiche monumento": tre Milano-Sanremo, un Giro delle Fiandre, quattro Parigi-Roubaix (da qui l'altro suo soprannome: "Monsieur Roubaix"), una

Liegi-Bastogne-Liegi, due Giri di Lombardia. Spesso con aneddoti da antologia. Come nel 1973, quando per la prima volta si presenta al via della Milano-Sanremo. Alla partenza guarda ammirato una Ferrari blu, di proprietà di Giorgio Perfetti, patron della sua squadra, la Brooklyn. Scherzando, il grande capo lo apostrofa: «Se vinci oggi, te la regalo». E, ovviamente, al traguardo, il primo è il Gitano, che si prende la macchina. Ma la tiene soltanto pochi mesi, prima di restituirla al patron. Motivo? «La bici non entra nel bagagliaio e devo smontarle la sella. La Ferrari è una macchina da calciatori, non da ciclisti.»

Ma nel fiore dei suoi anni inarrestabili, De Vlaeminck ha un problema, un problema che ha un nome e un cognome, ed è quello di un altro belga, Freddy Maertens. I due sono grandi rivali; anzi, si detestano. Al punto che entrambi, appena possono, più che per vincere corrono per far perdere l'altro. A rimetterci è soprattutto il Gitano, che dei due è il più completo e potrebbe ambire a traguardi superiori. Nel 1975, per esempio, l'atteggiamento del compagno-rivale lo danneggia gravemente al Mondiale di casa, dove arriva secondo alle spalle dell'olandese Hennie Kuiper. Alla Parigi-Roubaix del 1976, invece, spreca troppe energie per staccare Maertens in avvio di gara, e finisce col mancare il quarto successo alla Parigi-Roubaix, che sarebbe stato un record assoluto. La sua carriera, insomma, prende una brutta piega.

A questo punto, però, ha uno dei tanti colpi di genio della sua vita. Telefona al rivale, e il dialogo tra i due va più o meno così: «Freddy, bisogna finirla di danneggiarci a vicenda. Facciamo un patto».

«Roger, hai ragione, e io sarei d'accordo, ma c'è un problema.»

«Quale?»

«Non mi piaci, non mi fido di te e non posso fare un patto con una persona di cui non mi fido.»

«Se è solo per questo, ho la soluzione.»

Come in una pièce pirandelliana, i due si presentano da un notaio e firmano un "patto di non aggressione", che conteneva un calendario di assistenza reciproca. La trovata del Gitano è subito premiata nel 1977: al Giro delle Fiandre, De Vlaeminck e Maertens sono in fuga insieme a Merckx. Lo attaccano a turno, finché quello cede e si ritira. Mentre proseguono verso il traguardo, Maertens fora. Non aspetta l'ammiraglia, ma si fa dare una bici da uno spettatore e con quella ritorna su De Vlaeminck. Peccato che non poteva cambiare la bicicletta in quel punto del percorso. È squalifica, ma lui non se ne preoccupa: secondo il calendario, oggi è il giorno di Roger, e quindi pedala con lui, senza attaccarlo, fino alla linea del traguardo, in un clima surreale.

Dopo gli anni d'oro, ovviamente, arriva il declino. Il Gitano si adatta, si mette al servizio di altri corridori (sarà anche gregario di Moser), e nel 1983 smette. O meglio, smette di farsi portare dalla bici. E inizia a portarla in spalla. Da giovane aveva ottenuto diverse vittorie nel ciclocross, e a trentasei anni suonati, nella vecchia-nuova specialità fa altri cinque anni ad alto livello.

WORK UNTIL YOUR IDOLS BECOME YOUR RIVALS.

LAVORA FINCHÉ I TUOI IDOLI NON DIVENTERANNO I TUOI RIVALI.

97

Il 25 febbraio 1964, quando Cassius Clay – non ancora Muhammad Ali, perché avrebbe annunciato la conversione all'Islam il giorno dopo l'incontro – sfida sul ring di Miami Sonny Liston per il titolo dei pesi massimi, tutta l'America trattiene il fiato. Chi può è con amici davanti a una tv. Chi non può, cioè chi la tv non se la può permettere e non trova modo di vederla, segue l'incontro alla radio. Fra loro, a Saint Louis, c'è l'undicenne Leon Spinks, che fa un tifo scatenato per Clay. Lo ammira, sogna di diventare come lui, e infatti, appena può, fa a botte nel ghetto con i suoi coetanei e anche con i ragazzi più grandi. Quella sera va a letto contento, perché Clay, contro ogni pronostico, ha battuto Liston e si è preso la cintura (e a pagina 151 parlo di un altro grande incontro di Ali). Il ghetto di Saint Louis non è proprio il posto più facile dove crescere. Quasi tutti i ragazzi afroamericani che ci abitano prima o poi passano dei guai: molti spacciano o imparano presto le tecniche più avanzate per furti e borseggi, e prima o poi finiscono in prigione. Altri si procurano armi, e prima o poi finiscono al cimitero. Leon e il fratello minore Michael (anche lui diventerà pugile e, più forte del fratello, sarà campione mondiale dei pesi medi e dei pesi massimi) sono più fortunati: riescono a entrare nei Marines e a stare relativamente lontani dai guai.

Leon sotto le armi è un rissoso: fa a botte ogni volta che può, e durante una lite un commilitone gli rompe i denti davanti con una testata: gli rimarrà per sempre un iconico sorriso da squalo. Intanto, continua ad ascoltare le radiocronache dei match di Muhammad Ali sulle radio delle navi militari e a fare il tifo per lui. Negli ultimi mesi di ferma, fa un po' di pugilato e scopre di avere un certo talento, tanto che, tornato borghese, viene selezionato per l'Olimpiade di Montreal, dove vince l'oro, per poi passare professionista.

Sei incontri, sei vittorie. E poi succede: Ali, che ha dodici anni più di lui ed è ancora campione del mondo dei pesi massimi, sta cercando uno sfidante per una difesa "facile" del titolo. Gli serve un pugile emergente e Spinks è fra i papabili. Per capire se avrà questa opportunità combatte una specie di "semifinale" contro un italiano, il riminese Alfio Righetti, a Las Vegas. Un match sofferto, che Spinks vince ai punti. Al verdetto, esulta come un bambino: perché è così che si sente. Tra pochi mesi salirà sul ring per affrontare il suo idolo. Non riesce a crederci.

Disputare un combattimento contro Muhammad Ali vuol dire aver scalato tutti i gradini della carriera professionistica e, di solito, una borsa che può valere anche qualche milione di dollari. Quello del 1977 non è certo il miglior Ali di sempre: il pugile "che vola come una farfalla e punge come un'ape" si è un po' appesantito, e le ultime difese, contro Ken Norton e Jimmy Young lo hanno visto in difficoltà. Persino un pugile di livello medio, l'uruguaiano Alfredo Evangelista gli ha tenuto testa. Ma la classe di "the Greatest" e il suo carisma non si discutono, e poi Spinks è uno sfidante assolutamente inesperto, un poco più che niente, insomma.

Spinks sa perfettamente che per lui è il match della vita e si allena con un impegno disumano, anche dieci ore al giorno. Tutto il contrario di Ali, che i giornali dell'epoca descrivono svogliato e impigrito. Il grande giorno è il 15 febbraio 1978, all'Hilton di Las Vegas. Spinks è così elettrizzato di sfidare il suo idolo d'infanzia che non contratta nemmeno il compenso: si accontenta di trecentoventimila dollari (poco più di centomila al netto di tasse, e compensi a manager e allenatori), una cifra modestissima per un evento di tale portata. Al gong, Spinks parte all'arrembaggio e coglie Ali di sorpresa. Lo mette all'angolo con bordate di destro e sinistro al corpo. Solo con enorme fatica il campione del mondo riesce a riportarsi al centro del ring. Gli attacchi di Spinks proseguono incessanti fino alla quarta ripresa: Ali perde sangue dalle labbra, ma a quel punto tira fuori l'orgoglio e prende l'iniziativa confondendo Spinks col suo gioco di gambe. Per cinque riprese Ali domina. La sua tecnica superiore ha la meglio, o, almeno, sembra. Alla fine del decimo round, decide di sferrare l'assalto finale, quello per mandare ko l'avversario. È il momento ideale. Spinks infatti, nei sette match da professionista che ha disputato, non ha mai combattuto per più di dieci riprese. Ali, quindi, spinge, ma la potenza delle sue braccia non è più quella dei tempi migliori. Spinks resiste. Al cospetto del suo idolo, vuole finire in piedi, e Ali, stremato e con un occhio tumefatto, comincia a non crederci più. Nelle ultime due riprese perde di efficacia. Spinks resiste. Fine del match. Il verdetto sarà ai punti. E il giovane Leon Spinks, l'ex caporale dei Marines di Saint Louis, potrebbe aver conservato il vantaggio accumulato nelle prime riprese.

Dieci minuti dopo, lo speaker dell'Hilton legge ai microfoni il verdetto della giuria, con tutta la sala ad ascoltare in piedi e in silenzio. Due giudici su tre danno la vittoria a Spinks, che viene portato in trionfo. Coperto dall'assordante ovazione del pubblico, impazzito di gioia, il nuovo detentore del titolo grida più volte a perdifiato: «Sono io il campione!». E la sua bocca spalancata, priva del paradenti, lascia scoperto il sorriso da squalo. Come campione del mondo, durerà poco: la sua parabola discendente sarà fatta di scelte sbagliate, incapacità di gestire la popolarità e di eccessiva euforia. La verità è che non è un pugile straordinario, e non avrà più lo straordinario stimolo che lo aveva sorretto nella preparazione del match della vita. Nel giro di un anno viene arrestato due volte, per guida pericolosa e per possesso di droga, e nella rivincita, il 15 settembre 1978, Ali lo batte con facilità. Derubato e impoverito da avvocati senza scrupoli e investimenti scellerati, si ritira nel 1995: oggi fa lo spazzino, per pochi dollari. Gli resta però la soddisfazione di aver battuto il suo idolo, "Il più grande". È lui, lo spazzino che gli ha strappato il titolo sul ring.

THERE IS ONLY ONE WAY TO AVOID CRITICISM: DO NOTHING, SAY NOTHING, AND BE NOTHING.

C'È UN SOLO MODO PER EVITARE LE CRITICHE: NON FARE NULLA, NON DIRE NULLA, NON ESSERE NULLA.

Aristotele

E adesso nuota, Eric, forza. Non importa quello che dicono e che pensano. Nuota e basta. Ci sei. Sei in vasca, lo stile è quello che è, ma pazienza. Sei solo. Solo. Tutti gli avversari hanno fatto due false partenze e sei rimasto tu. Solo tu. Nuota, allora, e non curarti degli altri. Cosa è che diceva quel francese? Che l'importante non è vincere, ma partecipare? Perché non era nato in Guinea, ti verrebbe da rispondere, altrimenti avrebbe detto che la cosa più importante è capire *come* fare a partecipare. Perché qui sono tutti dei fenomeni. Mentre tu no, Eric. E lo sai benissimo.

Lo senti, il rumore che fanno, mentre nuoti? Lo sanno quanta fatica ti è costata, arrivare in questa piscina? Sei qui grazie a una *wild card*, una di quelle che, da quando sono tutti professionisti alle Olimpiadi, vengono date agli atleti che non hanno i requisiti per qualificarsi. E tu non ce li avevi di sicuro; ma sei qui, adesso. E stai nuotando. Se arrivi alla fine di questa piscina, di questa enorme piscina, ti qualifichi per la gara successiva. Lo capisci, Eric? Ti qualifichi. Tu che quasi nemmeno lo sapevi dov'era Sydney, quando ti hanno dato in mano la bandiera del tuo Paese. Hai controllato solo che avessero scritto bene il tuo nome, Moussambani, e poi ti sei presentato alla gara dei 100 metri stile libero.

Mai vista una piscina così grande. L'unica che c'era, nel tuo Paese, era quella di 20 metri nell'unico albergo di lusso della capitale. Ti sei allenato nei fiumi, e nel mare, per imparare un po' di stile libero. Ma mai per 100 metri. È una distanza enorme. Ma tu nuota, Eric, coraggio. Devi solo arrivare fino alla fine. Un minuto, un minuto e mezzo. Pazzesco quanto è lungo. Forza, li senti questi, lo sai cosa sono? Applausi. Sono tutti lì, fuori, Eric, che applaudono, e applaudono te. Che nemmeno sai nuotare. Ti applaudono perché sei qui, perché partecipi, perché vogliono che arrivi alla fine. Dài, allora, che ci sei. Un minuto e quaranta. E cinquanta. 1' 52" 72. Ed ecco che sei arrivato. Ce l'hai fatta. E adesso anche la Guinea Equatoriale ha la sua squadra di nuoto.

+
1

I WANT TO
INSPIRE PEOPLE.
I WANT SOMEONE
TO LOOK AT
ME AND SAY:
BECAUSE OF YOU,
I DIDN'T GIVE
UP.

VOGLIO ISPIRARE LE PERSONE. VOGLIO CHE QUALCUNO MI GUARDI E DICA: GRAZIE A TE, NON HO MOLLATO.

E alla fine tocca a me. Chi sono forse lo sapete: un calciatore, un attaccante, uno a cui è sempre piaciuto fare gol. Ho giocato nella Cremonese, nella Sampdoria, nella Juventus e nel Chelsea, che ho anche allenato. Ho vinto due campionati italiani, di cui quello con la Sampdoria credo sia stato il più bello. Ho sollevato da capitano della Juventus la coppa con le grandi orecchie. Ho vinto tutte le maggiori competizioni Uefa destinate ai club, ma la Cremonese è la mia squadra del cuore, e il Chelsea quella che mi ha fatto incontrare mia moglie. Vivo a Londra, ma torno in Italia ogni volta che posso, d'estate in particolare, per rifugiarmi nella vecchia casa di Grumello, in quella provincia italiana, Cremona, dove sono nato e che voglio che le mie figlie, che sono nate a Londra, imparino a conoscere.

Mi piace tenermi in forma, mangiare con cura, fare lunghe camminate e giocare a golf, che però dicono faccia male alla schiena. E infatti, l'anno scorso, mentre facevo con la mia fisioterapista un certo esercizio per i glutei, ho sentito una fitta alla gamba, come se avessi un cane che mi mordeva il polpaccio. Nervo sciatico, mi hanno detto, niente di cui preoccuparsi. Forse no, ma ho passato sei settimane senza quasi riuscire a dormire, ho perso peso e buon umore. C'è voluta una risonanza per scovare un'ernia appollaiata sopra al nervo, una cosa che per i dottori si poteva risolvere con un piccolo intervento, e allora avanti, facciamolo. Ma, dopo, i morsi non smettono. Così passo a una terapia in cui si inietta nella zona infiammata un gas che è una combinazione di ossigeno e ozono. E ancora niente.

Chiamo Gigi Buffon, perché mi ricordo che al Mondiale sudafricano del 2010 era rimasto bloccato da un mal di schiena tremendo. Mi passa il nome di un gigante dell'ortopedia di Milano. Lo chiamo e prendo appuntamento per il lunedì, subito dopo il mio consueto weekend negli studi di Sky. Gli consegno gli esami, lui mi guarda dritto negli occhi e mi propone un'alternativa: un'operazione, subito, in anestesia totale; oppure aspettare sei settimane sperando che l'ernia rientri per conto suo. Scelgo l'operazione, mi lascio addormentare, e già il giorno dopo sono di nuovo a Londra, anche se in clinica mi avevano raccomandato almeno tre giorni di degenza. Mia moglie mi dice che sono matto. E io, per la prima volta in vita mia, mi sento così. Diverso. Svuotato, senza fiducia, piango senza motivo. Provo a camminare, ma è dannatamente difficile. Tanto difficile da sentirsi finiti. Sono carico di farmaci di cui non ricordo nemmeno il nome e poi, una notte, una settimana dopo l'operazione alla schiena, sento i crampi allo stomaco, vomito, e da quel giorno smetto di mangiare, in preda alla nausea. Succhio liquirizia, che dicono aiuti, ma l'unico risultato che vedo, nel bagno, è un getto sempre più scuro. Denso.

Chiamo Sky per annullare il collegamento del sabato. Vado a Milano la domenica, con i denti stretti, e un maglione sotto alla camicia per non far vedere quanto peso ho perso. «Stai bene?» mi chiedono i colleghi. «Sto bene» rispondo. Ma non è vero. E il giorno dopo il dottore mi guarda di nuovo negli occhi. Fuori dall'ospedale c'è scritto, a caratteri grandi: "Humanitas". Che poi significa esattamente questo: guardarsi negli occhi e parlare. I miei, di occhi, sono gialli. E il dottore mi dice: «Si fermi, Gianluca». Lo guardo, dubbioso. Perché mi devo fermare? La mia vita è un continuo movimento tra Londra, Milano, la Bbc, Sky, la mia famiglia, i colleghi, i campi da golf, gli amici. Cosa devo fermare? La risposta me la dà la risonanza magnetica: ferma tutto, Luca. Hai un cancro al pancreas.

Quando me lo dicono io ancora non lo so che è uno dei più gravi, ma lo capisco da come il dottore soffia le parole fuori dalle labbra: «Ci sono *buone possibilità*». Buone possibilità di cosa? mi chiedo. E, quando lo capisco, io che fino a quel momento della mia vita da atleta non sapevo niente di malattie, biopsie, pet-scan, di linfonodi e liquidi di contrasto, mi sento perduto. Alla prima biopsia che faccio, il tecnico la butta lì: «Io non vedo niente, sai? Forse è benigno». Allora lo abbraccio e lui ride, imbarazzato. Questo è davvero il colmo per un interista: essere abbracciato da Gianluca Vialli! Ma il mio tecnico preferito, purtroppo, si sbaglia. Non è benigno. E bisogna muoversi in fretta: ho una settimana prima dell'operazione.

Mi rifugio a Grumello, nella parte di casa che mio papà mi ha donato e che ho sistemato per la mia famiglia. Siamo in pianura, ma per me è come essere sulle montagne russe. In qualche modo riesco a mettere ordine tra le emozioni: se c'è una cosa che ho imparato a fare nella vita, mi dico, è prepararmi alle cose difficili. Alle grandi partite. So di avere un ottimo allenatore, una squadra perfetta: mia moglie, mia sorella, i miei fratelli. I miei genitori. Loro sono anziani, sono invecchiati bene, come gran parte dei miei avi. Pasta forte, noi Vialli. E quindi, durante quella settimana, prometto a mio padre che non me ne andrò prima di loro. Però faccio testamento e, nel farlo, vedo tutte le cose della mia vita per quello che sono: cose. Mentre io, mia moglie, le bambine, i miei fratelli, mia madre e mio padre, i miei amici, tutti noi, tutti voi, siamo molto di più. Siamo pensieri e legami, siamo emozioni e parole. Siamo il futuro che riusciamo a immaginarci.

Immaginandolo, il futuro, decido di non dire ancora niente alle bambine. La storia di quello che mi accade viene tessuta e protetta, come spesso succede, dalle donne di casa, che sono straordinarie: mia moglie, che cerca, parla, prepara, sistema e, quando è necessario, dorme per una settimana sul lettino secco dell'ospedale per essere la prima persona che vedo quando apro gli occhi. È positiva e riposata come se fossimo in vacanza nel migliore resort del mondo. E mia sorella, pronta a prendersi cura di me dopo l'operazione. Entro il 29 novembre, lo stesso giorno in cui, nel 1899, venne fondato il Futbol Club Barcelona. Sono pronto. Mi addormento giurandomi di svegliarmi ancora. E mi sveglio. Sento delle voci, ma non riesco ad aprire gli occhi. Due persone borbottano che l'operazione non è servita a niente, che è tutto pieno, il cervello, i polmoni. E allora io, semicosciente, sul tavolo operatorio duro su cui la mia schiena è rimasta ferma per nove ore, grido: «Vi sento! Sento tutto!». Loro mi sussurrano che non stavano parlando di me, chiudono la tenda e si allontanano. E per me è tutto. Quando mi sveglio di nuovo c'è mia moglie, ho tubi collegati al collo e all'addome. E una lunga cicatrice in mezzo agli addominali. Lei ha gli occhi che bruciano di felicità. «È andata bene» dice. «Quanto devo stare, qui?» le chiedo. «Quattordici giorni.»

Certo. Come no.

Esco dall'ospedale dopo sei, tra le proteste dei medici, e mentre mia moglie torna a Londra a tessere la storia per le bambine, io mi affido alle cure di mia sorella, che mi coccola come se fossimo ancora negli anni d'oro dell'infanzia e, per me, certe mattine, con il sole chiaro dell'inverno che filtra tra le tende, è come se il tempo non fosse mai passato e non avessi ancora vissuto niente. Il Natale è vicino, e mi sento come un bambino che aspetta i regali. Una settimana dopo mi accompagna a togliere i punti e a prendere una lettera in cui mi invitano a condividere un lungo trattamento postoperatorio con il professor Cunningham, a Londra. Sarà lui, ora, a occuparsi di me.

Ma prima c'è il Natale. Lo passiamo in Inghilterra tutti insieme, e io guardo queste persone come forse non le avevo guardate mai. Il giorno di Santo Stefano, con la casa che ha ancora l'odore della carta da pacchi strappata, lo dico alle bambine. Come? Così, come lo sto dicendo a voi. E mentre parlo con loro, e loro piangono e io piango, capisco che non è vero che il cancro è questo grande nemico da sconfiggere. Non è una lotta per uccidere *lui*. È una sfida per cambiare se stessi. Una sfida che mi ha portato dagli ottantadue chili e mezzo di quando ho fatto quell'esercizio di fisioterapia ai sessantasette di Natale. Quando finisco il mio magro racconto, in casa c'è silenzio, e caldo. Le bambine mi abbracciano, sono con me.

La parte più difficile è passata. Il resto è affidato al professore Cunningham, luminare dell'oncologia, che per mia fortuna lavora in un ospedale appena dietro l'angolo di casa mia e che, per ulteriore fortuna, è un tifoso del Chelsea: legge la lettera di Milano, si dice d'accordo con tutta la terapia prevista. E così partiamo: prima chemioterapia il 9 gennaio, per otto mesi (sei capsule al giorno, tre al mattino e tre alla sera e infusione intravenosa), seguite da sei settimane di radioterapia. La mia vita diventa un'immensità di effetti collaterali che mi vengono scagliati addosso come proiettili, ma che mi mancano tutti. Ignoro volutamente le percentuali che il cancro ritorni, perché chi gioca a calcio sa bene che se c'è una cosa che fa impazzire gli amanti delle statistiche è che nessuna serve davvero a predire come finirà una partita. Mi bombardano e mi stordiscono, sto male, e sono sorpreso, però, di provare vergogna. Quasi che quanto mi è successo fosse colpa mia. Continuo a imbottirmi di strati e vestiti per continuare a sembrare Vialli e, se mi chiedono come sto, minimizzo, parlo dell'ernia, o costruisco per gli amici più stretti una versione della storia che è solo una parte della verità. Ho bisogno di difendere sia me sia loro. Soprattutto, non voglio che cambi il modo con cui mi parlano e scherzano con me.

Penso molto, e leggo, anche, e la cosa paradossale è che mi sento quasi grato per quello che mi è successo (lo dico a bassa voce). È una condizione della quale avrei fatto volentieri a meno, ma mi dà l'opportunità di riflettere e di riorganizzare la mia vita da un punto di vista spirituale. Scopro la filosofia orientale, anche quella spicciola, e la unisco alla mia dedizione per l'allenamento e all'ottimismo. Ho bisogno di dialogare con la paura. La paura vera, quella che ti fa chiudere in bagno e piangere, paura di non riuscire a dire le parole che servono. Ne parlo con Cunningham, direttamente: «Lei ci crede, professore, che io possa guarire pensando in modo positivo che guarirò?». E l'oncologo, l'uomo di scienza, mi risponde di sì.

È tutto quello che mi serve. Ci costruisco intorno una nuova, formidabile routine e mi ci dedico anima e corpo: mi sveglio presto, medito su piccole frasi fondamentali, cerco il silenzio, mi focalizzo sui dettagli piacevoli, visualizzo me stesso tra qualche anno, faccio esercizio, leggo e scrivo almeno un pensiero positivo ogni giorno. Gran parte dei quali sono qui, in queste pagine. Mi sforzo di vivere una vita il più normale possibile. Mi rimetto il maglione sotto la camicia e torno in televisione, a Sky, perché sono convinto che ci sia bisogno di me. E quando un giornalista mio amico mi chiama una volta per dirmi che girano certe voci sulla mia salute, forse perché qualcuno della clinica si è lasciato scappare una parola di troppo, e che addirittura gli hanno chiesto di preparare il coccodrillo – il pezzo che esce quando uno muore –, io mi sforzo di ridere, e continuo ad allenarmi con costanza. Non solo i muscoli, ma anche i pensieri. I primi tornano, riprendo peso, cammino e poi corro, sento i gusti, le mani ricominciano a piegarsi. I secondi cercano profondità, o altezza, non so dirlo meglio di così. Scrivo su una serie di post-it gialli le frasi che sono dentro questo libro e che ora tappezzano il mio studio. Non so da dove mi siano arrivate, dove le ho lette e sentite. Sono la mia corazza. La mia forza spirituale. E poi sento di dover condividere con voi tutto questo. Mentre vi scrivo queste righe ho finito la chemio e i trattamenti radio, sono stato anche un po' in Italia, in vacanza, ma ancora non so come finirà la partita, lo scoprirò più avanti. Quello che so è che mi sono preparato bene e ho dato il massimo; che la mia squadra non poteva giocare meglio di così. E che mi hanno passato la palla, come la si passa a un attaccante. Quindi sono lì, davanti. La rete la vedo bene. E così la linea di porta, e quella di fondo. So come si fa. Ma ogni volta che calci per fare gol, è sempre come la prima volta: hai bisogno di un bel po' di coraggio. E, anche, di un pizzico di fortuna.

SE ANCHE TU HAI
UNA STORIA CHE
TI HA ISPIRATO
E LA VUOI
CONDIVIDERE PER
FARLA CRESCERE,
MANDALA A
GOALS@MONDADORI.IT

OSCAR BESTSELLERS OPEN

Muhammad Ali - Richard Durham	*Il più grande*
Alberto Calcagno	*Get in the game*
Ryder Carroll	*Il metodo Bullet Journal*
Davide Cassani	*Quelli che pedalano*
Thomas Cleary	*La mente del samurai*
Phil Jackson - Hugh Delehanty	*Undici anelli*
Garry Kasparov	*Gli scacchi, la vita*
James Kerr	*Niente teste di cazzo*
Phil Knight	*L'arte della vittoria*
Bruce Lee	*Pensieri illuminanti* *La perfezione del corpo* *Il Tao del dragone*
Christopher McDougall	*Born to run*
Marco Olmo	*Il miglior tempo*
Gregorio Paltrinieri	*Il peso dell'acqua*
Peter Sagan	*My World*
Pietro Trabucchi	*Tecniche di resistenza interiore*
Piero Trellini	*La partita. Il romanzo di Italia-Brasile*
Nico Valsesia	*La fatica non esiste*

OSCAR BESTSELLERS OPEN

Marco Van Basten	*Fragile*
Gianluca Vialli	*Goals*